企業法務1年目の教科書

法律相談・ジェネコ対応の手引

弁護士
幅野直人 著

中央経済社

は じ め に

　本書は，多くの方にご好評をいただいた『企業法務 1 年目の教科書 契約書作成・レビューの実務』（中央経済社，2024年）に続く「企業法務 1 年目の教科書」のシリーズ 2 冊目として企画，刊行されました。

　M&A やファイナンスなどのディール，プロジェクト案件に関する実務書，訴訟や保全などの裁判手続に関する実務書，労働分野や知的財産分野などの特定の法分野に関する実務書は類書が数多くある一方で，そういったディールやプロジェクト，裁判手続には至らない「日常の法律相談対応」について解説した実務書（あるいは，法分野にかかわらず共通するノウハウについて解説した実務書）は，あまり多くない印象です。

　しかしながら，企業の法務担当者にとって，こういった日常の法律相談対応業務は，契約書作成・レビューなどの契約書関連業務に次いで，場合によっては契約書関連業務よりも対応する機会の多い業務類型だと思います。また，法律事務所所属の弁護士にとっても，これらの日常的な法律相談対応は，「ジェネコ」などと呼ばれ，企業法務を扱う弁護士であれば多かれ少なかれほぼ確実に取り扱うことのある業務であり，とりわけ，中小規模の企業法務系事務所においては，いわゆる“ブティック系”などと呼ばれる法律事務所を除けば，この「ジェネコ」こそが主要業務であるという場合も少なくないでしょう。

　本書は，そのような日常の法律相談対応におけるポイントについて，「広く」，そして率直に言えば「浅く」解説することを意図して執筆したものです。本書を読むことで，読者の皆さまが，以下のような法律相談に対応できるようになることを目標としています。

- 当社が～という行為を行うことは法律上問題ないか
- 取引先からクレームを受けたがどう対応すればよいか
- 新たにＡ社と契約書を締結したいが契約書に問題はないか

なお，当然ながら，法律相談対応において留意すべきポイントは，法律相談の案件種類によって異なります。しかしながら，一方で，ヒアリングやリサーチ，ドラフトといった過程はほぼすべての法律相談対応に存在し，それらに共通するポイントは間違いなく存在すると思います。

また，実際には，法律相談対応において留意すべきポイントは，法律相談の案件種類ごとに異なるどころか，個別の法律相談ごとに異なって然るべきでしょう。しかしながら，個別の法律相談ごとに行き当たりばったりで対応するよりも，自身の中に対応の指針となる「軸」を持ち，その「軸」を，個別の法律相談ごとに応用して活用していくことが有用であると思います。

このように，本書は，多種多様な法律相談に共通するポイントを，そして，個別の法律相談に対応する際の「軸」となるポイントを解説することを意図しています。

そして，本書は，前著『企業法務1年目の教科書 契約書作成・レビューの実務』と同様のコンセプトのもと，典型的な読者として，新人・若手法務担当者，新人・若手弁護士，新人法務担当者・新人弁護士の教育を担う立場の方（教育用として本書を使用することを想定しています）を想定して執筆したものになります。そのため，執筆にあたっては，前著のコンセプト同様，以下のことを意識しました。

- 普段から法律相談対応業務を扱う人にとっては，「当たり前のことであり，あえて言うまでもない」と思われるようなことをあえて言語化すること
- 学習用に通読できる文量であること
- できるだけ具体例を示すこと

なお，本書を読むにあたっては，以下の点にご留意いただければと思います。

- 本書の記述内容は，あくまでも実務の一例を示すものであり，案件によって，あるいは，所属する組織によっては，本書の記述が妥当しない場合があること

・本書は「企業法務 1 年目」として身につけるべきスキルを解説することに主眼を置いたものであり，本書の内容を実践することが「法律家としてのゴール」ではないこと

　本書が，法律相談対応業務を扱う皆さまにとって有益なものとなれば幸いです。

2025年 2 月

弁護士　**幅野　直人**

目　　次

はじめに・1

第1章　概観 ———————————————————————————— 1

1　本書の射程・2

 ⑴　企業の法務担当者が扱う日常の法律相談対応・2

 ⑵　法律事務所所属の弁護士が扱う「ジェネコ」対応・2

 ⑶　企業の法務担当者固有のポイントと外部の弁護士固有のポイント・3

 ⑷　前著とのすみ分け・3

2　法律相談対応の一般的な流れ・4

 ⑴　法律相談の端緒・4

 ⑵　法律相談対応の一般的な流れ・4

 ⑶　その他の対応・5

3　本書の構成・6

 ⑴　各種対応のポイントと本書の構成・6

 ⑵　全体の構成・6

4　全体に共通するポイント・8

 ⑴　はじめに・8

 ⑵　ビジネスを理解する・8

 ⑶　企業を理解する・9

 ⑷　社会を理解する・10

 ⑸　法律を理解する・11

 ⑹　相談者の立場に立って物事を考える・12

 ⑺　相談者に予測可能性を持たせる・13

(8) とりあえず返信する・13

(9) ハブとしての機能を果たす・14

(10) 相談者（企業）利益の実現・最大化を意識する・14

(11) 相談者の期待を超える・15

(12) 新人の心構え・16

　コラム① 上司への質問の仕方・18

　コラム② 「レスが遅い」は致命傷？・19

第2章　初動のポイント ——————————21

1 **総論**・22

(1) はじめに・22

(2) 相談者に応じた対応をする・22

(3) 関係性を構築する・22

(4) 相談しやすい環境・雰囲気をつくる・23

(5) 想定される相談事項を伝えておく・23

(6) 法律相談を自ら拾いに行く・24

(7) 対面やオンライン会議システム，電話におけるポイント・25

(8) メール，チャットにおけるポイント・29

　コラム③ 法律相談における話し方の例・38

2 **ヒアリングのポイント**・41

(1) はじめに・41

(2) 関係者を把握する・41

(3) 時系列を把握する・43

(4) 背景事情を確認する・44

(5) 資料を要求・確認する・45

(6) 相談者の意向を確認する・45

(7) アウトプットを意識する・46

(8) 今後の流れを意識する・47

⑼　スケジュール感を確認する・48

⑽　各自のネクストアクションを設定・確認する・48

⑾　質問リストを活用する・49

⑿　議事録，共有メモの作成・50

⒀　新人の心構え・51

　　コラム④　どこまで相談者の意向に沿うべきか・53

3　初期判断のポイント・55

⑴　はじめに・55

⑵　情報を収集・保全・管理・記録化する・55

⑶　対応に必要な社内体制を判断する・56

⑷　情報拡散を管理する・57

⑸　リスクを見積る・58

⑹　スケジュール感を見積る・59

⑺　外部専門家の起用の必要性とタイミングを見極める・60

4　外部弁護士起用のポイント・61

⑴　はじめに・61

⑵　外部弁護士を起用すべき場面・61

⑶　外部弁護士を選ぶうえでのポイント・62

⑷　外部弁護士起用時のポイント・64

　　コラム⑤　法律事務所の分類・69

第3章　案件処理のポイント————71

1　総論・72

⑴　はじめに・72

⑵　タスクに優先順位を付ける・72

⑶　とりあえず着手する・72

⑷　記憶が新鮮なうちに着手する・73

⑸　早めにボールを投げる・73

(6) スケジュールを適切に管理する・74

(7) ビジネスの視点を持つ・74

(8) 先人の知恵を借りる・75

(9) 新人の心構え・76

　コラム⑥　正解がない企業法務の難しさ・79

2　リサーチのポイント・80

(1) はじめに・80

(2) 仮説を立てる・80

(3) 条文を出発点とする・81

(4) 時の経過を意識する・82

(5) あたりをつける・83

(6) 広めに論点をさらう意識を持つ・84

(7) 信頼性のある根拠を持って結論を導き出す・85

(8) 原典に当たる・86

(9) リサーチの対象・86

(10) リサーチの手段・91

(11) リサーチの程度・96

(12) 新人の心構え・97

3　回答・文書作成のポイント・100

(1) はじめに・100

(2) 法律相談における回答の形式・100

(3) 意見書・メモランダムの構成例・101

(4) メール回答の構成例・110

(5) どの程度詳細に回答をすべきか・111

(6) 出典をどこまで示すべきか・112

(7) 回答の実例・113

(8) 結論から述べる・115

(9) 原則論から述べる・115

⑽　わかりやすい日本語で書く・116

⑾　一文一文に細心の注意を払う・120

⑿　視認性を高めるための工夫・120

⒀　見出し，ナンバリングを活用する・121

⒁　用語を定義する・122

⒂　質問に答えるだけでは NG・123

⒃　相談者のアクションを明確にする・124

⒄　最終確認をする・125

⒅　新人の心構え・125

　　コラム⑦　ドラフトの手法・130

　　コラム⑧　「及び」「並びに」「又は」「若しくは」の使い分け・132

　　コラム⑨　押さえておくべき法律用語・134

第4章　紛争相談対応におけるポイント —————137

1　はじめに・138

2　紛争相談対応の目的・139

3　第3章までのポイント・140

⑴　はじめに・140

⑵　ヒアリングのポイント・141

⑶　初期判断のポイント・143

⑷　外部弁護士起用のポイント・146

⑸　リサーチのポイント・147

⑹　回答・文書作成のポイント・148

4　よく問題となる法律・151

⑴　債務不履行責任・151

⑵　不法行為責任・153

⑶　契約不適合責任・154

(4)　製造物責任・157

　(5)　注意点・159

5　品質クレームにおける対応のポイント・160

　(1)　社内対応のポイント・160

　(2)　一般ユーザー対応のポイント・160

　(3)　規制当局対応のポイント・161

6　相手方への対応方法・162

7　通知書のポイント・164

　(1)　はじめに・164

　(2)　目標を設定する・164

　(3)　タイトルを工夫する・165

　(4)　相談者の主張や相手方への要求を記載する・165

　(5)　根拠を記載する・165

　(6)　通知書の実例・166

　(7)　期限を設定する・167

　(8)　要求に従わない場合のアクションやペナルティを記載する・168

　(9)　将来における使われ方を意識する・168

　⑽　送付方法を使い分ける・169

　⑾　郵送方法を使い分ける・169

8　交渉のポイント・172

　(1)　はじめに・172

　(2)　BATNA を設定する・172

　(3)　相手方を知る・173

　(4)　交渉時の留意点・174

9　合意書のポイント・176

　(1)　はじめに・176

　(2)　合意書の実例・176

(3) タイトルを工夫する・178

(4) 紛争原因を記載する・178

(5) 解決方法を記載する・178

(6) 違反があった場合の手当てをしておく・179

(7) 口外禁止（秘密保持義務）を定める・179

(8) 清算条項を定める・180

(9) 公正証書の利用を検討する・180

コラム⑩ 客観的な視点と一方当事者であることの意識・181

第5章　契約相談対応におけるポイント ——— 183

1　はじめに・184

(1) 本書が想定する契約相談・184

(2) 契約書作成に関する相談対応の流れ・184

(3) 契約書レビューに関する相談対応の流れ・185

2　契約相談対応の目的・187

3　第3章までのポイント・188

(1) はじめに・188

(2) ヒアリングのポイント・189

(3) 初期判断のポイント・196

(4) 外部弁護士起用のポイント・197

(5) リサーチのポイント・198

(6) 回答・文書作成のポイント・200

4　レビューの形式・201

(1) はじめに・201

(2) 修正の仕方・201

(3) 相手方向けコメントを付す・202

(4) 内部向けコメントを付す・202

viii

　　(5)　実例・202

　5　契約書全体で確認・検証すべき事項・204

　　(1)　はじめに・204

　　(2)　意図している取引内容に沿う契約書になっているか・204

　　(3)　相談者にとって不利な契約書ではないか・205

　　(4)　適法・有効な契約になっているか・205

　　(5)　定めるべき条項に抜け漏れがないか・206

　　(6)　法改正や新しい判例，社会情勢の変化を反映しているか・207

　　(7)　全体の整合性が取れているか・208

　　(8)　形式面の不備はないか・208

　　(9)　Word のプロパティ情報に余計な情報が入っていないか・208

　6　個別の契約条項で確認・検証すべき事項・209

　　(1)　はじめに・209

　　(2)　デフォルトルールを把握する・209

　　(3)　相談者の立場からデフォルトルールをどのように変更または具体化すべきかを検討する・210

　　(4)　検討結果が反映された契約文言になるように契約条項をドラフト・修正する・213

　　　　コラム⑪　契約書レビューにおけるコメントの形式・216

第6章　ケーススタディ ——————————221

　1　はじめに・222

　2　企業の法務部門にて……・223

　　(1)　登場人物と概要・223

　　(2)　プロローグ・223

　　(3)　ヒアリング・227

　　(4)　通知書・230

目　次　ix

(5)　外部弁護士の起用・236

3　法律事務所にて……・240

(1)　登場人物と概要・240

(2)　プロローグ・240

(3)　リサーチ・241

(4)　ヒアリング・250

(5)　通知書・257

(6)　交渉・264

(7)　合意書・268

あとがき・271

索　引・272

第 *1* 章

概観

1　本書の射程

(1)　企業の法務担当者が扱う日常の法律相談対応

　まず，本書は，

- 当社が〜という行為を行うことは法律上問題ないか
- 取引先からクレームを受けたがどう対応すればよいか
- 新たにＡ社と契約書を締結したいが契約書に問題はないか

といったような，**企業の法務担当者が受けることが多いであろう日常の法律相談への対応におけるポイント**をその射程としています。

(2)　法律事務所所属の弁護士が扱う「ジェネコ」対応

　また，本書は，法律事務所所属の弁護士が扱う日常の法律相談対応，言い換えれば，いわゆる「ジェネコ」対応におけるポイントもその射程としています。

　なお，そもそも「ジェネコ」とは何か，という点に疑問を持つ方もいると思いますので，少しだけ解説を加えます。「ジェネコ」とは，「ジェネラルコーポレート」の略であり「一般企業法務」とも呼ばれます。もっとも，「ジェネコ」という言葉が使われる場合，人によって，あるいは法律事務所によって，想定している意味内容に若干の差があるように思います。企業クライアント（典型的には，顧問先）からの日常の法律相談対応を指して「ジェネコ」という言葉を使う場合もあるでしょう。また，企業法務の中から，Ｍ＆Ａやファイナンスなどのディール，プロジェクト案件，あるいは高度な専門性が要求される分野や類型の案件を除いたものを指すものとして「ジェネコ」という言葉を使う場合もあるでしょう。

　もっとも，本書は，「ジェネコ」を定義しようとするものではなく，**法律事務所所属の弁護士が対応することの多いであろう日常の法律相談への対応にお**

けるポイントを解説することを意図しています。

(3) 企業の法務担当者固有のポイントと外部の弁護士固有のポイント

　法律相談対応におけるポイントは，「企業の法務担当者が意識すべきポイント」と「外部の弁護士[1]が意識すべきポイント」とで，共通する部分もあれば，大きく異なる部分も存在します。

　本書は，想定する読者として，企業の法務担当者と外部の弁護士のいずれかを排除するものではありません。企業の法務担当者と外部の弁護士のいずれにも共通しうるポイントを解説しつつ，**企業の法務担当者固有のポイント，外部の弁護士固有のポイントについては，それとわかるように記述しています。**

(4) 前著とのすみ分け

　企業の法務担当者であっても，（所属事務所によりますが，一般論として）外部の弁護士であっても，日常の法律相談として，契約に関わる相談を受けることは多いと思います。したがって，本書は，契約書作成・レビューなどの契約書関連業務もその射程としています。なお，「ジェネコ」という言葉との関係でいっても，「ジェネコ」という言葉は，（M&Aやファイナンス関連の契約ではなく，日常取引の）契約書作成・レビュー業務を含む趣旨で用いられる場合が多いと思います。

　契約書関連業務については，本書シリーズの1冊目である『企業法務1年目の教科書 契約書作成・レビューの実務』（中央経済社，2024年）でも解説していますが，前著は，契約書関連業務を行ううえでまず身につけるべき基本的事項や実践的ノウハウを一定の網羅性をもって記しているのに対し，本書は，あえて前著との重複はおそれずに契約書関連業務のポイントを解説しつつも，**初動から案件処理に至る時間軸の中で意識すべき事項に力点を置いた内容としています。**

1　法律事務所に所属する弁護士でも，出向などによって，企業の法務担当者としての立場で法律相談対応を行う場合もあります。そこで，本書では，法律事務所所属の弁護士が，（企業の法務担当者としてではなく，）企業から相談や依頼を受けて対応する場合を想定した場合の用語として，「外部の弁護士」または「外部弁護士」という言葉を用いることとします。

2 法律相談対応の一般的な流れ

(1) 法律相談の端緒

　法律相談は，様々なルートから，企業の法務担当者や外部の弁護士のところにやってきます。

　本書が想定する日常的な法律相談を前提とする場合，企業の法務担当者であれば，典型的には事業部門担当者から相談が来ることが多いでしょう。また，特に，比較的小規模な企業であれば，日常的な法律相談であっても，代表取締役などの役員クラスから直接相談が来ることもあるかもしれません。

　外部の弁護士であれば，クライアントである企業から相談が来るのが通常です。もっとも，クライアント企業の窓口となる人物は，企業によって，または，案件によって，法務担当者（総務部における法務担当者など，必ずしも法務専属でない場合も多くあります），事業部門担当者，代表取締役など様々なパターンがありえます。

　なお，本書では，このような相談者の属性を問わず，また，文脈によっては，依頼者，クライアント（の窓口）を含む趣旨で「相談者」と表記することとします。

(2) 法律相談対応の一般的な流れ

　法律相談を受けた場合，企業の法務担当者または外部の弁護士は，これに対応することが求められます。企業の法務担当者または外部の弁護士による法律相談対応は，概ね以下のような流れで行われるのが典型的なパターンです。

【法律相談対応の一般的な流れ】

> ヒアリング：相談者から相談内容およびそれに関する事情を聴き取ります
>   ↓
> リ サ ー チ：相談内容の回答に必要なリサーチを行います
>   ↓
> 回　　　答：相談内容につき，相談者に回答をします

　ただし，実際には，ヒアリングに入る前に（事前共有を受けた相談概要に基づき）リサーチを行う場合，リサーチ後にその結果を踏まえてさらにヒアリングを行う場合，回答後に相談者からの追加質問を受けてさらに追加リサーチのうえ回答する場合など，「ヒアリング」，「リサーチ」，「回答」を行ったり来たりすることは珍しくありません。本書の解説も，これらを行ったり来たりすることを前提としています。

(3)　その他の対応

　上述した「ヒアリング」や「リサーチ」，「回答」に加え，紛争案件であれば，「通知書の送付」，「交渉」，「合意書の締結」といった**紛争の相手方への対応**も必要になります。

　また，企業の法務担当者が対応する場合には，相談内容によっては，ヒアリング直後，あるいは，案件が進行したタイミングで，**「外部の弁護士を起用する」**場合も存在します。

3　本書の構成

(1)　各種対応のポイントと本書の構成

　本書では，ヒアリングのポイントを「第2章　初動のポイント」で，リサーチと回答および回答に伴う文書作成を「第3章　案件処理のポイント」で，紛争の相手方への対応のポイントを「第4章　紛争相談対応におけるポイント」で解説します。

　また，外部弁護士の起用は，上記のとおり，案件が進行したタイミングで行われる場合も存在するものの，「外部弁護士を起用すべきか」は，初動時点から意識しておきたいポイントであり，**外部弁護士起用のポイント**についても「**第2章　初動のポイント**」で解説することとします。

(2)　全体の構成

　企業の法務担当者や外部弁護士が対応すべき法律相談の内容は多種多様であり，そのように多種多様なものに共通するポイントの解説は，どうしても抽象的・一般的な記述にならざるをえない部分があります。もっとも，ある程度具体性を持った内容でなければ，実際の業務に活かすことは難しいところもあるでしょう。

　そこで，本書は，**第1章から第3章までにおいて法律相談一般に共通するポイントを解説し，第4章および第5章において案件種別に応じたポイントを解説したうえで，第6章において具体的な事例を用いたストーリー仕立てのケーススタディを提示する**ことで，読者の皆さまが，法律相談一般に共通するポイントを概観しつつ，初動から案件処理に至る時間軸の中で想定すべき具体的なアクションをイメージしやすいように構成しました。

　本書の具体的な構成は，以下のとおりです。

3　本書の構成　7

- 第1章　概観
- 第2章　初動のポイント
- 第3章　案件処理のポイント
- 第4章　紛争相談対応におけるポイント
- 第5章　契約相談対応におけるポイント
- 第6章　ケーススタディ

4　全体に共通するポイント

(1)　はじめに

　上記のとおり，初動のポイントについては第2章で，案件処理のポイントは第3章で解説しますが，以下では，初動の場面や案件処理の場面に限らない，全体に共通するポイントを解説します。

(2)　ビジネスを理解する

　企業の法務担当者であっても外部の弁護士であっても，企業法務を取り扱うにあたっては，当然ながら，ビジネスが深く関係してきます。したがって，法的な知識はもちろんのこと，ビジネスへの理解がなければ，問題点をきちんと理解すること，有効な解決策を提示することは困難な場合が多いでしょう。

　相談者からしても，法務担当者や外部弁護士に対しては，法的な問題を相談したいのであって，法的問題の前提にすぎないビジネスの話を一から説明しなければならないのは難儀です。基本的なビジネス知識やビジネス理解がない，ビジネス用語が通じないといった法務担当者や弁護士はそれだけで大きなディスアドバンテージを抱えていると言わざるをえません。反対に，ビジネス理解がある法務担当者や弁護士は，相談者から見て，「話がわかる」と思われやすく，相談のハードルも下がってくると思います。

　「ビジネスを理解する」ことには，①当該企業（商品・サービスの内容，商流，収益構造など）**および当該企業が属する業界のビジネス**（同業他社を含む業界勢力およびその動向など）**を理解する**ことと，②（当該企業や業界に限らない）**ビジネス一般を理解する**ことの2つの側面がありますが，前者については，「(3)　企業を理解する」で解説することとします。後者，すなわち，ビジネス一般を理解することについては，まず大前提として，**ビジネスに興味を持つことが大事**です。ビジネスに興味を持つことで，様々な情報を敏感にキャッチアップしやすくなります。そのうえで，ニュースやビジネス書，SNSなどを通じて常に最新の情報，トレンドを把握しておくことが有用であると思いま

す。

(3) 企業を理解する

「(2) ビジネスを理解する」ことと同じか，それ以上に重要なこととして，当該企業のことを理解する，ということが挙げられます。

まずは，「(2) ビジネスを理解する」で述べたとおり，当該企業が取り扱っている商品・サービスの内容，商流，収益構造や同業他社などの**基本的な情報を理解する**ようにしましょう。この理解がなければ，その企業の法律相談に存在する問題点を正しく把握すること，有効な解決策を提示することは難しいからです。これらを理解するためには，特に企業の法務担当者であれば，日ごろから事業部門担当者とのコミュニケーションを取っておく，社内イベントに積極的に参加する，自社および同業他社のウェブサイトやプレスリリースをチェックする，業界紙に目を通す習慣をつけるといったことでビジネス理解を深めていくことが考えられます。

そのうえで，**その企業において，現在どのようなトピックが話題になっているか，あるいは，今後話題になりそうかを把握しておく**ことも有用です。たとえば，企業の役員クラスであれば，同業他社の動向に敏感である場合が多く，同業他社が行った施策を自社に横展開できないかといったことなどに関心を持ち，また，実際に検討することも多いでしょう。このような動きを察知し，自身がそれに対応できることを示すことができれば，相談者の信頼をつかむことにつながっていくと思います。

企業の法務担当者の場合，社内において，情報共有の機会が設けられていることが多いと思います。そのような機会を活用することで，自分が担当している案件以外で，どのようなトピック・論点が話題になっているかについての情報を収集することができるはずです。外部の弁護士の場合，企業内部の状況についてはアクセスできる情報に限界があるものの，（同業他社の情報を含め，）ウェブサイトやプレスリリース，ニュースなどの情報を追っておくことで，情報を収集することが考えられます。

さらに，上記に加えて，（会社法上の機関設計を理解していることは当然の前提として，）**当該企業における意思決定の構造・傾向，担当者，上長・決裁**

権者の性格や好み，各人がどこに関心を持っているか，といった部分まで理解していると，相談者から話を聞く際，あるいはアドバイスをする際に，それらを踏まえた対応が可能になります。たとえば，外部の弁護士であれば，相談の窓口となっている担当者の「上司」の傾向を知っている場合には，「社内的な説明としては，この部分を強調して説明するとよいかもしれません」と一言添えるというような工夫をすることで，相談者の信頼を得る方法も考えられるところです。

(4) 社会を理解する

　法律問題を取り扱ううえでは，**社会を理解することも必要**です。社会観念を正しく理解していなければ，企業として採るべき対応を見誤る可能性があるからです。そして，社会観念が変化すれば，法的リスクの所在やリスクの程度も変わってくることになります。

　たとえば，「ハラスメント」に対する社会の意識は，数十年前のそれとは全く違うものになってきているということは，読者の皆さまもイメージがつかみやすいのではないかと思います。必然，ハラスメント事案が起こった際に企業が採るべき対応も，時代とともに変化してきました。そして，このような社会観念は，社会的事象の発生を契機に急速に変化することもあります。たとえば，大手企業の過労死事案を契機にして働き方改革が一気に進んだり，大手製造事業者による品質不正事案が相次ぎ，品質不正に対する社内ガバナンスの重要性に対する意識が高まったりといったことは，近時でも実際に起きていることです。

　そのため，企業の法務担当者や外部の弁護士は，社会観念の変化を日々の業務に反映できるよう，たとえ一見自身の業務分野とは直接関係がないと思われるような社会事象であっても，**社会でどのような事象が起きているかにつきアンテナを張っておき，社会観念の変化を敏感にかぎ取って，リスクの所在に対する感度やリスク最少化のために必要とされる対応をアップデートしていく**ことが望まれます。

(5) 法律を理解する

　言うまでもないことですが，企業の法務担当者であっても外部の弁護士であっても，十分な法的知識があることがすべての業務の前提になります。とりわけ，日常の法律相談（≒ジェネコ）は，広範な法分野を取り扱うため，幅広い法分野の知識が要求されます。

　正しい法的知識を身につけるためのアプローチは各人が現時点で持っている法的知識・スキルによって異なってきますが，典型的なアプローチとしては，**相談を受けた，または受ける可能性のある法律相談に関して定評のある書籍に目を通す**ということではないかと思います。また，概要をつかむうえでは，官公庁のウェブサイト[2]やポータルサイト[3]なども参考になる場合があります。なお，慣れない分野については，そもそも「定評のある書籍」を知ることが難しいところもありますが，インターネット[4]やSNS[5]での情報収集，上司や先輩，同僚，友人に聞くといった方法が考えられます。

　そして，法律は随時新たに制定，改廃されるものであり，また，判例[6]や学説，所管官庁によるガイドラインなどは日々アップデートされるものです。そのため，正しい法的知識を備えておくためには，常に知識を最新のものにアップデートしておく必要があります。したがって，法律雑誌・判例雑誌[7]，法律事務所や出版社が発行しているメルマガ[8]やニューズレターなどを購読する，

2　ほんの一例ですが，インターネットで「不正競争防止法　概要」と検索すると経済産業省による解説や資料などが一覧できるページ（https://www.meti.go.jp/policy/economy/chizai/chiteki/unfaircompetition_new.html）が見つかると思います。

3　BUSINESS LAWYERS（https://www.businesslawyers.jp/），Business & Law（https://businessandlaw.jp/）など。

4　至誠堂書店の「分野別スタンダード書籍」（https://ssl.shiseido-shoten.co.jp/items?category_id=1）が参考になると思います。また，法律書籍を紹介するブログなども参考になる場合があります。

5　筆者の場合，X（旧Twitter）のポストを参考にすることが多いです。積極的に情報発信をしているアカウントをフォローしておくとよいでしょう。

6　最高裁判所の裁判を「判例」，最高裁判所以外の下級審（高等裁判所，地方裁判所など）の裁判を「裁判例」と呼ぶ場合が多いです。ただし，厳密に使い分けられていない場合もあり，下級審裁判例を含む趣旨で「判例」と呼ばれることもあります。本書でも，厳密な使い分けをしておらず，厳密に使い分けたい場合には，「最高裁判例」，「下級審裁判例」と表記しています。

外部セミナーに参加する，法律書の新刊情報[9]をチェックする，ポータルサイトの新着記事をチェックするなどして，**法改正や判例，ガイドラインなどの動向につき，常に最新の情報をキャッチアップしておく**ことが有用です。特に企業の法務担当者であれば，自社が属する業界に関連する法改正や判例，ガイドラインなどの動向は，より注意深く追っておくべきです。

　法律雑誌のすべてに目を通すのは現実的ではないですが，目次部分だけであればインターネットなどからも無料で確認することができますので，その中から関心のあるものを見つけて読んでみることでもよいと思います。目次を見るだけでも，今話題となっているトピックが見えてくることはあるでしょう。また，比較的大規模な企業や法律事務所であれば，複数の法律雑誌を定期購読し，分担して内容を確認したうえで，重要なもののみをピックアップするというような取り組みを行っている場合も多いと思いますが，こういった取り組みも参考になるところです。

　なお，カジュアルなところでいえば，SNS[10]による情報収集も有用です。

(6)　相談者の立場に立って物事を考える

　法律相談対応においては，相談者の立場に立って物事を考えること，すなわち，法務担当者であれば「事業部門担当者の立場だったらどうして欲しいか」，外部の弁護士であれば「クライアントだったらどうして欲しいか」を，常に想像して対応することが極めて重要です。

　その際，抽象的な存在としての「相談者」の立場に立って考えるだけでなく，**具体的な当該相談者が持つニーズや好みを踏まえた対応ができるとなおよい**でしょう。

7　一例ですが，『旬刊　商事法務』，『NBL』，『ビジネス法務』，『会社法務 A2Z』，『法学教室』，『ジュリスト』，『法律時報』，『法学セミナー』，『判例タイムズ』，『判例時報』などたくさんの法律雑誌・判例雑誌が存在します。それぞれ内容や想定する読者層などに違いがありますので，ウェブサイトや書店などでチェックしてみましょう。

8　商事法務メールマガジン（https://www.shojihomu.co.jp/page/merumaga）など。

9　至誠堂書店のウェブサイト（https://ssl.shiseido-shoten.co.jp/）で新刊情報を確認することができます。

10　筆者を含め，X（旧 Twitter）で情報発信をしている企業法務関係者は少なからずいます。

たとえば，相談者が，「理屈はどうあれ結論を早く知りたい」と思っている場合と，「その結論に至る根拠まで知りたい」と思っている場合では，対応の内容には差があって然るべきです。前者のニーズを持っている相談者に対して，大量の文献の出典が入った回答を送りつけることは，ただの自己満足になってしまいかねません。

なお，あなたが新人・若手で上司と一緒に対応をする場合，「⑿　新人の心構え」で後述するように「上司だったらどうして欲しいか」を想像して対応することも重要です。

⑺　相談者に予測可能性を持たせる

「⑹　相談者の立場に立って物事を考える」の具体例の１つともいえますが，**相談者に対して，「今後どのように進んでいくか」という予測が立つようにしておくことも重要です。**「次に何が起こるかわからない」ということは，相談者が不安を感じる主な要因の１つと言って間違いないでしょう。そのため，できるだけ今後の流れやスケジュール感を示すことで，相談者の不安を取り除くことができる場合は多いと思います。

たとえば，メールで相談が来た場合，単に「対応します」と返信するだけではなく，相談者にスケジュール感を確認したうえで，「●日までに回答します」と伝えるほうがよいでしょう。このように伝えることによって，相談者は，「●日までに回答がもらえる」というスケジュール感を把握することができるようになります。結果として，あなたがその期日まで特に相談者に連絡をしなかったとしても，相談者に不安感を抱かせずに済む場合が多いでしょう。

⑻　とりあえず返信する

こちらも「⑹　相談者の立場に立って物事を考える」の具体例の１つといえますが，メールやチャット相談においては，**とりあえず返信する**ことが有用です。長期間何も反応しないことは，相談者に「ちゃんとメールが届いているのだろうか」，「忘れられていないだろうか」，「蔑ろにされているのではないか」といった余計な不安や疑念を抱かせかねません。「⑺　相談者に予測可能性を持たせる」で述べたように，具体的な期限を示すほうがベターではありますが，

たとえば，「ご連絡ありがとうございます。確認し，追って回答させていただきます」といった簡易な内容だけでも，返信せずに長期間放置するよりはずっとよいはずです。

(9)　ハブとしての機能を果たす

企業の法務担当者は，様々な事業部門の取引に横断的に関わっていることが多く，**法務担当者が，他の事業部門に関する案件で経験した事項につき横展開を行うこと**で，企業全体としての対応のレベルを高めることが可能です。このような「ハブ」としての機能を果たすことは，法務担当者の重要な役割の1つといえます。

また，外部の弁護士であれば，当該相談者のみならず，**他社からの相談や依頼で経験した事項につき**（守秘義務などに反しない限度で）**横展開を行うこと**で，対応の質を高めることができます。この点は，外部弁護士の強みといえます。

(10)　相談者（企業）利益の実現・最大化を意識する

ここまでいろいろと述べてきましたが，結局のところ，企業の法務担当者にとっては「企業の利益を実現ないし最大化する」こと，外部の弁護士にとっては「クライアントの利益を実現ないし最大化する」ことが，業務の最大の目的といっても過言ではありません。法務部門はブレーキ役などと言われることがありますが，もちろんブレーキをかけるべき場合があることは否定できないものの，それはブレーキをかけることが企業にとって利益となる（不利益を回避することによって利益となる場合を含みます）からブレーキをかけるべきという話であって，常にブレーキ役となることが法務部門の役割というわけではないのです。

そのため，企業の法務担当者や外部の弁護士は，法的に「Yes」か「No」かを答えれば足りるわけではありません。たとえば，「（法的にはYesだとしても，）企業のレピュテーションリスクを考慮すれば控えるべきではないか」といった回答をすべき場合もあると思います。また，「（法的にはNoの場合でも，）ビジネス上の目的を達成するための代替手段はないか」を検討し，法律

相談に対する回答において，その代替案を提示すべき場合もあるでしょう。このように，企業の法務担当者や外部の弁護士には，**相談者（企業）の利益を実現ないし最大化することを常に意識しておく**ことが求められます。

⑾ 相談者の期待を超える

ここまで述べたきたことと比べるとやや発展的な内容かもしれませんが，**相談者の期待を超える**意識は常に持っておくべきと考えます。相談者の期待を超える対応ができれば，相談者との信頼関係は自然と深まっていくものです。

相談者の期待を超えるためには，まず，相談者の期待値を調整することが必要になります。「期待値コントロール」などと呼ばれることもありますが，相談者の考えをコントロール（支配）せよということではなく，相談者に適切な見通しを伝えるべきということです。相談者に過度な期待を抱かせることは，その結果を得られなかった場合に相談者とトラブルになりかねません[11]。反対に，相談者に過度に悲観的な見通しを伝えることも，相談者の信頼を得るうえで望ましい対応とはいえません。相談者としても，安心して任せられる人に相談したいと思うはずで，弱気な見通ししか言わない人に相談したいとは思わないでしょう。そして，相談者に適切な見通しを伝えたうえで，その期待を常に上回るような対応を心がけましょう。なお，相談者に適切な見通しを伝えるうえでは，**事前の下調べが重要**になります。

また，相談者の期待を超えることは，必ずしも，法律相談に対する回答や成果物の内容面に限られません。対応スピードや丁寧さ，連絡の頻度，さらには話しやすさなど，あらゆる場面において，相談者の期待を超えることのできるチャンスが転がっています。対応スピードとの関係でいえば，できる限り納期よりも早く回答や成果物を出すようにすることで，相談者の期待を超えることができるかもしれません。

11　なお，あなたが弁護士である場合，依頼者（相談者）に有利な結果となることを請け合い，または保証することは，弁護士職務基本規程29条2項にも抵触することになります。

16 第1章 概観

⑿ 新人の心構え

新人・若手の場合，上司と一緒に案件処理をすることが多いと思います。以下では，上司と一緒に案件処理をする場合のポイントを解説します。

- 上司の立場に立って物事を考える

上記では，「⑹ 相談者の立場に立って物事を考える」と述べましたが，あなたが新人・若手で，上司と一緒に対応をする場合には，相談者のみならず，**「上司だったらどうして欲しいか」を想像して対応する**ことも重要です。

特に新人の場合には，経験不足から業務に貢献できる範囲は自ずと限定されてしまうことはやむをえないところです。しかしながら，その場合であっても，あなたの働きによって上司の手間が少しでも減れば，それはあなたの貢献に他なりません。新人のうちは，上司の手間を減らすことこそがあなたの存在意義でもあります。常に**「上司の手間をいかに減らすか」を意識した行動を心がける**とよいでしょう。

たとえば，ある法律問題について，法務担当者として，あるいは外部弁護士としての見解を述べることを求められている場合，あなたの作成したメモランダムは上司によって真っ赤に直されることとなるかもしれません。しかしながら，そのメモランダムに，参考となる文献やウェブサイトなどの出典を明記しておき，かつ，出典となる資料の該当部分をコピーしたうえでデスクに置いておき（または，PDF ファイルなどにデータ化したうえでメールやチャットに添付しておき），さらには，当該資料のポイントとなる部分にマーカーなどで印を入れておけば，少なくとも，上司は，その文献を探す手間，その文献の中でポイントとなる箇所を探す手間を省くことができるのです。

また，たとえば，上司にあなたのドラフトを送付する際，（今回新たに依拠した資料を添付することは当然として，）過去に共有済みの資料であっても，改めてメールにまとめて添付することで，上司が過去の資料を探す手間を省くことができるかもしれません。

そして，上司への対応においても，「⑹ 相談者の立場に立って物事を考える」で述べた相談者への対応の場合と同様，抽象的な「上司」の立場に立って

考えるだけでなく，具体的な当該上司の好みを踏まえた対応ができるとなおよいでしょう。

- ・主体性を持って案件に取り組む

上司と一緒に対応する場合でも，**主体性を持って案件に取り組む**意識はとても重要です。

上司と一緒に対応をする場合，案件のスタートは上司からの指示をきっかけにしてスタートすることが多いと思います。もっとも，案件が進行する中で，「次に必要なアクションは何なのか」，「こういう情報があれば有益ではないか」といったことは，上司の指示がなくとも思いつくことができる部分があるはずです。そこで，上司の指示を待つのではなく，案件の状況を見つつ，先回りして，「これやっておきましょうか？」，「これやっておきます」といった提案を上司にできないかを意識して，案件に取り組むとよいでしょう。

たとえば，上司と一緒に対応をしているケースで，相談者からメールが届いた場合を想定してみましょう。この場合，上司からの特段の指示がなくとも，「こちらの件，以下の内容で私から返信しておこうと思いますが，よろしいでしょうか？」，あるいは，「こちらの件，以下のとおり，回答文案をドラフトしておきましたので適宜ご活用ください」などとして，回答文案までドラフトし，さらには，次の具体的なアクション（あなたが返信をするのか，上司が返信するのか）まで明確にしたうえで，上司の指示や判断，意見を仰ぐことが考えられます。

主体性を持って案件に取り組むことで，あなた自身に力もつきますし，また，上司からの信頼を得ることにもつながってきます。

コラム①

上司への質問の仕方

　企業法務の世界に限らず，よく言われることだと思いますが，上司へ質問をする場合，なるべくクローズドクエスチョンで聞くほうがよい場合が多いと思います。

　「どうすればよいですか？」，「どのように考えますか？」といったオープンクエスチョンでの質問をすると，上司から「何も考えてないな」と思われたり，「それを考えるのがあなたの仕事ですよ」などといった指導を受けたりする可能性があります。

　「どうすればよいですか？」の代わりに「～しようと思いますが，よろしいでしょうか？」と，「どのように考えますか？」の代わりに「私は，～と考えますが，●●さん（上司）はどのようにお考えでしょうか？」というように，自分の意見を交えて聞くことで，上司から「きちんと考えているな」という印象を持ってもらえる可能性はぐっと高まると思います。もちろん，このあたりも，本章「4　全体に共通するポイント」「⑿　新人の心構え」で述べたとおり，上司によって好みがあるところです。そのため，上司の反応を見ながら，上司の好みに合わせたコミュニケーション方法を模索していくことが望ましいでしょう。

コラム②

「レスが遅い」は致命傷？

　「レス（レスポンス）の早さ」が非常に重要ということはよく言われます。「レスが早い人は仕事ができる」とまで言われることもあります。

　筆者自身，自分が顧客の立場としてサービスを利用する場合，担当者のレスが遅いとそれだけで不安に感じたり，イライラしたりしてしまうことが少なくありません。法律相談においても同様に，レスが遅いことで，相談者を不安にさせたり，イライラさせたりしてしまう可能性があるでしょう。

　また，一緒に仕事をしている人との間で，コミュニケーションのスピード感が合わない場合，「仕事がやりづらいな」と思うこともあります。企業の法務担当者はもちろんですが，外部の弁護士であっても，企業法務においては，相談者と「一緒に仕事を進める」という感覚は少なからずあると思います。そのため，コミュニケーションのスピード感が合わない場合，相談者から「仕事がやりづらい」と思われるリスクがあるということでしょう。特に，ベンチャー・スタートアップの経営者は「即レス」の人が多い印象があり，このような相談者と仕事をする場合，そのリスクはさらに高まる可能性があります。

　そして，（誤解をおそれずに言えば，）相談者から見た場合，ドラフトの内容面のクオリティは一見して他の法務担当者や他の弁護士とのクオリティの差がわかりづらい側面があります。一方で，レスの早さの違いは誰が見ても明らかで，他者との比較も容易です。言い換えれば，たとえ内容面について非常にクオリティの高い仕事をしたとしても，レスが遅いと，それだけで相談者から「仕事ができない」と思われるリスクがあるということです。その意味では，「レスが遅い」ことが致命傷となるリスクは十分にあると思います。

　また，あなた自身の立場からしても，しばらくレスをしないでいると，それだけで気が重くなってしまい，その人に，より連絡しづらくなるとい

うこともあるのではないでしょうか。

　本章「4　全体に共通するポイント」「(8)　とりあえず返信する」で述べたように，ひとまず「ご連絡ありがとうございます。確認し，追って回答させていただきます」のような簡易なものでも，早めにレスをしておくことを意識するとよいでしょう。

第 2 章

初動のポイント

1 総論

(1) はじめに

　本章では特に初動において意識しておきたいポイントを解説していきますが，「2　ヒアリングのポイント」や「3　初期判断のポイント」，「4　外部弁護士起用のポイント」といった具体的なポイントに入る前に，まずは相談者との関係性の構築や相談者とのコミュニケーションのポイントなどを解説します。

　これらのポイントは，必ずしも「初動」に限らず意識しておきたいポイントを含みますが，**第一印象の重要性に鑑みると，初動における重要性はより一層高いものといえます。**

(2) 相談者に応じた対応をする

　「第1章　概観」「2　法律相談対応の一般的な流れ」「(2)　法律相談対応の一般的な流れ」で述べたとおり，相談者の属性は様々です。

　そのため，企業の法務担当者や外部の弁護士には，相談者の法的知識のレベル，事業・ビジネス理解度のレベル，権限のレベル，関心事項などがそれぞれ異なることを前提に，**相談者に応じた対応が求められます。** たとえば，相談者の法的知識が乏しい場合には，相談者自身が問題点を正確に理解していないことも多く，このような場合，法務担当者や外部弁護士にはより積極的な態度が望まれます。

(3) 関係性を構築する

　法律相談を受けやすくしておくためには，**相談者となりうる人物との間で日頃から関係性を構築しておくことが重要です。** 関係性が構築できていないと相談のハードルが高くなってしまい，なかなか相談が来づらい状況が発生してしまいます。これは，企業の法務担当者であっても，外部の弁護士であっても同様でしょう。相談者にとって最もアクセスしやすい相談先となることができれば，自ずと法律相談が集まってくると思います。

この観点からは，相談者となりうる人物との間で，普段から積極的なコミュニケーションを取っておくことが重要です。

企業の法務担当者であれば，積極的に，社内セミナーや研修・勉強会などを実施することも考えられます。また，法律相談を受けた際に，少し話を広げて，相談者が普段行っている業務内容などの話を聞いてみるということもよいでしょう。このような取り組みは，「3　初期判断のポイント」「⑵　情報を収集・保全・管理・記録化する」で後述する情報収集の前提として，社内のどの部門・部署が，あるいは，当該部門・部署の誰がどんな情報を持っているかを把握するうえでも有用です。

⑷　相談しやすい環境・雰囲気をつくる

相談しやすい雰囲気をつくっておくことも重要です。

この観点からは，企業の法務担当者であれば，普段から，社内において不機嫌さを態度に出すような行動は控えることを心がけることも必要であると思います。

また，特に企業の法務担当者の場合，あらかじめ事業部門担当者用に法律相談がある場合の相談申請フォーマットを準備しておく，定期的に「法律（法務）相談日」を設けておきその日に相談予約を取れるようにしておくといったような工夫により，**事業部門担当者が法務部門に相談をするハードルを下げておくこと**が考えられます。

⑸　想定される相談事項を伝えておく

相談者との関係性は，繰り返し法律相談に乗っているうちに自然と深まっていく場合が多いと思います。いったん関係性を構築できれば，その後の法律相談のハードルは格段に低くなってきます。問題は，「いかにしてきっかけとなる1件目の相談を受けやすくするか」というところです。

この点，法務担当者や外部の弁護士は，相談者となりうる人物に対して，「なんでも気軽に相談して欲しい」という言葉を使ってしまいがちです。しかしながら，相談者によっては，「そもそもどのようなことを法務担当者，あるいは外部の弁護士に相談したらいいかわからない」という場合も少なくありま

せん。

そこで、たとえば、「取引先からクレームがあったら相談して欲しい」、「取引先と契約書を締結することがあれば相談して欲しい」というように、**当該相談者において想定される具体的な相談事項を伝えておくことで**、相談のハードルを下げることができる場合があります。

また、特に企業の法務担当者であれば、部門ごとに特に問題となりやすい分野や法律問題、たとえば、広告を担当する部門（マーケティング部門など）に対して、景表法[1]やいわゆるステマ規制[2]などの概要について、社内セミナーや研修・勉強会、メールやチャットによる注意喚起などをしておくことで、**相談者となりうる事業部門サイドに、アンテナを張っておいてもらうことも有用で**あると思います。

(6)　法律相談を自ら拾いに行く

さらに進んで、**法律相談、あるいは、法律相談になりうる手前の事象を自ら拾いに行く**ことも考えられます。自ら法律相談を拾いに行く方法はいくつか考えられますが、大雑把に言えば、**相談者との接触機会を増やす**ということが有効であると思います。

外部弁護士であれば、定期的に、顧問先を訪問または電話をするなどして、顧問先における法律問題の掘り起こしを行う取り組みを行っている事務所もあると聞きます（もちろん、かえって顧問先の迷惑になるような行動は控えるべきです）。このほか、外部セミナーを実施する場合に案内を出す、書籍を出版したら献本する、（近年はむしろ送る人が減って来たからこそ）毎年年賀状を送るといった方法も考えられるところです。

また、企業の法務担当者であれば、（具体的な法律問題がまだ明らかになっていないとしても、）新規事業の立ち上げ時には、その打ち合わせに同席する、

1　不当景品類及び不当表示防止法。本書では、「景表法」といいます。

2　景表法5条3号、内閣府告示19号（https://www.caa.go.jp/notice/assets/representation_cms216_230328_02.pdf）。なお、運用基準は、令和5年3月28日消費者庁長官決定「「一般消費者が事業者の表示であることを判別することが困難である表示」の運用基準」（https://www.caa.go.jp/notice/assets/representation_cms216_230328_03.pdf）のとおり。

または，概要を共有してもらって，法的に問題となりうる事項がないかをチェックする運用を設けておくことなどが考えられます。

(7)　対面やオンライン会議システム，電話におけるポイント

では，相談者とコミュニケーションを取るうえで重要なポイントは何でしょうか。

「相談者の立場に立って物事を考える」，「相談者に予測可能性を持たせる」など，「第1章　概観」「4　全体に共通するポイント」で述べたポイントがここでも重要になることは言うまでもありません。以下では，特に対面やオンライン会議システム，電話など，**相談者との口頭でのコミュニケーションにおいて意識しておきたいポイント**を解説します。

ただし，以下はあくまでも一般論であって，**個別案件に応じた柔軟な対応が望ましい**という点には留意してください。

・頭出しを活用する

相談者に話をする際には，**これから話すことの「頭出し」を行う**ようにするとよいと思います。たとえば，紛争案件の相談を受けているケースで，相談者に対して紛争解決手段としての選択肢（交渉，調停，訴訟など）についての説明をする場合，「まず，採りうる手段について説明させていただきます」というように，一言頭出しを行うのです。このような頭出しを行うことで，相談者はこれから話す内容についての予測を立てることができ，結果として，あなたの話を「わかりやすい」と感じてくれるはずです。

また，頭出しをしておかないと，こちらが話をしている最中に相談者からどんどん質問をされてしまう傾向があるように思います。それは，相談者からすれば，こちらが話す内容を予測しづらく，これからこちらが話すことに自分が聞きたい内容が含まれているかどうかわからないからでしょう。あくまでも筆者の経験上ですが，こちらの話の途中で質問を受け，その質問に答えるという形で，こちらに主導権のない会話になってしまうと，相談者の満足度が低く，結果として相談者と信頼関係を構築しづらいと感じます。相談者としては，「この人は質問しないと教えてくれないのか」と不安に感じてしまうのかもし

れません。頭出しを行うことで，話の主導権を握りやすく，相談者との間で信頼関係を構築しやすくなると思います。

• 適宜質問を受け付ける

もちろん相談者から質問を受けること自体は何も悪いことではありません。相談者と信頼関係を構築するうえでは，むしろ相談者からの質問を聞き，相談者が抱いている疑問点をきちんと解消しておくべきです。また，あまりにこちらが一方的に話す形になってしまうと，相談者から「一方的に話す人だな」，「こちらの話は聞いてくれないのか」などと思われてしまうリスクもあるところです。

そこで，**会話の途中で，適宜「ここまでのところでご質問はございますか？」と質問を受け付けることが有用**です。

ここで，「ここまでのところで」という聞き方をすることもポイントになります。このような表現を採ることで，相談者の質問の範囲を限定し，話があちこちに飛んでしまうことを防ぐことができます。また，適宜質問を受け付けることで，相談者としても「また質問できる機会はあるんだろう」という予測を立てることができ，相談者に安心して話を聞いてもらうことができるでしょう。

さらに，相談者から質問を受けた場合，**まず簡潔に結論を答える**ことを意識するとよいと思います。相談者からすれば，結論を先に示されることで，話の方向性を予測することができ，話の内容が頭に入ってきやすくなります。Yes か No かで答えられる質問であれば，まず Yes なのか No なのかを示した後に，その理由を説明するようにするとよいでしょう。

• 資料を活用する

あらかじめ相談内容の概要がわかっているのであれば，たとえば，関係する当事者が複雑になる場合には PowerPoint などで作成した当事者関係図などの資料を用意するなどといった形で説明の補足資料を用意しておくと，相談者の理解の手助けになってくれる場合があります。特に，**事案が複雑な場合には，関係図や時系列表などの資料を準備する必要性がないかどうか相談に入る前に検討しておく**とよいでしょう。なお，関係図や時系列表については，本章「2

ヒアリングのポイント」の「(2)　関係者を把握する」や「(3)　時系列を把握する」でも解説します。

• 名前を呼ぶ

相談者のことを呼ぶ際には，「担当者様」「お客様」「あなた」などの呼び方よりも，**相談者の名前（●●●さん，●●様）を呼ぶようにすると，好印象を抱かれやすい**といわれています（ネームコーリング効果というそうです）。

相談者と信頼関係を築くためには，相談者の名前を意識的に呼びかけるようにするとよいかもしれません。

• 話を（極力）遮らない

相談者から話を聞く際，相談者の話が要領をえない場面というのは少なからずあると思います。そのような場合，相談者の話を途中で遮って，どんどん話を進めてしまいたくなるかもしれません。

しかしながら，誰しも経験はあることでしょうが，途中で話を遮られることはあまりよい気持ちのしないものです。また，話を遮ってくる人のことを高圧的に感じる場合もあると思います。

話を進めていくためにやむをえず話を遮らざるをえない場面があることは否定しませんが，**できるだけ相談者の話を遮らないように心がけたほうがよい**でしょう。

• 誠実な態度で接する

「話を（極力）遮らない」と同じような趣旨ですが，**相談者のことをバカにしたり，イラついたりするような態度は避け，誠実な態度を心がけましょう。**このようなことは言うまでもないような当たり前のことではあるものの，業務に慣れてきたり，日々の業務に忙殺されてしまったりしていると，ついそういった苛立ちが態度に出てしまうことがあるものです。相手を尊重する気持ちを持ち，常に誠実な態度で接することを心がけるとよいでしょう。

相談者には（法務とは異なる）相談者の職域があり，その職域においてあなたにはない知見や経験，ノウハウを有しているはずです。彼らの職域やその職

28　第2章　初動のポイント

域における職業意識に敬意を持って接することで，（あなたが当初思い付きもしなかった情報を含めて）様々な情報を引き出せる場合があります。また，誠意を持って接することで，相談者が，あなたに積極的に協力してくれるようになるかもしれません。

・落ち着いて話す

　特に新人の頃など法律相談に慣れていない場合には，緊張して慌ててしまうこともあると思います。しかしながら，法律相談においては，**落ち着いて話すことを心がける**ことが重要です。

　もっとも，「そうはいっても慌ててしまう」という方も多いでしょう。そういう方は，「慌てなければならない場面ではない」，「万一うまくできなかったとしてもなんとかなる」ということを意識するようにするとよいかもしれません。そもそも，法律相談の場面において慌てなければならない場面というのはそう多くありません。たとえば，相談者から受けた質問の答えが瞬時にわからないことで慌ててしまうということはよくあることだと思いますが，ほとんどの場合，「調べて回答します」との返答で問題はないでしょう。また，万一間違った回答をしてしまった場合でも，法律相談終了後すぐに間違いを訂正すれば，多くの場合には大事には至りません（したがって，自らの回答に不安を感じる場合には，法律相談終了後すぐに調べておくべきでしょう）。「慌てなければならない場面ではない」，「万一うまくできなかったとしてもなんとかなる」と考えることで，少し落ち着くことができるのではないでしょうか。また，慌てそうになったときには，あえて一呼吸置いて，ゆっくりと話し始めるといった工夫も考えられます。落ち着いてゆっくりと話すことで，むしろ説得力が増すということもあります。

　なお，「失敗してもなんとかなる」というマインドを持つことは，法律相談以外の場面においてもあなたを助けてくれるかもしれません。たとえ失敗したとしても，たいていのことはリカバリー可能です。何事もまずは落ち着いて対処するとよいでしょう。

⑻ メール，チャットにおけるポイント

続いて，メールやチャットなど，**相談者とのテキストでのコミュニケーションにおいて意識しておきたいポイント**を解説します。なお，「⑺ 対面やオンライン会議システム，電話におけるポイント」で述べた「誠実な態度で接する」などのポイントは，当然，テキストでのコミュニケーションの場合でも同様に意識すべきポイントになります。また，特にチャットによるやりとりの場合など，以下に述べるポイントよりもカジュアルなコミュニケーションが好まれるケースも数多く存在します。結局のところ，**個別案件に応じた柔軟な対応が望ましいこと**は，どの場面でも同じです。

・件名はわかりやすく

メールの件名は，読み手にとってわかりやすく，内容を推測しやすいものとしておくべきです。たとえば，相談者との間で複数の相談が並行している場合，「ご相談の件」とすることは不適切でしょう。相談者が一読してその内容を予測できるように，「X社との交渉案件について」，「個人情報保護法に関するご相談について」など**具体性を持って記載すべき**です。

・宛名をつける

メールの最初には，「●●様」などといった形で，宛名をつけるのが一般的です。特にかしこまった場面であれば，企業名や部署名，肩書なども記載しておくことが多いと思います。これらの記載事項については，名刺などの記載と照らし合わせて，**誤りのないようにしておきましょう**。

ただし，チャットなどカジュアルなコミュニケーションが好まれる場面では省略されることが多いです。

・文頭の挨拶を入れる

メール文頭に，「いつもお世話になっております」，「初めて連絡させていただきます」，「ご連絡をいただきましてありがとうございます」，「先日は，当事務所までご足労いただき誠にありがとうございました」などの挨拶文を入れる

ことが一般的です。

　相談者と慣れた間柄である場合には，もっとカジュアルな挨拶文にしたり，場合によっては挨拶文を省略したりすることでもよいと思いますが，そうでない限り，このような**挨拶文を入れておくほうが無難**です。

　これも，チャットなどカジュアルなコミュニケーションが好まれる場面では省略されることが多いです。

- （初めてやりとりする相手の場合）自己紹介文を入れる

　初めてやりとりをする相手の場合，あるいは，複数の相談者に送る場合に相談者の中に初めてやりとりする相手が含まれる場合には，「本件を担当させていただきます○○部門の●●と申します」，「本件を▲▲と一緒に担当させていただきます弁護士の△△と申します」など，**受け手にあなたの属性がわかるような一文を入れて自己紹介をしておくとよいでしょう。**

- 冒頭で用件の概略や連絡した趣旨を伝える

　冒頭で，「■■の件でメールさせていただきました」，「▲▲についていくつか確認させていただきたい事項があり，メールさせていただきました」などというように，**用件の概要や連絡をした趣旨を伝える**と，受け手がメールやチャットの内容を予測することができるようになります。結果として，受け手は，あなたのメールやチャットを読みやすいと感じてくれるでしょう。この点は，「(7)　対面やオンライン会議システム，電話におけるポイント」で述べた「頭出しを活用する」と同じ理屈です。

- 用件を記載するうえでの工夫

　特に，質問事項が複数にわたる場合など，用件が長くなる場合には，質問事項を箇条書きで記載するなどといった工夫をすることが考えられます。また，箇条書きの活用以外にも，強調したい部分を**太字**にする，下線を引く，「蛍光ペン」機能を使ってマーカーを引くなどといった方法も考えられるところです。

　受け手の立場に立って，読みやすくなるような工夫をすることを意識するとよいでしょう。

・インラインの活用

また，相談者から質問を受けた場合などには，インラインの活用，すなわち，相談者のメールを引用し，その直後に回答を追記する形でメールを返信する方法が有用です。

【インラインの例】

ご質問の件，インラインにて回答させていただきます。

>打ち合わせはオンラインでよろしいでしょうか？
→はい，Zoom で実施させていただければと思いますので，打ち合わせ日時確定後にリンクを送らせていただきます。

>ご都合のよろしい日程をご教示いただければと思います。
→●月●日㈪午前 9 時〜12時，または，●月●日㈬午後 1 時〜 5 時であれば空いておりますが，いかがでしょうか？

・文末の挨拶を入れる

メールの文末には，「引き続きどうぞよろしくお願いいたします」，「お手数おかけして恐縮ですが，ご確認どうぞよろしくお願いいたします」などの挨拶文を入れることが一般的です。また，「ご不明な点やご要望等ございましたら，お気軽にお申し付けください」などのように，相談者がこちらに連絡を取りやすくなるような一文を加えることもよいでしょう。「文頭の挨拶を入れる」で述べたとおり，このような挨拶文を入れるかどうかは相談者との関係性にもよってくるものの，基本的には挨拶文を入れておくほうが無難です。

やはり，チャットなどカジュアルなコミュニケーションが好まれる場面では省略されることが多いです。

・署名欄に自身の情報を記載しておく

最後に，署名欄に自身の情報を入れておきます。署名欄に記載する情報としては，氏名のほか，所属企業・法律事務所名，所属部署名，住所，電話番号，

FAX番号，メールアドレス，ウェブサイトURLなどを入れることが多いと思います。特に，初めてやりとりをする相手にメールを送る場合，電話番号など，メール以外の連絡手段も知らせておくほうが今後のやりとりのためには便宜であり，署名欄にこれらの情報を入れておくことが有用です。

使用しているメールツールにおいて，署名欄のテンプレートを登録し，メール文末に自動で署名がつくように設定しておくとよいでしょう。

また，特に法律事務所所属の弁護士が送るメールには，以下のような文言が入っていることも多いです。これらの文言が入っているからといって，メールの誤送信時などに当然に免責がされるわけではないと思いますが，メールの受信者において，情報拡散をしないようにする一定の抑止効果が期待できるところであり，やはり，署名欄のテンプレートに入れておくとよいでしょう。

【テンプレートの例】

> ※このメールは法律事務所から発信されており，顧客の秘密情報を含んでいることがあります。万一，このメールの名宛人でない方が受信された場合は，恐れ入りますが，直ちにその旨ご返信いただいたうえ，お手元に写しを保存せずメール及び添付ファイルを削除いただきますようよろしくお願い致します。

なお，これらの署名欄の情報も，チャットなどカジュアルなコミュニケーションが好まれる場面では省略されることが多いです。

-

ここまでのポイントを踏まえたメールの文例を紹介します。

```
●●株式会社　●●部
○○様

お世話になっております。
弁護士の△△と申します。
■■の件につき，▲▲と一緒に担当させていただきますので，よろしくお願いい
```

たします。

さて，本日は，■■の件について，先日○○様から▲▲にご共有いただいた資料に関し，いくつか確認させていただきたい事項がございまして，メールさせていただきました。
確認させていただきたい事項は以下のとおりです。

① ・・・・

② ・・・・

③ ・・・・

以上につきまして，お忙しいところ大変恐縮ではございますが，×月×日(月)までにご回答いただけますと幸いです。×日までにご回答が難しい場合には，その旨お申し付けください。

ご不明な点などございましたら，お電話でもメールでも構いませんので，お気軽にお申し付けください。
引き続きどうぞよろしくお願い申し上げます。

△△
＊＊＊＊＊＊＊＊＊＊＊＊＊＊＊＊＊＊＊＊＊＊＊＊＊＊＊＊＊＊＊＊＊＊
弁護士　△△　△△
■■法律事務所
〒100-0000　東京都港区●●3-3-3
▲▲ビル33階
TEL：03-XXXX-XXXX
FAX：03-XXXX-XXXX
Email：sankaku@xxxlaw.jp
URL：https://xxxlaw.jp
＊＊＊＊＊＊＊＊＊＊＊＊＊＊＊＊＊＊＊＊＊＊＊＊＊＊＊＊＊＊＊＊＊＊
※このメールは法律事務所から発信されており，顧客の秘密情報を含んでいることがあります。万一，このメールの名宛人でない方が受信された場合は，恐れ入りますが，直ちにその旨ご返信いただいたうえ，お手元に写しを保存せずメール及び添付ファイルを削除いただきますようよろしくお願い致します。

34 第2章 初動のポイント

● 原則として「全員に返信」する

　相談者から来るメールには，直接やりとりの相手となっている人物以外の人物が宛先またはCCに含まれている場合があります。このような宛先またはCCへの追加は，情報共有目的で行われている場合が通常です（仮に，追加された意図が不明な人物が宛先またはCCにいる場合には，その意図を相談者に確認しておくべきでしょう）ので，**返信の際には，これらの人物にもメールが届くように，「全員に返信」を行うのが原則です。**

　もちろん，返信の内容によっては，宛先またはCCに入っている人物に情報を共有することが適切でない場合があり，そのような場合には，あえて「全員に返信」をしないこともあります。ただし，このような対応を行ったときには，当該人物を宛先またはCCから外したことが受信者にもわかるように，「××に関する情報を含むことから，●●様をCCから外させていただきました」などと一言添えておくべきでしょう。

　なお，あなたの側で，たとえば上司などをCCに追加する場合には，メールにおいて，「本件を一緒に担当しております○○をCCに追加させていただきました」などとCCに追加した趣旨を一言説明しておくべきです。

● 連名の場合の注意点

　メールの送信先が複数になる場合，企業や法律事務所によっては，宛名やメールアドレスの記載順が職位順になる（職位の高い人から順に記載する）ように配慮するといった慣行がある場合があります。

　外部の弁護士であれば，その順番を間違えたからといって，そのことが問題になることはほとんど想定しにくいように思いますが，職位順がわかっているような状況であれば，順番を意識しておくと，「気を遣える人物」と思われるかもしれません。

● 誤送信を防ぐための工夫

　メールの誤送信は，相談者との信頼関係を破壊するだけでなく，情報漏えいや弁護士の場合には守秘義務違反のリスクを伴います。そこで，メールを送る際には，誤送信を防ぐための工夫をすることが考えられます。

誤送信を防ぐために典型的に行われている工夫としては，**添付ファイルにパスワードをかける**方法があります。パスワードを別メール（誤送信防止の観点からは，「返信」ではなく，「新規」メールで宛先を入力するべきでしょう）で送るようにすることで，万一，添付ファイルの誤送信があったとしても，情報漏えいを防ぐことができます。また，パスワードを別メールで送信することは，結局，パスワードの誤送信リスクもあるところであり，パスワードについては，対面または電話などで伝えるようにすると一層確実性が増すことになります。

　さらに，メールの誤送信（この場合には，送信先の誤りのみならず，内容の誤りを含みます）を防ぐために，**「予約送信」機能を使う**ことも有効でしょう。不思議なことに，「メールを送信した直後に誤りに気がつく」ということはよく起こります。「予約送信」機能を使い，少し後の時間にメールが送信されるように予約しておくことで，このような誤りに気がついた際，実際の送信前に訂正することが可能になります。

- 自動返信機能を活用する

　海外出張や長期休暇などで，一定期間連絡が取れない状態が続く場合には，**自動返信を設定しておく**ことが有効です。自動返信を設定しておくことで，返信がないことで相談者を不安にさせる事態を防止することができますし，また，メールの滞留を気にしなくて済むことによってあなた自身の精神衛生上もよい効果をもたらしてくれると思います。

【自動返信の文例】

　ご連絡ありがとうございます。
　誠に申し訳ございませんが，●月●日から●月●日まで不在にしております。●日以降，順次対応させていただきますのでよろしくお願いいたします。
　なお，緊急の場合には，お手数ですが，●●-●●●●-●●●●までお電話いただきますようお願いいたします。

• 添付ファイルがある場合の注意点

　相談者から来たメールやチャットに添付ファイルがある場合には，**添付ファイルを早めにいったん開封しておき，中身をざっと確認しておく**とよいでしょう。

　日々の業務に追われていると，法律相談への対応が期限の直前になってしまうことが避けられないことはどうしてもあると思います。しかしながら，期限直前になってようやく作業に着手したことが相談者に伝わってしまうことが望ましくない場合も多いでしょう。そのため，期限の直前になって「開いてみたら添付ファイルが壊れていた」，「添付ファイルのダウンロード期限を超過してしまった」ということに気がつき，相談者に「ファイルを再送していただけますでしょうか」という連絡を取る事態になることは避けたいところです。また，相談者から再度添付ファイルを送ってもらうのを待っている間，作業に着手できず，結果として当初設定された期限に間に合わなくなるといった事態も生じかねません。さらに，添付ファイルを開いてみたら，全く想定外の事実が記載されており，大幅な方針転換を迫られる（結果として，当初設定された期限に間に合わなくなる）という可能性も考えられます。早めに添付ファイルを開き，ざっと内容を確認しておくことで，このような事態を回避することが可能になります。

　また，こちらから相談者に送るメールやチャットにファイルを添付する場合，添付ファイルには，**相談者がその内容を予測しやすいようなわかりやすいファイル名を付しておく**とよいでしょう。たとえば，契約書などの何度も修正することが想定されるファイルの場合，「秘密保持契約書_●●20250401」（●●には，修正者の略称などを入れます）というように，修正者と修正日がわかるように記載する工夫は実務上もよく行われています。加えて，同種の契約書が複数あるような場合には，ファイル名に，契約書タイトルに加えて当事者名を入れるなど，他の案件のファイルと区別しやすくなる工夫をしておくとよいでしょう。

• 「とりあえず電話する」という手段

　特に初動においては，相談者からのメール相談に対して，**とりあえず電話を**

してしまうという手段が有効な場合があります。電話で，背景事情のヒアリングを行い，また，相談者が求めていることについてのより具体的なイメージを引き出し，さらには，スケジュール感も確認してしまうことで，メールのやりとりが何度も往復することを避け，また，早期に要点をつかむことができます。加えて，電話の後にメールやチャットで，「先ほどお電話でお話しさせていただいたとおり，●日までに回答するようにいたします」などと連絡しておけば，電話でのやりとりを記録化しておくこともでき，また，万一相談者との間で認識の齟齬があった場合にも早期にそのことに気がつくことができます。

　ただし，電話でのやりとりをあまり好まない相談者もいるので，このような手段を好む相談者かどうかの見極めは必要でしょう。

　• <u>状況に応じてカジュアルな表現を用いる</u>
　現在では，チャットなどのカジュアルなやりとりを想定したツールも増え，実際のやりとりにおいても，これまで解説してきたようなかしこまった内容ではなく，カジュアルなやりとりがされることも多くなってきました。今後，この流れは一層加速していくことと思います。

　相談者がカジュアルなチャットを送っているのに，あなただけかしこまった返事をすることは，「堅苦しい人だな」，「冷たい人だな」などと思われて，かえって相談者との間に距離ができてしまうことも考えられます。

　状況に応じてカジュアルな表現を用いることで，相談者から相談を受けるハードルを下げるということも必要だと思います。

38　第2章　初動のポイント

コラム③

法律相談における話し方の例

　法律相談の経験が乏しいうちは，「法律相談で何を話せばよいのか」ということを具体的にイメージするのは難しいかもしれません。そこで，本コラムでは，法律相談時，特に対面，かつ，当該相談事項についての"初回"相談時における話し方の例を1つ紹介します。本コラムの内容は，外部の弁護士を想定したものですが，企業の法務担当者にも一部取り入れていただける部分はあるかと思います。

　なお，当然ながら，以下に述べる話し方が唯一絶対の正解ということはありません。また，いわゆるマニュアル対応になってしまってはかえって逆効果です。個別の案件に合わせて，柔軟な対応をするように心がけるべきでしょう。

　また，特に新人弁護士の場合，いきなり1人で法律相談に入ることはあまりないと思います。もっとも，先輩の相談に同席する際，一定の話し方の「型」を知ったうえで，先輩がどのように話をしているかを観察することで，法律相談のやり方を効率よく身につけていくことができるはずですので，その観点から本コラムの内容が参考になるのではないでしょうか。

　法律相談で話すべき事項は，当然ながら案件によって異なります。ただし，法律相談全般に共通する部分もあるかと思いますので，本コラムでは法律相談全般に共通する総論的な部分を解説します。

　結論からいうと，法律相談は，①導入→②ヒアリング（事情確認）→③今後の流れ→④弁護士ができること（相談者にやってもらうこと）→⑤リスク，デメリット，費用の説明の順に話すのが1つのパターンです。上記のとおり，この話し方が唯一の正解というわけではありませんが，少なくとも，こう話せば自然であり，かつ，説明としても十分であることが多いでしょう。

　以下，①～⑤の項目ごとに簡単な解説を付します。

① 導入

初対面の場合には，自己紹介や名刺交換などを行います。

名刺交換の場面など，一般的なビジネスマナーを守り，相談者に余計な違和感や不快感を与えないように心がけるとよいでしょう。

② ヒアリング（事情確認）

次に，相談者から事情を聞きます。

何を聞くかはもちろんケースバイケースではあります（一般論は，「2　ヒアリングのポイント」で解説します）が，これから自分が話すこと，つまり，「③今後の流れ→④弁護士ができること（相談者にやってもらうこと）→⑤リスク，デメリット，費用の説明」で話すことに影響しうる事実は最低限聞いておくべきでしょう。すなわち，「今後どのような流れになるか」，「弁護士が入って何ができるか」，「どういったリスク，デメリットがあるか」，「どれくらい費用がかかるか」を予測できる程度には事案を把握しておくべきということです。ただし，相談者が持っている情報が不足している，あるいは，弁護士のほうでリサーチが必要である，といった理由から，1回のヒアリングではそこまでの情報が把握できない場合もあります。そのような場合には，「いつまでに相談者に資料を探してもらう」，「いつまでに検討して回答する」といったようなネクストアクションを定めるようにするとよいでしょう。

また，法律相談におけるヒアリングは，「話を聞くことで相談者に安心感を与える」という側面もあります。相談者が不安を感じているような場面では，そのことも意識して話を聞くようにするとよいでしょう。

③ 今後の流れ

続いて，今後の流れを説明します。

紛争案件でいえば，たとえば，「弁護士から受任通知を発送→相手方と交渉→（交渉決裂の場合には）裁判」といったような流れを事案の内容に即して具体的に説明します。

④ 弁護士ができること（相談者にやってもらうこと）

そのうえで，弁護士ができることを説明します。「弁護士ができるこ

と」は，「弁護士介入のメリット」と言い換えることもできます。

　たとえば，債権回収の相談であれば，これまで企業が自社で対応しても相手方（債務者）がまともに取り合ってくれなかった場合にも，弁護士名義の通知書を出すことで相手方（債務者）がきちんと対応するようになる，といったことはよくあることであり，こういった弁護士介入のメリットを説明します。

　ここで，相談者に弁護士が介入するメリットを感じてもらえれば，正式な依頼につながりやすくなると思いますし，また，正式な依頼を受けた後のやりとりもスムーズになる場合が多いと思います。

　また，資料の収集がその典型ですが，相談者にやってもらうことがある場合には，その説明もしておくべきです。

⑤　リスク，デメリット，費用の説明

　最後に，その手続を行ううえでのリスクやデメリットがある場合には，それらを説明し，また，その手続にかかる費用の説明をします。

　リスク，デメリットについては，たとえば，上記の債権回収の例でいえば，相手方（債務者）に財産がない，または財産を把握していない場合，仮に裁判で勝ったとしても債権を回収できないリスクがあり，かえって弁護士費用が無駄になってしまう（いわゆる費用倒れの）リスクが存在する場合が考えられます。ここで，相談者にリスクをきちんと説明していないと，後に相談者との間でトラブルになりかねません。

　費用については，顧問先などですでに顧問契約によって金額が確定している場合などには説明が不要な場合はありうる（この場合にも弁護士費用の見込みなどはできるだけ伝えられるようにしておくとよいでしょう）ものの，原則としては，弁護士費用の説明をしておくことが必須になります。もっとも，法律相談の時点で具体的な弁護士費用を案内することが難しい場合もあるでしょうから，その場合には，相談者には「追ってお伝えします」と伝えることでよいでしょう。

　また，たとえば訴状に貼る印紙代など，弁護士費用以外にかかる費用がある場合にはその説明もきちんとしておくべきです。

2　ヒアリングのポイント

(1)　はじめに

　ここからは，ヒアリング，すなわち，相談者からの相談内容およびそれに関する事情の聴き取りにおけるポイントを解説します。ヒアリングにおいても，ここまで述べてきたポイントが妥当する部分がありますが，ここからは特にヒアリングに絞ったポイントを解説します。

　なお，ここで述べるポイントは，必ずしも初回の相談でそのすべてを相談者から聞き出す必要があるというものではありません。初回相談時に聞くべきポイントについては，「コラム③：法律相談における話し方の例」を参照してください。

(2)　関係者を把握する

　ヒアリングにおいては，**事実関係を正確に把握することがすべての前提に**なります。

　単純な事案であれば事実関係を把握することは特に難しくないと思いますが，事案が複雑な場合，事実関係の把握が容易ではないことがあり，そのような場合には，事実関係を把握するためのいくつかの工夫が考えられるところです。

　事実関係を把握するうえでの工夫としては，まず，登場人物を起点に事実関係を整理する，というのが典型的なやり方の1つです。すなわち，**①事案に関係する登場人物を把握し，②各登場人物の関係（契約関係，誰が誰に対して何を求めているかなど）を図式化するなどして整理します。**また，事案によっては，**お金の流れや商品の流れ（商流）に関する情報も書き加えておくとよい**でしょう。以下は，民法の授業などで最初の頃に教わる不動産の二重譲渡の場面（甲が不動産を乙と丙に二重譲渡し，丙が登記を備えた事例で，丙から乙に対して不動産の明渡請求を求める場面）を図式化したものですが，実際の事案においても，民法の授業などで使った図式化を用いることが有用です。ヒアリング時に自身の理解の手助けとしてこのような図を書くことはもちろん，必要に

応じて，相談者にも図を示し，自身と相談者の理解に齟齬がないかを確認するといった用い方をすることもよいでしょう。

【二重譲渡の場面の図式化の例[3]】

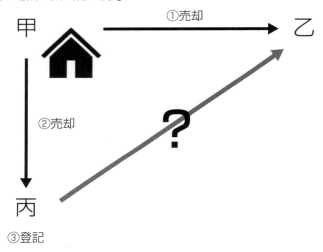

さらに，特に関係者が多い場合などには，以下のような**関係者一覧表を作成**し，関係者の情報をまとめておくことで，事実関係を整理するといった工夫も考えられます。

【関係者一覧表】

グループ	氏名	立場・役職等	概要
甲株式会社			本契約の契約当事者（売主側）
	●山●子	代表取締役	・本契約の甲における名義人 ・乙の側で，●山氏に会ったことのある人物はいない

3　実際には，「売却」を「S」（Sell の略）と表記したり，「登記」を「㋳」などと表記したりすることが多いと思います。

	●川●男	営業部長	・本契約に係る営業担当者であり，甲の交渉窓口になっていた人物 ・●年●月頃に甲を退職したとのこと
乙株式会社			本契約の契約当事者（買主側）
	●田●夫	代表取締役	・本契約の乙における名義人

　なお，上記のような図や表，後述の「(3)　時系列を把握する」で述べる時系列表は，自身の理解の手助けとなるだけでなく，法律相談に**複数人で対応する**場合の情報共有においても有用です。

(3)　時系列を把握する

　また，**事実関係を把握するうえでは，時系列を意識する**ことも重要です。時系列を意識することは，事実関係の全体像を正確に把握する手助けにもなります。

　特に紛争案件においては，時系列が複雑，かつ，当該案件の帰趨を判断するにおいて重要な場合が多く，このような場合には，**Excel や Google スプレッドシートなどで時系列表をつくる**ことが有用（場合によっては必須）です。

　相談者からの聴取事項に基づいてこちらですべて作成して相談者に確認をしてもらうほうがよい場合もあれば，こちらで叩き台を作成し，相談者に不足部分を埋めてもらいながら共同して作業するほうがよい場合もあるでしょう。

　なお，以下の図では，「関連資料」も記載する形にしています。「(5)　資料を要求・確認する」で述べるとおり，特に紛争案件においては，裏づけとなる資料（訴訟に至った場合には証拠となりうる資料）の有無が極めて重要であり，事実関係につき，裏付資料の有無や資料による裏づけの強弱を確認しやすくするために，このような形で「関連資料」を記載しておくことは有用です。この他，「関連当事者」欄や「備考」，「特記事項」欄などを設けておくこともあります。

44　第2章　初動のポイント

【時系列表の例】

番号	日時	事実	関連資料
1	20XX.X.X	A社からB社に購入の申入れ	メール（添付①）
2	20XX.X.X	B社からA社に条件確認	メール（添付②）
3	20XX.X.X	C社からB社に電話による購入の申入れ	着信履歴のみ（通話録音なし）
4	20XX.X.X	A社からB社に条件提示	メール（添付③）

(4)　背景事情を確認する

　法律相談において正確，かつ，実効的な回答をするためには，**相談に至る事実関係の背景事情まで確認する**ことが望まれます。具体的にどのような背景事情を確認すべきかは，個別の案件によって異なりますが，典型的には，**相談者がその法律相談において実現したいビジネス上の目的を確認しておくべき場合**が多いと思います。これらを確認しておくことで，「相談対象となっているスキームが相談者の意図と合致しているか」，「（万一相談者の意図したスキームが違法であるとしても，）相談者の目的を達成できる適法な代替手段がないか」といった事項を検討することが可能になります。

　たとえば，「A社にお金を貸し付けたいのですが，これは貸金業法上問題になりませんか？」という相談を受けたとします。ここで，貸金業登録をしていないにもかかわらず，業として，お金を貸す行為は貸金業法違反となります。しかしながら，法務担当者や外部弁護士としては，単に「貸金業法違反になる可能性が高いです」と回答するだけでなく，適法な代替手段がないかを検討し，もしそういった代替案があるのであればそれを相談者に提示することが望ましいです。たとえば，相談者から，貸付をするビジネス上の目的が，「資本関係を持つことによって提携関係を強化することにある」ということをヒアリングで確認していれば，貸付ではなく，出資という方法でビジネス上の目的を達成できないかといったことを検討することが可能になります。

　また，背景事情を確認することで，**相談者の質問内容が，相談者が実現したいことを進めるうえで適切なものなのかを確認する**こともできます。相談者は，

法的知識が不十分な場合も多く，そもそもの質問内容が，法的に見たときに正しくない（相談者が実現したいことと対応していない）ということもしばしば生じます。背景事情を確認することで，実現したいことと質問内容の乖離が明らかになり，より適切な問題意識を相談者との間で共有することができる場合があるでしょう。

(5) 資料を要求・確認する

法律相談の対象となる事項を検討するうえでは，当然ながら事実関係を正確に把握している必要があります。もし前提とする事実関係に誤りがある場合には，検討内容も全く的外れなものになってしまいかねません。そこで，ヒアリングにあたっては，適宜，相談者に対して，**関連する資料を要求し，相談者の話と照らし合わせて内容を確認する**ことが必要となります。

上記のことは，あらゆる種類の案件において基本的に妥当することですが，特に紛争案件においてより顕著です。すなわち，紛争案件は，最終的に訴訟に至る可能性があり，今後の方針を立てるうえでは，裏づけとなる資料（訴訟に至った場合に証拠となりうる資料）の有無が極めて重要になります。また，特に紛争案件の場合，自己保身などの理由から，相談者が真実ではないことを述べることも少なからずあるでしょう。さらに，相談者に積極的に嘘をつく意図がなかったとしても，人は起きた事象に対して自己に有利な解釈をしがちであり，相談者が話していることと客観的資料との間に乖離があることは決して珍しいことではありません。

そのため，相談者に対して資料を要求し，相談者の話の中で裏づけとなる資料があるところとない（または，弱い）ところを確認しつつ，ヒアリングを行う必要があります。

(6) 相談者の意向を確認する

事実関係を把握できたところで，**相談者の意向を確認**します。たとえば，相手方との間で契約関係がある紛争案件であれば，契約を解除したいのか，（契約は維持しつつ）契約上の義務の履行を求めたいのか，といった**相談者が実現したい内容**，さらには，話し合いによる解決を希望するのか，訴訟も辞さない

という考えなのか，といった**解決手段についての相談者の意向**も確認します。

　もっとも，相談者において，そもそもどのような方針を採るべきかを悩んでいる，相談者の想定している方針が現実的でない（法的に困難である），あるいは，相談者において採るべき方針の選択肢を把握していない，というようなケースも存在し，このような場合には，**法的観点を踏まえつつ，相談者と一緒に方針を検討すること，相談者に方針を提案すること，さらには，相談者を正しい（あるべき）方向性に導くことも法務担当者や外部弁護士の役割の1つ**といえます。たとえば，従業員に対して懲戒処分をしたいという相談があった場合を想定してみましょう。就業規則には，譴責処分，減給，出勤停止，降職・降格，諭旨解雇，懲戒解雇の6種類の処分が規定されているものの，相談者は，具体的にどのような処分を従業員に下すべきか悩んでいるとします。このようなケースでは，法務担当者や外部弁護士のほうから，過去事例（外部弁護士であれば他社事例）などを踏まえた方針を提案していくべき場合もあるでしょう。「第1章　概観」「4　全体に共通するポイント」「(9)　ハブとしての機能を果たす」で述べたように，過去事例や他社事例で経験した事柄も踏まえた検討や提案ができることが，法務担当者や外部弁護士の強みでもあります。

(7)　アウトプットを意識する

　極めて当たり前のことではありますが，**ヒアリングは，アウトプット（成果物）を意識して行う必要があります**。アウトプットをするために必要な事実に不足がないように，ヒアリングするようにしましょう。

　契約案件の相談であれば，最終的には契約書がアウトプット（成果物）であり，契約書において定めるべき事項を決めるにあたって必要な内容を聴取することになります。この点は，「第5章　契約相談対応におけるポイント」もご参照ください。

　また，紛争案件であれば，たとえば通知書がアウトプット（成果物）になり，この場合には通知書において記載すべき事項を決めるにあたって必要な内容を聴取することになります。加えて，相談者が和解を検討している場合には，和解のために必要な事情（これまでの交渉経過，相手方の性格など）も確認しておくべきです。この点は，「第4章　紛争相談対応におけるポイント」や「第

6章　ケーススタディ」もご参照ください。

　さらに，「(4)　背景事情を確認する」の例で述べた貸金業法の相談の例など，特定の法律の適用が問題となる相談，典型的には，「当社が〜という行為を行うことは法律上問題ないか」というような相談であれば，「第3章　案件処理のポイント」，特に，「3　回答・文書作成のポイント」「(3)　意見書・メモランダムの構成例」「・検討内容（結論に至る理由）」の記述がアウトプット（成果物）として具体的に記載すべき事項をイメージするのによいと思います。詳細は，「第3章　案件処理のポイント」を参照していただければと思いますが，ヒアリングでは，第3章で説明する以下の構成のうち，「Ⅳ本件への当てはめ」に使用するための事情（翻って，「3(3)　意見書・メモランダムの構成例」「・前提事項（前提条件，検討対象資料，検討範囲，検討方法，検討目的）」で述べる「前提事実」とすべき事情）を中心に聴取しておくべきでしょう。

【検討内容の構成例】

Ⅰ法律の条文の指摘　→　Ⅱ本件で問題となる要件の指摘　→　Ⅲ当該要件の解釈（規範の定立）　→　Ⅳ本件への当てはめ　→　Ⅴ結論

(8)　今後の流れを意識する

　ヒアリングにおいては，目の前のアウトプット（成果物）のみならず，**予測される今後の流れも意識する**ことが必要です。後述する「(9)　スケジュール感を確認する」とも重なってきますが，たとえば，契約案件の相談の場合で，契約書の調印スケジュールが決まっている場合，その調印スケジュールを実現するために必要な事項，例として，決裁権者が誰であって，その決裁を得るためには，いつまでにドラフトを仕上げる必要があるのかといった点について意識しておく必要があります。

　また，紛争案件であれば，たとえば，目の前で行うべきアウトプットは「通知書」だけかもしれませんが，通知書に記載すべき内容だけを確認すれば足り

るわけではなく，訴訟になった場合にどうなるかということを意識して，証拠となりうる資料がどの程度あるかについてもヒアリングにおいて確認をする必要があります。なお，この例でいえば，通知書の内容は訴訟を意識して記載することになることから，**今後の流れを意識することは，目の前で行うべきアウトプットの内容にも影響する**といえます。

(9) スケジュール感を確認する

ヒアリングにあたっては，相談者が想定している全体のスケジュール感，すなわち，**当該法律相談に係る案件が終了するまでのスケジュール感を確認しておくべきです。**

そのうえで，想定される終了時期から逆算して，「いつまでに何を終わらせておく必要があるか」スケジュールを組んでおくとよいでしょう。たとえば，契約案件の相談の場合，調印までの想定スケジュールから逆算して，決裁予定日（取締役会決議が必要な場合には，決議をする取締役会の日）を想定することで，いつまでにファーストドラフトを仕上げ，いつまでにファイナル版を仕上げればよいのかといった目安がわかってくると思います。

なお，相談者がスケジュール感を誤って見積っている場合も多くあります。そのような場合には，正しいスケジュール感を相談者に伝えることで相談者との認識の離齬を解消しておかないと，後に相談者との間でトラブルになってしまう可能性があります。仮に相談者が想定しているスケジュールを実現することが不可能または困難な場合には，その旨を相談者に伝え，スケジュールを組み直す必要がないか，相談者との間で協議しておくべきです。

(10) 各自のネクストアクションを設定・確認する

上記のとおり，全体のスケジュール感を確認しておくことが重要ですが，それとは別に，**「目の前で何をすべきか」というネクストアクションとそのスケジュール感も確認しておくべきです。**「(9) スケジュール感を確認する」で述べた契約案件の相談の例でいえば，ファーストドラフトをいつまでに相談者に送る必要があるかを相談者に確認し，そのスケジュール感について相談者と認識をすり合わせます。このように，「いつまでに何をすべきか」を相談者と共

有しておくことは,「第1章　概観」「4　全体に共通するポイント」「(7)　相談者に予測可能性を持たせる」で述べたような予測可能性を相談者に与えることにもなります。

　また,法律相談の内容によっては,相談者の側に準備や作業をしてもらう事項が存在する場合もあります。そのような場合には,相談者におけるネクストアクションを設定し,あわせてそのスケジュール感も認識をすり合わせておく必要があるところです。なお,その際,たとえば,相談後に別途 to do リストを箇条書きにしたものをメールで送るといったような方法で,**相談者の側で準備がしやすいような工夫ができないかを検討しておくとよいでしょう。**

(11)　質問リストを活用する

　確認事項が多岐にわたるなど口頭やメールでのヒアリングが容易でない場合には,Excel や Google スプレッドシート,Word などで以下のような**質問リスト**を作成し,相談者に,質問に対応する回答欄を埋めてもらうといった工夫も考えられます。

【質問リストの例】

確認事項	ご回答
1　契約書について	
(1)　契約書に実際に押印したのは,△田様という理解でよろしいでしょうか?	
2　契約締結後のやりとりについて	
(1)　■山氏からの20XX 年 X 月 X 日付けメールにある「製品不具合」とは,具体的に何のことを指しているかおわかりになりますでしょうか?	
(2)　・・・	

⑿ 議事録，共有メモの作成

　ヒアリング時には，議事録[4]や共有メモを作成する場合も多いと思います。

　議事録，共有メモをどのような内容とすべきかは，議事録や共有メモを作成する目的によって変わってきます。

　まず，自分の備忘用に作成するだけであれば，当然ながら，自分が見てわかる内容が記載されていれば足ります。また，自分と相談者のみが確認するために作成する場合であれば，自分と相談者との間で共有している前提事実は省略してよい場合があるでしょう。さらに，法務部門での情報共有用に作成する場合であれば，読み手に法的知識があることを前提に，法律用語を使った議事録，共有メモでも問題はありません。一方で，法務担当者以外が読む可能性があるのであれば，法的知識がない人が読んでもわかるような表現で書く必要があります。

　以下は，企業において，法務部門が営業部門担当者から受けた相談内容の要旨をまとめた議事録の例です。上記のとおり，議事録，共有メモの作成目的にもよりますが，内容を記録するという観点からは，**日時や場所，出席者，議題や議事の内容を記載しておくこと**が望ましいと思います。また，相談者に共有することを前提に作成する場合には，**相談者への連絡事項や準備事項**，次回の打ち合わせ日が決まっている場合には**次回の打ち合わせ期日**を記載しておくとよいでしょう。

4　ここでいう議事録は，株主総会議事録や取締役会議事録など法的に作成が必要な議事録ではなく，記録用のメモを指しています。株主総会議事録などについては，本書記載のポイントのほか，法的に過不足のない記載になっているかといった注意すべきポイントが存在します。この点については，森・濱田松本法律事務所編＝松井秀樹著『新・会社法実務問題シリーズ／7 会社議事録の作り方〈第3版〉―株主総会・取締役会・監査役会・委員会』（中央経済社，2022年）や神﨑満治郎＝金子登志雄＝鈴木龍介＝株式会社リーガル『会社法務書式集〈第3版〉』（中央経済社，2023年），少し古いですが，阿部・井窪・片山法律事務所編『会社法書式集』（商事法務，2017年）などが参考になるでしょう。

【議事録の例】

ご相談要旨

20××年×月×日
作成者：●川●夫

日時	20××年×月×日（火）午後3時00分～午後3時30分
場所	当社3階会議室
出席者	営業部：△田△男様 法務部：■山部長，●川●夫

【ご相談内容の要旨】

△田様：当社新製品である甲製品についてA社と取引を開始するにあたって，必要な契約書を確認したい。

■山部長：承知した。A社とはこれまで取引はあったか？

・
・
・

以上

⒀ 新人の心構え

あなたが新人・若手で，上司と一緒に対応をする場合には，法律相談におけるヒアリングは主として上司が行うかもしれません。場合によっては，あなたは，あくまでも書記役であり，法律相談において発言をすることは必ずしも求められていないかもしれません。

しかしながら，そのような場合であっても，（上司がそれを禁止している場合は別として，）**法律相談においては，最低でも1つ発言や質問をするように心がけておく**とよいでしょう。

特に，あなたが外部弁護士である場合，クライアントである相談者は，相談の場に同席しているにもかかわらず一言も発言しないあなたにタイムチャージがかかることに不満を持つことも考えられます。あなたは書記役として，また，法律相談後のリサーチやドラフト役としてバリューを発揮するのかもしれませ

んが，そのバリューはクライアントである相談者には見えにくいものです。クライアントである相談者にも，あなたのバリューをわかりやすい形で見せるようにすることが望ましいでしょう。

コラム④

どこまで相談者の意向に沿うべきか

法律相談への対応において，「どこまで相談者の意向に沿う対応をすべきか」は時に悩ましいテーマです。

相談者は，時に，法的には無茶と思えるような対応を法務担当者や外部弁護士に求めてくる場合があります。もちろん，そのような行為が違法である場合には，そのような行為を行うべきでないことは言うまでもありません。

では，違法ではないが，法的には難しい，あるいは，法的には意味がないようなことを求められた場合にどのように対応すべきでしょうか。

たとえば，相談者から，「あらゆるパターンに対応できる契約書をつくって欲しい」と言われた場合を想定してみましょう。法務担当者や弁護士であれば，「あらゆるパターンに対応できる契約書」などというものを作成することが難しい（不可能）ということは直観的にわかるでしょう。その際，「そんなの無理です」と切り捨てることは簡単です。しかしながら，相談者から話をよく聞いてみると，「あらゆるパターン」として想定され，かつ，現実に顕在化する可能性のあるパターンは，実際のところ5つくらいしかない，ということもありうると思います。このような場合，5つの契約書を準備して，それをパターンに応じて使い分けるという対応を採ることは，難しいことではないはずです。

このように，法務担当者や外部弁護士としては，相談者から一見無茶と思えるような対応を求められた場合にも，ただちに無理だと切り捨てるのではなく，「（たとえ相談者の意向に100％沿うものではなかったとしても）できる限り相談者の意向に沿う対応はできないか」を考える意識を持っておくとよいのではないかと思います。また，その際には，「相談者が真に望んでいることは何なのか」を探っていく意識も重要です。

一方で，相談者の要求に従うことが，相談者にとってリスクになる場合やデメリットをもたらす場合も存在します。特に，紛争案件においては，

54 第2章 初動のポイント

（企業が相談者となる法律相談では，個人が相談者となる法律相談に比べてその頻度は高くないとは思うものの，）相談者が感情的になってしまい，合理的な判断をすることが難しいケースがあるでしょう。

このような場合，相談者の要求をそのまま受け入れるのではなく，相談者を正しい（あるべき）方向に導くことも，法務担当者や外部弁護士に求められる役割の1つであると考えます。

その判断は時に難しいものではあるものの，状況に応じて，「どこまで相談者の意向に沿う対応をすべきか」を考える意識を持っておくとよいでしょう。

3　初期判断のポイント

(1)　はじめに

　ここでは，主として，企業の法務担当者を想定し，法務担当者に相談が寄せられた場合における初期判断のポイントについて解説します。ただし，記述の一部は外部弁護士にも妥当すると思いますし，相談者（クライアント）において実践できていない可能性がある場合には，外部弁護士から相談者に対して指摘すべき事項になります。

　以下に述べるような事項は，本書が想定する日常の法律相談の場面では，必ずしも対応が必要とならない事項も含まれるかもしれませんが，重要な点ですので，本書で解説しておくこととします。

(2)　情報を収集・保全・管理・記録化する

　初回のヒアリングの過程で相談者から得た情報や資料だけでは，法律相談に対応するための情報として不十分な場合もあります。そのような場合，相談者の側に情報や資料の収集を依頼するケースもあることは，本章「2　ヒアリングのポイント」「(10)　各自のネクストアクションを設定・確認する」でも述べたとおりです。もっとも，対象となる情報や資料が，相談者や相談者の属する部門・部署以外に存在する場合には，相談者を介することなく，（必要な情報や資料についてより正確に理解している）法務担当者が，直接情報や資料の収集をしたほうが適切，迅速な場合もあると思います。**どのように情報を収集するのが最も適切な方法なのかを初期段階で判断しておくとよいでしょう。**なお，特に新人のうち（また，新人でなくとも社歴が浅いうち）は，そもそも，社内のどの部門・部署が，あるいは，当該部門・部署の誰がどのような情報を持っているかがよくわからないということもあると思います。本章「1　総論」「(3)　関係性を構築する」で，相談者となりうる人物との間で日頃から関係性を構築しておくことが重要と述べましたが，社内において広く人間関係を構築しておくことは，社内あるいは部内で，誰がどのような情報を持っているかを

把握するうえで，また，「まず誰に話を聞いてみるべきか」を把握する[5]うえでも役に立つでしょう。

　また，情報や資料を保全しておくことも重要です。情報や資料は一度散逸，滅失，削除などされてしまうと回復することが困難な場合も多く，**必要な情報や資料は，初期段階で早期に保全をしておく必要があります。**メールを保全する必要がある場合を例にすれば，メールを間違って削除しないように相談者に注意喚起しておくことはもちろん，万一の場合に備えて，メールシステムを管理している部門（情報システム部など）の協力を得てメールを保存しておくことも考えられます。加えて，情報の収集・保全，さらには復旧のために，外部のデジタル・フォレンジック業者などを使うべき場面もあるでしょう。

　さらに，たとえば，紛争案件において，法律相談後に，紛争の相手方とのやりとりが発生することが見込まれる場合には，**どのようなやりとりを行うべきかを管理し，**加えて，メールなどの記録可能な媒体，または，最低でも議事録などに残す形で，**記録化しておくことも必要になる場合があります。**

　これらの点については，「第4章　紛争相談対応におけるポイント」「3　第3章までのポイント」「(3)　初期判断のポイント」でも解説します。

(3)　対応に必要な社内体制を判断する

　法律相談の内容によっては，法務部門や相談者が属する部門・部署のみならず，様々な部門・部署や関係者が関わってくる可能性があります。たとえば，品質クレームの相談であれば，品質不良の調査には製造部門が，被害者対応には営業部門が，プレスリリース対応などが必要な場合には広報部門が関わってくるでしょうし，社内の不祥事案件の相談であれば内部監査部門や人事部門などが関わってくるでしょう。また，内容によっては，取締役（会）への報告が必要になる場合もあるでしょう。さらには，「(2)　情報を収集・保全・管理・記録化する」で述べたとおり，情報や資料の収集の必要性から，他部門を関与させる場合も存在します。

5　社内あるいは部内には，誰がどのような情報を持っているかをよく把握している「情報通」や部門におけるキーパーソンとなる人物がいることがあります。そのような「情報通」やキーパーソンとなる人物を把握しておくことは情報収集において非常に有用です。

このように，法律相談の内容によっては，その対応において，**社内のどの部門・部署を関与させるか，どの段階で関与させるかといった判断が時に必要**となります。そして，この判断は，「(2)　情報を収集・保全・管理・記録化する」や後述する「(4)　情報拡散を管理する」，「(6)　スケジュール感を見積る」などとの関係で，やはり初期段階で見立てを立てておくことが求められます。

(4)　情報拡散を管理する

法律相談の内容によっては，その性質上，相談内容に関する情報の秘匿性が高く，情報が不用意に拡散することがないよう，情報を適切に管理することが求められる場合があります。「(3)　対応に必要な社内体制を判断する」で挙げた，品質クレームの相談や社内の不祥事案件もこのような相談類型の1つです。

また，秘密保持契約などによって，情報を開示できる者が必要最小限度の者に限定されている場合もあり，この観点から，情報管理が求められる場合も存在します。

さらには，「営業秘密[6]」に該当する情報を取り扱う場合にも同様のことがいえるでしょう。不用意な情報拡散をしてしまった場合には，それによって秘密管理性の要件を満たさなくなり，結果として，「営業秘密」としての法的保護が受けられなくなってしまうリスクがあります。

このような場合には，**不用意な情報拡散がされないように，情報を適切に管理する必要**があります。情報は一度拡散してしまえば，後から拡散を止めることは困難であり，情報管理の判断についても，やはり初期段階での判断が必要な事項といえます。

情報拡散を管理する方法としては，情報の提供先を必要最小限の範囲に限定したうえで当該提供先に箝口令を敷いてから情報を提供することがまず考えられますが，（特に初期段階においては）口頭での報告にとどめる，情報の提供先となる人物以外をメールのCCから外す，メールの添付ファイルにパスワードをかける（必要な人物にのみパスワードを知らせる），社内の多くの人がア

6　秘密として管理されている生産方法，販売方法その他の事業活動に有用な技術上または営業上の情報であって，公然と知られていないものをいいます。不正競争防止法2条6項。

クセスできる場所（社内共有フォルダなど）に保存しない（または，アクセス制限をかける）といったことも必要になります。

また，「(3)　対応に必要な社内体制を判断する」で述べたとおり，法律相談対応においては，様々な部門・部署や関係者が関わってくるケースが存在しますが，そのような場合にも，（当該部門の）誰にまず伝えるべきか，いつ伝えるべきか，どの範囲の情報を伝えるべきか，どのような手段で伝えるべきか（口頭なのかメールなのかなど）を吟味したうえで，情報を開示する必要があります。加えて，情報を伝えた相手からさらに情報が伝播することのないように手当てしておくことも必要です。

(5)　リスクを見積る

ここまで述べてきた品質クレーム案件や社内不祥事案件の相談の場合，あるいは，紛争案件の相談の場合に顕著ですが，法律相談においては，その対応を決めるうえで，リスクの測定が必要になる場面が数多く存在します。法律相談を受けた場合には，その**法律相談に潜むリスクをきちんと検討，判断する**ようにしましょう。このようなリスク判断は，「(3)　対応に必要な社内体制を判断する」や「(4)　情報拡散を管理する」で述べたような判断に影響を与え，また，「(7)　外部専門家の起用の必要性とタイミングを見極める」で後述する外部専門家を起用するか否かの判断にも影響を与えます。

リスクを検討するうえでは，リスクが顕在化した場合の**最大リスクはどの程度なのかを見積り，それが事業に与えるインパクトがどの程度なのかを見積る**ことが必要です。最大リスクが大きく，事業に与えるインパクトが大きいのであれば，早いタイミングで，上司や関係する他部門・他部署，場合によっては役員クラスの人物にまで情報を入れておくべきという判断が必要になってきますし，また，弁護士などの外部専門家を起用すべきではないかといった判断も必要になってきます。

また，これらに加えて，**リスクが顕在化する可能性の程度も見積る**必要があります。最大リスクが大きいとはいえない場合にも，リスク顕在化の可能性が高いケースであれば，早い段階で外部弁護士を起用すべきといった判断が必要になる場合もあるでしょう。たとえば，請求額自体は大きくないものの，相手

方が弁護士をつけて損害賠償請求をしてきている場合がこれに当たります（ただし，その請求が当該相手方のみならず，他にも波及するおそれがあるのであれば，そもそも最大リスクの程度が高い場合というべきです）。反対に，顕在化する可能性が0に近いようなリスクまで手当てしておく必要性は，一般論としては高くないでしょう。もっとも，新人のうちは，最大リスクが高いと考えられるものについては，上司の判断を仰ぐようにしておくことが無難であると思います。

　法律相談に潜むリスクを発見，検討するための視点は様々に考えられるところですが，一例として，その**法律相談に関係しうる関係者**（監督官庁，取引先，株主，消費者その他の一般ステークホルダーなど）**から分析する**方法が考えられます。たとえば，業法が絡む法律相談であれば，監督官庁が関係してくる可能性が高く，一般的に，そのリスクの程度は大きいといえるでしょう。また，**リスクの内容にも着目**するべきです。たとえば，リスクが顕在化した場合に，受ける不利益の内容が，金銭なのかレピュテーションなのかによって，リスクの程度は変わってくるはずです。不利益の内容が金銭の場合は，比較的リスクの程度を判断しやすいですが，不利益の内容がレピュテーションの場合はリスクの程度の判断は困難な場合も多いと思います。特に，近年は，レピュテーションの毀損が，企業生命にも関わる大きなリスクとなりかねない印象があり，このようなケースでは，やはり上司の判断を仰ぐようにしておくことが無難でしょう。

(6)　スケジュール感を見積る

　法律相談対応にかかるスケジュール感を見積ることも必要です。ここまで述べてきた事項を総合的に考慮し，**社内で必要となる意思決定などのプロセスを洗い出し，それを前提に全体的なスケジュール感を見積っていく**ことになります。

　そのうえで，本章「2　ヒアリングのポイント」「(9)　スケジュール感を確認する」で述べたことと同様，想定されるスケジュール感から逆算して，「いつまでに何を終わらせておく必要があるか」という具体的なスケジュールを組んでおくとよいでしょう。

(7) 外部専門家の起用の必要性とタイミングを見極める

　案件によっては，外部専門家（弁護士，弁理士，司法書士，行政書士，公認会計士，税理士，ファイナンシャルアドバイザーなど）を起用すべき場合も存在します。

　このうち，外部弁護士を起用すべき場面については，「4　外部弁護士起用のポイント」「(2)　外部弁護士を起用すべき場面」でも解説しますが，特に本節「(5)　リスクを見積る」で述べたリスクの程度や事業に与えるインパクトなどを踏まえて，外部弁護士を起用すべきかを検討するべきでしょう。

　また，弁護士以外の専門家を起用する場合も存在します。たとえば，「当社が〜という取引を行うことは法律上問題ないか」という相談の場合，たとえ，その取引自体は適法であったとしても，その行為を行うことの税務上のリスクを考慮した場合には，別のスキームで実施すべきであるというようなケースは数多く存在します。相談内容から税務上の問題が存在することがうかがわれる場合には，早い段階で税理士などに相談をしておくべきでしょう。この他にも，登記が絡む案件で司法書士を起用する場合，特許権などの知的財産権が絡む場合に弁理士を起用する場合など，外部の専門家を起用すべき場面は様々に考えられます。

　そして，外部専門家を起用するタイミングも見極める必要があります。どのタイミングがよいかはケースバイケースではあるものの，**一般論としては，「早めの相談」**がよいと思います。すなわち，専門家に意見を聞いてみないと「そもそも問題の所在を正確に把握できない」という場面は少なくなく，早めに専門家に相談しなかったことで，全く見当違いの検討に時間を割くことになってしまうかもしれません。加えて，何か問題が起きてしまってからではリカバリーが困難なケースも多く，そのような事態を防ぐためには，やはり早めの相談が重要であると思います。この観点からは，「外部専門家に依頼をするかを検討する前提としてひとまず相談だけしておく」といった対応を採っておくことも考えられます。

4　外部弁護士起用のポイント

(1)　はじめに

　ここでは，主として，企業の法務担当者を想定し，外部弁護士起用のポイントについて解説します。

　なお，どのような場合に外部弁護士を起用すべきかは，実際のところ，各企業の法務スキル（法務力）や予算などの事情によってくると思いますが，これらの事情については，各企業による部分が大きいので，本書の解説の射程外とします。

(2)　外部弁護士を起用すべき場面

　外部弁護士を起用すべき場面は様々です。たとえば，高度な専門性が求められる案件（例：専門性の高い法分野に関する相談，先例のない法解釈が問題となる相談）や，複雑で手間のかかる案件（例：M&A），弁護士を入れることそれ自体に意義がある案件（例：金融機関に提出する意見書作成，不祥事における第三者委員会の設置）などの場面が考えられます。これらの場面では，そもそも「外部弁護士を起用するか，自社で対応すべきか」で悩むようなケースはそこまで多くないでしょう。

　しかしながら，本書が想定するような日常の法律相談対応の場面でいえば，「外部弁護士を起用するか，自社で対応すべきか」が悩ましいケースも数多くあると思います。この点については，判断基準として，「3　初期判断のポイント」「(5)　リスクを見積る」で述べた**最大リスクの程度**（リスクが顕在化した場合の最大リスクはどの程度なのか，それが事業に与えるインパクトがどの程度なのか）**とリスクが顕在化する可能性の程度を考慮すべき**でしょう。すなわち，最大リスクが大きく，リスクが顕在化する可能性が高いのであれば，客観的視点を持ち，かつ，（自社案件に限らない）その類の案件対応の知見を持つ専門家である外部弁護士を関与させることで，企業が負いうるリスクを可及的に回避する，という判断は合理的といえます。たとえば，損害賠償請求を受

けている案件であれば，請求額が大きければ，リスクの程度も大きいということがいえますし，相手方に弁護士がついているのであれば，リスクが顕在化する可能性が相当程度には高いケースが多いでしょう。

また，「そもそも最大リスクの程度やリスクが顕在化する可能性を自社で判断することが難しいがゆえに，外部弁護士に相談する」という判断をする場合もあると思います。

(3) 外部弁護士を選ぶうえでのポイント

新人・若手の立場で，自ら外部弁護士を選ぶ立場になることはあまりないと思いますが，外部弁護士を選ぶうえでのポイントを知っておくことは，外部弁護士を起用するうえでも有益であると考え，本書においてもこの点に少し触れておくこととします。

• 弁護士の取扱分野

弁護士には，通常，取扱分野（得意分野）が存在します。幅広い分野を取り扱う弁護士も存在しますが，「すべての分野に詳しい」ということはないでしょう。

各弁護士の取扱分野は，当該弁護士が所属する法律事務所のウェブサイトに記載されている場合が多く，また，書籍や論文の執筆，講演・セミナー実績などからも読み取ることができます。また，口コミ（特に，同業者である他の弁護士からの口コミ）を知ることができれば，非常に有益な情報源になります。

弁護士の取扱分野は，年々，専門化・分業化が進んでおり，今後もその傾向は加速していくのではないかと思います。

• 弁護士の報酬体系

弁護士の報酬体系は様々です。

たとえば，顧問契約（後述する法務受託などを含みます）を締結している場合，顧問契約の範囲内であれば顧問料（例：月額10万円）の範囲内で対応する，すなわち，追加報酬は発生しないというパターンが一般的でしょう[7]。ただし，「顧問契約の範囲」内で対応する範囲については，稼働時間（例：月5時間ま

で）やタイムチャージ換算額（例：タイムチャージ換算で月20万円相当まで）で区切っている場合もあれば，業務内容（例：簡易な電話，メール，チャット相談対応のみ）で区切っている場合もあるなど，その内容は様々です。

　顧問契約の範囲外である場合，または，顧問契約を締結していない場合には，通常は，案件ごとに弁護士報酬が発生することになります[8]。企業法務の場合は，伝統的にタイムチャージ，たとえば，「稼働1時間当たり●万円」というように設定されている場合が多いと思います。案件によっては，タイムチャージで計算する報酬額にキャップ（上限）を付ける場合も存在します。なお，時間当たりの単価（アワリーレート）は，法律事務所ごと，また，同じ法律事務所の中でも稼働する弁護士ごとに異なるのが一般的です[9]。また，特に，訴訟案件の場合には，着手金と成果に応じた報酬金というように着手金・報酬金方式で報酬が設定されている場合も多いと思います[10]。さらに，「契約書レビュー1通当たり10万円」のように固定額で報酬が定められる場合もあります。

・法律事務所の種類

法律事務所の種類も様々です。

　一般的な法律事務所の分類については，「コラム⑤：法律事務所の分類」で紹介します。

・案件による使い分け

　かつて企業は，単一または少数の法律事務所や弁護士をお抱えとすることが多かったと思いますが，近年は，前述の弁護士の専門化・分業化傾向に伴って，**企業も案件によって弁護士を使い分ける**のが一般的になってきました。すなわ

7　ただし，少しでも稼働があれば追加報酬が発生する内容の顧問契約も存在します。そのような顧問契約では，通常，月額の顧問料が非常に低廉に設定されています。

8　顧問契約に限らないパッケージ型サービスも存在するため，「通常は」としています。

9　一般的には，弁護士の経験年数や職位（パートナーかアソシエイトかなど）が上がると，単価も上がることが多いでしょう。

10　かつては，（旧）日本弁護士連合会報酬等基準に準拠する事務所が多かったと思いますが，現在は必ずしもそうではないという印象です。同基準は，20年以上前に廃止された基準であり，当時からの物価上昇や広告費の増大などを考慮すれば，今後同基準に準拠する事務所はさらに減っていくと思われます。

ち，案件ごとに，ここまで述べてきたような弁護士の取扱分野（得意分野）や費用感・予算感に応じて，弁護士を使い分けるという方法です。「餅は餅屋」というわけです。

なお，特に規模の大きい法律事務所では，（個々の弁護士は専門化しているとしても，）事務所として総合的なサービスを提供しているという場合が多いでしょう。もっとも，一般論として，そういった法律事務所（いわゆる大手事務所）は，弁護士報酬も安くない場合が多く，特に本書が想定するような日常の法律相談対応までも依頼の対象とするのは，「オーバースペック」となってしまう場合があるのではないかと思います。

- 顧問弁護士，法務受託弁護士がいる場合

顧問弁護士がいる場合には，当該顧問弁護士が依頼先のファーストチョイスになる場合が多いと思います。特に，本書が想定するような日常の法律相談の場合であれば，なおさらです。また，近年，従来の顧問弁護士よりもより深く企業に関わるサービス形態も増えており[11]，そういった立場の弁護士がいる場合には，その弁護士を起用することも考えられます。

上記のような弁護士による使い分けを行う場合にも，「まずは，顧問弁護士に相談する」ということも考えられます。つまり，「弁護士のことは弁護士が一番詳しい」場合が多く，顧問弁護士に「この分野に詳しい弁護士を知りませんか？」と聞く（場合によっては紹介してもらう）ことで，より適切な弁護士にアクセスすることができる可能性があります。

(4) 外部弁護士起用時のポイント

以下では，企業の法務担当者における外部弁護士起用時のポイントを解説します[12]。解説においては，企業の法務担当者が，外部弁護士とのやりとりにお

---

11 近年，「法務受託」と呼ばれるサービス形態が普及してきました。もっとも，具体的に提供しているサービス内容は事務所や弁護士によって様々であり，「法務受託」という言葉も多義的に使用されている印象です。

12 率直に言えば，主として外部弁護士として案件に関わることの多い筆者の立場から「このようにしてもらえると助かる」といった事項を解説した内容でもあります。

ける当該企業の窓口として対応するケースを典型的に想定しています。

なお，「3　初期判断のポイント」で述べた解説，特に，「(2)　情報を収集・保全・管理・記録化する」，「(3)　対応に必要な社内体制を判断する」，「(4)　情報拡散を管理する」で述べた事項は，外部弁護士起用時においても，多くの場面で妥当します。

• 外部弁護士に伝える情報や資料を整理する

まず，**外部弁護士に伝える情報や資料を整理する**ことが重要です。

企業の法務担当者が，事業部門担当者などからヒアリングした内容は必ずしも必要ではない情報や資料が含まれていたり，反対に，必要な情報や資料が含まれていなかったりするということも多いと思います。そのため，法務担当者としては，法的知見を持って，不要な情報や資料を削り，また，追加で必要な情報や資料があればヒアリングし，さらには，得た情報や資料を整理してまとめることが求められます。

また，たとえば，外部弁護士に提供する資料（企業の内部資料）にその企業内でしか通じない用語（部署名や製品名の略語など）が使用されている場合には，外部弁護士がその内容を十分に理解できるように，そういった社内用語の説明を加えることも必要になってきます。

そのうえで，情報を整理してまとめる際には，たとえば，相談内容を，A4で1〜2枚程度に要約してまとめておくといった工夫が考えられます。

このように情報や資料を整理することは，外部弁護士の案件理解の手助けとなるだけでなく，外部弁護士が情報や資料を整理するのに割く時間を節約し，結果として，外部弁護士にかかるタイムチャージ報酬を節約することにもつながります。

なお，さらに進んで，法務担当者において，外部弁護士に依頼する範囲（スコープ）を必要最小限の範囲に限定することで外部弁護士にかかる報酬を抑えることも考えられます。ただし，この場合には，必要な検討事項に漏れが生じないよう十分な事前検討が必要になります。

66　第2章　初動のポイント

・企業内での落とし込みを行う

　外部弁護士からの回答を踏まえて，**当該企業における具体的なアクションへ
の落とし込みを行う**ことも必要です。

　たとえば，外部弁護士に，ウェブサービスの利用規約を作成してもらった場
合，その利用規約を誰が（どの部門・部署が）どういうスケジュールでウェブ
サイトにアップするかといったことを関係部門・関係部署と調整するのは，企
業の法務担当者の役割である場合が多いでしょう。

　また，「3　初期判断のポイント」「(3)　対応に必要な社内体制を判断する」
で述べたような観点から，外部弁護士からの回答や依頼事項を，社内のどの部
門・部署（どの人間）に報告し，どの部門・部署（どの人間）にどういったア
クションを依頼すべきなのかを検討することも必要になってきます。

　さらにいえば，企業内における意思決定を推し進めるには，外部弁護士から
の回答だけでは不十分ということもあるでしょう。企業における意思決定は，
当然ながら，法的観点のみならず，様々な観点（主としてビジネス上の観点）
からの検討が行われます。外部弁護士の回答を踏まえて，企業における意思決
定の構造・傾向，担当者，上長・決裁権者の性格や好み，各人がどこに関心を
持っているかといった部分まで配慮したうえで，適切な意思決定が行われるよ
うに調整することも法務担当者の重要な役割の1つであると思います。

・必要な情報を収集する

　外部弁護士から「～という資料はありますか？」，「～という事実はどうなっ
ていますか？」という質問を受けた場合を想定してみましょう。

　外部弁護士は，通常，「その資料であれば●●部門が持っているはず」，「そ
の事実であれば●●さんが知っているはず」といった具体的な情報源までは知
らない場合が多いでしょう。そこで，企業の法務担当者は，こういった情報を
持っているであろう具体的な情報源にあたりをつけ，当該情報源となる人物か
ら直接ヒアリングし，または，以下に述べるように情報源となる人物と外部弁
護士の橋渡しをして，**必要な情報を収集する**ことが求められます。

・外部弁護士との橋渡しをする

「・必要な情報を収集する」で述べたように，外部弁護士が，必要な情報を収集するうえでは，当該情報の情報源となる部門・部署や人物は，法務部門や法務担当者とは別に存在するケースが多いと思います。

そのような場合，上記のように，法務担当者が情報源となる人物から直接ヒアリングをする場合もありますが，外部弁護士が当該情報源となる人物と直接やりとりをしたほうが適切な場合もあるはずです。そこで，法務担当者のほうで，やりとりをすべき部門や人物を整理し，当該人物と弁護士との橋渡しをすることも時に必要になります。

その際，当該人物と外部弁護士とのやりとり（打ち合わせやメールでのやりとり）がスムーズに進むように，**当該人物に事前に外部弁護士からの質問の要点を伝えておく**，打ち合わせの場に同席して（またはメールの CC に入れてもらい）**必要に応じてやりとりをアシストする**といったことも法務担当者の重要な役割であると思います。

・企業内部の情報，知見を活かす

企業内部の事情に精通していることは，間違いなく企業の法務担当者の強みであり，この点は，外部弁護士がどうやっても敵わない部分です。そのため，外部弁護士起用時においても，**企業内部の情報を活かして，外部弁護士に知見を提供する**ことは非常に有益であると考えます。

たとえば，外部弁護士が，「（Aという事実を裏づけるために） aという資料はありますか？」という質問をした場合を想定してみましょう。この場合，仮にaという資料はなかったとしても，Aという事実を裏づける別のbという資料があるというケースがあるでしょう。しかしながら，外部弁護士は，企業内の事情に精通しておらず，bという資料の存在は思いついてすらいないという可能性があります。このようなケースにおいて，企業の法務担当者であれば，企業内部の情報，知見を活かして「bという資料ならありますが，どうでしょうか？」という提案をすることができるのです。

・丸投げをしない

たとえ外部弁護士を起用する場合でも，**外部弁護士に丸投げをしない**ことが重要であると思います。

たとえば，「・企業内での落とし込みを行う」で述べたように，企業内での落とし込みを行ううえで，外部弁護士からの回答だけでは不十分な場合もあるでしょう。そのため，法務担当者には，そもそも前提として十分な回答を得るに足りるだけの情報を外部弁護士に提供すること，仮に回答が不足する場合には外部弁護士に追加の質問をすることが求められます。

また，「・企業内部の情報，知見を活かす」で述べたとおり，企業内部の事情については，間違いなく企業の法務担当者のほうが詳しいはずです。一方で，他社事例を含めた案件対応の知見については外部弁護士のほうが詳しい場合が多いでしょう（必ずしもそうとは言えない場合もあると思いますが，できるだけそういった知見を持つ弁護士に依頼をすべきです）。両者が協力し，それぞれの強みを活かした対応をすることがよりよい結果を得るためには重要です。

さらには，外部弁護士の回答が，（外部弁護士が最善の回答をすべきことは当然の前提としても，）必ずしも最善の回答であるとは限らない場合があることは否定できません。この観点からは，たとえ外部弁護士を起用する場合でも，企業内部においても重ねて検討を行い，多角的な視点から検討することで，よりよい結果を得られる可能性を高めることができるのではないかと思います。

・知見，ノウハウを学ぶ

最後に，外部弁護士と案件処理を協働することによって，**当該外部弁護士が持つ知見やノウハウを学ぶ**ということも重要であると思います。ここで学ぶべきは，当該案件に関わる分野の知見やノウハウはもちろんのこと，当該分野に限らない汎用的なスキルやノウハウを含みます。

特に，優秀な外部弁護士の案件処理の方法を観察することは，当該外部弁護士をメンターとして OJT をするのに等しい効果を得られるのではないかと思います。

このようにして学んだ知見やノウハウを自身の案件処理に活かし，また，部門に共有することで，企業の法務スキルを上げることができ，さらには，一部の案件を内製化していくことで，コスト削減につなげることもできます。

> ### コラム⑤

> ### 法律事務所の分類

　法律事務所は，巷では様々な形で分類されています。

　筆者は，基本的に，このような分類に着目するのではなく，個々の法律事務所や個々の弁護士が持つ特徴に着目するべきであると考えていますが，このような分類を知ることも業界を理解するうえでは役立つ部分もあると思いますので，本コラムで紹介します。

　なお，以下の分類ですべて網羅されているわけではなく，以下は，あくまでも主な例ということになります。

① 　**事務所規模による分類**：所属弁護士数などの事務所規模によって分類されることがあります。四大ないし五大事務所といわれる大手法律事務所（このほか，「大阪四大」と呼ばれる事務所もあります），準大手・中堅事務所，中規模事務所，小規模事務所などに分類されることが多いでしょう。

② 　**取扱分野による分類**：取扱分野（得意分野）によって分類されることがあります。to B案件を中心とする事務所を企業法務系，to C案件を中心とする事務所を個人法務系，幅広い案件を扱う事務所を総合系，特定の分野を集中的に扱う事務所をブティック系などと呼ぶことがあります。

③ 　**母体による分類**：アメリカやイギリスなど，外国の法律事務所を母体とする法律事務所は，外資系法律事務所と呼ばれます。なお，国内の法律事務所と組合契約その他の契約によって提携している「外国法共同事業」と呼ばれる形態を採っている事務所も近年では数多く存在します。また，近年，会計事務所や税理士事務所を母体とする法律事務所も増加傾向にあります。

④ 　**設立時期による分類**：比較的設立からの月日が浅い事務所は，新興事務所などと呼ばれることがあります。なお，法律事務所の分類としては，字義どおりの意味で「新興事務所」と呼ぶ場合のほか，（実際の設立時期との関係ではもはや「新興」とは呼べない部類であるものの，）主として，

「to C」，すなわち，個人顧客を対象にインターネット集客を行う事務所を指して「新興系」などと呼ぶことがあります。

⑤　その他：創設者である弁護士の出身事務所が大手事務所である場合には，「（大手）スピンアウト系」などと言うこともあります。また，街（町）の弁護士を意味する「街弁」または「町弁」と呼ばれる事務所ないし弁護士も存在しますが，やや多義的に用いられている印象です（主として，個人法務を中心に取り扱う比較的小規模な事務所ないし弁護士を指す理解です）。

第 **3** 章

案件処理のポイント

1 総論

(1) はじめに

「第1章　概観」「4　全体に共通するポイント」で述べたポイントなど，案件処理においても，ここまで述べてきたことが妥当する部分がありますが，本章では特に案件処理に絞ったポイントを解説します。以下では，まず案件処理全体に共通するポイントについて解説し，その後，「2　リサーチのポイント」と「3　回答・文書作成のポイント」に分けた解説を行います。

(2) タスクに優先順位を付ける

案件処理にあたっては，企業の法務担当者，外部の弁護士のいずれにおいても，複数のタスクを同時並行でこなしている場合が多いでしょう。そのため，時には，大量のタスクの前に絶望してしまうこともあるかもしれません。

このような場合，**タスクに優先順位を付けて取り組む**ことが重要です。こなすべきタスクを書き出したうえで，優先順位を整理するという方法も一案です。

緊急度の高い案件，納期が近い案件を優先することが通常だと思いますが，こなすべきタスクが多いという事実それ自体が，心理的負担になることもあるのではないでしょうか。場合によっては，（必ずしも急ぎの案件ではなかったとしても，）すぐ終わるものから片づけることで，こなすべきタスクの数が減り，心理的に楽になるということもあると思います。

(3) とりあえず着手する

上記で述べたように，大量のタスクの前に絶望してしまい，あるいは，単に気分が乗ってこないがゆえに，なかなか作業が進まないということはよくあることだと思います。

このような場合，**とりあえずまず着手する**ことが極めて重要です。やっているうちにやる気になってくるものですし，「やってみたら意外とすぐに終わった」ということもよくあることです。

また，着手することによってやるべき事項が整理され，絶望感が和らぐこともあるでしょう。この観点からも，時には，「(2) タスクに優先順位を付ける」で述べたように，すぐ終わるものから片づけることで，他のタスクについてもやる気が湧いてくるかもしれません。

(4) 記憶が新鮮なうちに着手する

「記憶が新鮮なうちに」タスクを整理しておく，または骨子だけでもつくっておくことも有用です。

忙しくてなかなかそうはうまくできないこともあるかもしれませんが，過去のことを思い出しながら作業をすることは非効率であり，できるだけ「記憶が新鮮なうちに着手する」というルーティーンを維持することで好循環を生み出すことができるでしょう。時間がない場合には，ドラフトに記載する要点や項目事項を記載しておくだけでも構いません。それだけでも，後の作業は圧倒的に楽になると思います。

また，着手してみないと，やるべきタスクやスケジュール感を把握できないことも多くあります。案件によっては，自身だけで完結することができず，他の人（典型的には相談者）に作業をお願いしなければならないケースも存在します。着手が遅れてしまうと，そのことに気がつくのが遅れてしまうかもしれません。その結果，全体のスケジュールが遅れてしまうリスクもあります。その意味でも，「記憶が新鮮なうちに」着手しておくことは有用です。

(5) 早めにボールを投げる

「(4) 記憶が新鮮なうちに着手する」で述べたとおり，案件によっては，自分だけで完結することができず，他の人（典型的には相談者）に作業をお願いしなければならないケースが存在します。そのような場合には，できるだけ早めにボールを他の人に投げてしまい，**なるべく自分のところにボールを置いておかないことを心がけるとよいでしょう。**そのようにすることで，スケジュールに余裕を持って案件を進めることができるようになります。すなわち，**「自分が作業しない時間は他人に作業してもらうことで案件を効率的に進める」**ということです。

74　第3章　案件処理のポイント

　また，このような意識を持って対応することは，自らのこなすべきタスクを早期に消化し，結果として案件の滞留を減らすことにもつながります。

(6)　スケジュールを適切に管理する

　スケジュールを適切に管理することも，法務担当者や弁護士の重要な役割です。

　自身に課せられた期限を守ることは当然として，他の人（典型的には相談者）に作業をお願いしている場合には，その人の作業が遅れることのないよう，適時にメールなどで**リマインド**して，案件全体のスケジュールに滞りが生じないようスケジュールを管理する必要があります。

　また，スケジュール管理ツールなどで，あらかじめ自身の**作業スケジュールやリマインドすべき時期を設定**しておくことも有用です。加えて，たとえば，作業の締切日のみならず，「締切●日前」などもスケジュール登録し，自身へのアラートとしておくことで，余裕を持ったスケジュール管理をするという方法も考えられます。

(7)　ビジネスの視点を持つ

　企業法務における法律相談は，通常，ビジネスに関するものであり，案件処理においても，そのビジネスにおける目的を意識しながら対応することが不可欠です。たとえば，法的に正しいと考えられる選択肢があったとしても，その選択肢を採ると莫大なコストがかかり，コストとの関係上その選択肢を採ることは全く現実的でないという場合があります。税金の問題はその1つであり，その選択肢を採ると多額の税金がかかるリスクがあるという場合には，税務面からの検討が必要になってきます。最終的な判断は税理士などの専門家に委ねるとしても，企業の法務担当者や外部弁護士も，このような問題意識を持っておき，「この点については，税理士に確認しておくべきと考えます」といった指摘ができるようにしておくべきです。ビジネスの観点を全く意識しないような対応は，企業法務における対応としては全くナンセンスです。**法的な視点とビジネス上の視点の双方から問題解決の手段を探っていくべきでしょう。**
　また，「第2章　初動のポイント」「2　ヒアリングのポイント」「(4)　背景

事情を確認する」でも述べたところですが，法的に難しい対応を求められた場合，単に「難しいです」と回答するのではなく，「**ビジネス上の目的を達成できる他の代替案を提示できないか**」を常に意識しておくことも重要です。

(8)　先人の知恵を借りる

　法律相談の中には，社内または所内の他のメンバーが過去に同種または類似の案件に対応した経験がある類型の相談も数多くあるはずです。そのような場合には，一から自分で対応方法を考えるよりも，**過去の同種案件を参考にしてリサーチやドラフトを行う**ことが有用です。このように先人の知恵を借りることは，案件を迅速に処理することや手間を省くことに役立つだけでなく，同種案件を参考にすることで使用できる情報量が増え，より精度の高い成果物を仕上げることにもつながります。また，特に，新人・若手のうちは，他のメンバーが行った仕事の成果物を見ることで，他人の仕事のやり方を参考にできる，すなわち，他人のマネをすることで仕事の仕方を覚えられるというメリットもあります。

　そして，このように他のメンバーが対応した案件を参考にするためには，自身が対応した案件のみならず，他者が対応した案件も含めて社内で成果物のファイルなどを共有できる場所にストックしておく必要があります（ただし，秘匿性の高い情報など共有に適さない情報もあり，管理には注意が必要です）。そのうえで，ファイルの検索ができるように，フォルダを整理しておくことも必要になります。社内または所内において，このような共有や整理が行われていない場合には，そのような仕組みを設けることを上司に提案してみることも一案です。

　さらに，社内または所内メールやチャットなどで，過去に同種案件を扱ったことのあるメンバーがいないかを確認してみることも有効な方法の1つです。

　なお，過去の同種案件で用いたファイルをベースにしてファイルを作成する場合には同Wordファイルのプロパティ情報に注意してください。該当するWordファイルにカーソルを合わせて右クリック，または，「ファイル」タブにある「情報」を選択することで，プロパティ情報を確認することができますので，プロパティに余計な情報が含まれていないかを確認するようにしましょ

76　第3章　案件処理のポイント

う。特に，「作成者」に他社や他事務所の名前などが入っている場合には，きちんと修正しておく必要があります。

　加えて，過去の同種案件が見つからない場合にも，一から自分で考えてドラフトを行うのは非効率な場合が多く，また，検討事項や記載事項に漏れが生じやすいと思います。できるだけ**書籍などで参考にできそうな書式を見つけ，それらを参考にしながらドラフトをするようにするのが望ましいでしょう。**

(9)　新人の心構え

　新人・若手の場合，上司と一緒に案件処理をすることが多いと思います。以下では，上司と一緒に案件処理をする場合のポイントを解説します。

　なお，「第1章　概観」「4　全体に共通するポイント」「(12)　新人の心構え」で述べた「上司の手間をいかに減らすか」を意識した行動を心がけるとよいという点は，案件処理の場面でも当然妥当するところです。

　• 上司が確認・作業する時間を踏まえたスケジュール管理をする

　上司と一緒に対応をする場合には，**上司が確認，作業をする時間を踏まえたスケジュール管理をすることが必要**になります。

　上司の確認，作業時間として，どのくらいの期間を見積っておけばよいかは，案件や上司によって変わってきますが，よほど単純な相談の場合を除いて，相談者への回答期限ギリギリになって，上司にリサーチ結果やドラフトを上げることは避けるべきです。上司から指示がある場合にそれを守ることはもちろん，上司から指示がない場合にも「●日までにドラフトを上げようと思いますが，よろしいでしょうか？」などという形で，**あらかじめ上司への提出期限を確認しておくことが望ましい**と思います。

　また，上司の好みや性格にもよってきますが，時に，忙しい上司に対して，「本日が回答期限ですので，念のためお知らせいたします」などとリマインドをすることが望ましい場合もあるでしょう。このようなリマインドは，相談者への回答期限を守ることにつながるのはもちろんのこと，リマインドしたことをメールなどで証跡を残しておくことで，後で上司から「なんでリマインドしてくれないんだ」と怒られることを回避できるという意味で，（そのようなこ

とで怒られることがそもそも理不尽である点はひとまず措いておくとして,）自己保身にもなります。

• 大筋の方向性を早めにすり合わせる

リサーチ結果や回答文書を文字に起こすのはそれなりに時間がかかってしまうとしても,結論やそれに至る大まかな考え方,言い換えれば,「大筋の方向性」は比較的すぐに結論が出るという場合は少なくないと思います。

上司と一緒に作業する場合,**大筋の方向性が定まった段階（または,その方向性を変更すべきと考えた段階）で,上司に早めに共有しておくことが非常に重要です。**口頭で共有する場合の他,「⑷　記憶が新鮮なうちに着手する」で述べた"骨子"をメールなどで共有することも有用でしょう。大筋の方向性を早めに上司に共有することで,もしあなたの考えた大筋の方向性が誤っている（上司の考えと異なっている）場合に,早めに軌道修正をすることが可能になり,あなたが誤った方向性でのリサーチやドラフトに余計な時間を割いてしまう事態を防ぐことができます。また,上司からしても,あなたから上がってきたリサーチやドラフトの結果が的外れである場合,一から作業をやり直さなければならなくなり,非常に大変な思いをすることになります。リサーチやドラフトが上がってきた時点で,相談者への回答期限が迫っている場合にはなおさらです。このような事態を防ぐためにも,なるべく早いタイミングで上司と大筋の方向性をすり合わせておくべきなのです。

また,この観点からいえば,そもそも大筋の方向性をどう定めるべきか悩んでしまうような場合には,早い段階で思い切って上司に相談してしまうほうがよい場合が多いのではないかと思います。ただし,上司への聞き方については,「コラム①：上司への質問の仕方」で述べたやり方を意識しておくべきです。また,このようなやり方を好まない上司もいると思いますので,上司の性格に合わせた対応も必要になります。さらに,案件によっては大筋の方向性の部分から綿密な検討が必要な場合もあり,その場合には上司に相談する前に綿密な検討が求められることは言うまでもありません。

78　第3章　案件処理のポイント

- 上司が検証することを意識する

　上司と一緒に対応をする場合，あなたが行ったリサーチやドラフトは，上司によって確認，検証されることが多いと思います。そのため，あなたとしては，上司が確認することを前提に，**上司においても検証がしやすくなる工夫をする**ことを意識すべきです。具体的な方法は，「2　リサーチのポイント」や「3　回答・文書作成のポイント」で解説しますが，ドラフトを修正する場合に，Word の「校閲」タブにある「変更履歴」を使って修正することは基本中の基本といっても過言ではないでしょう。

コラム⑥

正解がない企業法務の難しさ

　企業法務の難しさの1つに「正解」がないことが挙げられると思います。企業法務の案件処理において，明らかな「誤り」は存在するものの，少なくとも「唯一の正解」というものは存在しないでしょう。または，「正解が無数に存在する」という言い方もできるかもしれません。さらに言えば，どのような案件処理が正解かは，相談者が異なれば，正解も変わってくる可能性があります。

　たとえば，契約書レビューを例にとっても，契約書の修正の仕方はいくつもパターンが考えられます。さらに言えば，具体的な修正文言については，無数のパターンがありえます。本書の記述もまた，あくまでも一般的なノウハウの1つを記述したものにすぎず，少なくとも「唯一の正解」を示すものではありません。

　したがって，企業法務に従事する者は，案件処理の経験を通じて，さらには，上司や先輩，後輩，時には相手方のやり方を取り入れつつ，あるいは，反面教師として，「自分なりの正解」を常に模索していくことになります。また，ある程度慣れてくると，「自分なりの正解」が見えてくるかもしれませんが，その「自分なりの正解」も時代とともに変化が求められます。

　企業法務の世界に限らず，ビジネスの世界でよく言われることですが，企業法務案件に携わり続ける限り，一生勉強し続けることが必須であり，また，「自分なりの正解」をアップデートし続けることも必須であると思います。

　その意味で企業法務は，間違いなく「難しい」ものではありますが，同時にそれが企業法務のおもしろさなのかもしれません。

2 リサーチのポイント

(1) はじめに

　法律相談対応において必要となりうる「リサーチ」の種類は，実際のところ多岐にわたります。たとえば，紛争案件で，保全・執行のために相手方の資産を調査することも広い意味ではリサーチの1つといってよいでしょう。また，事実の調査，たとえば，労働案件において社内規程の調査をすることや，たとえば，建築瑕疵が問題となる紛争で専門家に依頼して瑕疵の有無を調査することも，広い意味ではやはりリサーチの1つといえると思います。

　もっとも，本書では，法律相談対応における最も典型的なリサーチである**「法解釈」のリサーチを中心に解説**することとします。

　法律相談対応においては，単に適用条文を指摘すれば結論が出てしまうような簡単な相談もないわけではありませんが，多くの場合，十分な回答をするためには，条文の「法解釈」が必要になります。そして，法律相談対応においては，通常，そのような法解釈をすることについて，単に「自分がこう思う」と言うだけでは不十分であり，そのように考えた根拠を示すことが重要です。

　そこで，以下では，法解釈のリサーチをどのように行うべきかについて解説を行います[1]。

(2) 仮説を立てる

　法解釈のリサーチが必要になる場面では，相談対象事項において法解釈の問題が存在し，その解釈の仕方によって相談対象事項の結論が変わってくるという場合が典型です。このような場合，漫然とリサーチを行うのではなく，**まず，結論とそこに至る理由（ロジック）について自分なりの仮説を立ててから，リサーチによって裏を取る，という意識でリサーチをする**とよいでしょう。

　1　なお，本書の解説は，基本的に日本法の解釈を想定したものであり，海外法令調査などを含む国際案件を想定したものではないことに留意してください。

このような思考過程を経ることで，あなたのリーガルマインドは鍛えられ，未知の問題に対応する力が養われますし，加えて，リサーチのあたりをつけやすくなります。

また，そもそも**仮説を立てる習慣がないと**，「こうも考えられるのではないか？」といったアンテナが働かず，**問題の所在に気がつくことができない可能**性があります。問題の所在に気がつくことができなければ，リサーチ以前の問題ですし，結果として，十分な検討ができないことになりかねません。この観点からも，仮説を立てることを習慣にしておくべきと考えます。

一方で，**「仮説を信頼しすぎない」**ことにも注意しましょう。少し経験を重ねてくると，「こうなっているはずだ」という思い込みが強くなっていき，リサーチをする際にも，リサーチ対象を自分に都合のよいように理解してしまう（自分の仮説に引きつけて理解してしまう），あるいは，自分に都合のよい資料（自分の仮説を裏づける資料）の価値を過大に評価してしまうといったことが起きえます。仮説を立てつつも，むしろ，自己の仮説に批判的な観点から検討をする意識を持つことが重要です。

(3) 条文を出発点とする

法解釈のリサーチにおいては，言うまでもなく，法令の**条文が出発点**となります。ここでいう法令には，法律（例：会社法）の他，政令（例：会社法施行令），内閣府令，省令（例：会社法施行規則）などの下位規範を含みます[2]。

まずは，法令を確認し，**どの法令のどの条文が**，さらには，その条文のうち**どの要件が問題になっているか**という点を明確にしましょう。なお，そもそもどの法令が問題になるかわからないという場合には，「(5)　あたりをつける」で述べるリサーチからスタートします。

法令を確認するうえでは，『ポケット六法』（有斐閣）や『デイリー六法』（三省堂），『判例六法』（有斐閣），『判例六法 Professional』（有斐閣）などの紙の六法を使うこともありますが，紙の六法は掲載法令に限りがあり，また，検索の

2　地方公共団体における法令が問題となる場合には，条例，規則が出発点となります。ただし，本書の解説は，典型的には国の法令を想定しています。

容易性の観点からも，e-Gov 法令検索[3]を使用する（紙の六法と併用する）のが便利だと思います。

また，あまり馴染みのない法令を確認する場合には，**法令の「目次」を確認する**ことが有用です。目次を見ることで，その法令全体の構成を知ることができ，個別の法律相談において具体的に問題となる条文やそれに関連する条文を発見しやすくなります。

(4) 時の経過を意識する

法解釈のリサーチにあたっては，時の経過を意識する必要があります。

まず，注意しなければならないのは法改正です。法律相談の対象となっている行為や取引が古いケースでは，現行法ではなく，**改正前の過去の法令が適用される可能性**があります。適用される法令が改正前のものである場合，当然ながら，過去の法令を参照する必要があります。したがって，文献のリサーチにおいても，必要に応じて，改正前に発行された文献を参照することが求められます。

また，判例・裁判例をリサーチする場合であれば，**その裁判例が上訴されていないか**（上訴審での結論はどうなっているか）やその後の判例によって**判例変更されていないか**，といった点も確認しなければなりません。

さらには，書籍などの文献に当たる場合にも，法改正や新しい判例・裁判例の存在を踏まえて書かれたものであるか否かも意識しておく必要があります。当然ながら，古い文献では，その文献が書かれた以降の法改正や新しい判例・裁判例の存在が踏まえられていません。リサーチの対象となっている事項につき，**法改正がされている場合や新たな重要判例・裁判例が出ている場合には，それらを踏まえたリサーチを行う必要**があります。なお，念のため述べておくと，このことは，「常に最新の文献だけをリサーチせよ」という意味ではありません。法令自体が改正されていたとしても，改正の影響を受けない条文や要件の解説であればそのまま参照できる場合が多いでしょう（もっとも，最新の議論を確認するために，最新の文献も合わせて確認する必要はあります）。ま

---

3 https://laws.e-gov.go.jp/

た，法改正前の議論を知る目的で改正前の文献を参照する場合もあります。すなわち，法改正は，従前の議論や判例を踏まえて法改正がなされたという経緯である場合が多く，過去の文献を調べることで，改正後の法令の解釈の参考にできるケースは数多くあると思います。

(5) あたりをつける

たとえば，「当社ECサイト経由でお客様から注文を受けた商品を配送するために，宅配業者に，お客様の住所・氏名情報を提供したいと考えているのですが，法的に問題はありませんか？」という相談を受けた場合を想定してみましょう。

あなたが一定の知識を有している場合であれば，これが個人情報保護法[4]におけるいわゆる「第三者提供」の問題であると気がつくことができるでしょう。ここまでわかっていれば，個人情報保護法27条までたどり着くのはさほど難しいことではありません。

しかしながら，あなたに個人情報保護法の知識がない場合，「そもそも何を調べればよいかわからない」という事態に陥ってしまいます。このような場合には，問題となりそうな法令，条文，要件のあたりをつける必要があります。

「あたりをつける」方法としては，**インターネット検索が便利**です。後述するようにインターネットの情報は，「根拠」としては使えないものが多いものの，簡易，かつ，迅速に問題の所在を見つけることができる点でとても有用です。ひとまず関連しそうなワードを思いつくままに検索していくことでも，徐々にリサーチ対象を絞っていくことができるのではないかと思います。インターネットから得られる情報から，より適切な検索ワードが見つかり，以下に述べる法律書籍のサブスクリプションサービスや書籍によるリサーチの手助けとなる場合も多いです。

また，後述する**法律書籍のサブスクリプションサービスを利用する**ことも有用でしょう。これらのサービスでは，特定の検索ワードを打ち込むことで，収録書籍を横断的に検索することが可能であり，収録されている膨大な書籍の中

4　個人情報の保護に関する法律。本書では，「個人情報保護法」といいます。

84　第3章　案件処理のポイント

から関連する問題点をさらうことができ，問題の所在を発見するのにとても便利です。加えて，一部のサービス[5]は，いわゆる生成 AI を用いた AI リサーチ機能を搭載しており，質問事項を打ち込むだけで，回答の要点と参考文献を一覧表示してくれます。このような機能は，検索ワードに具体的なあたりがついていない場合に特に有用であると思います。

　さらに，（どの条文が問題になるかまではわかっていないものの）問題となりそうな法令のあたりはついているというような場合であれば，その法令に関する**書籍**（基本書はもちろんのこと，実務書を含みます）**を参照する**ことで，具体的な問題点を発見することができる場合が多いでしょう。

　加えて，企業内や事務所内にその分野に詳しい人がいる場合，**その人に聞いてしまう**という方法が考えられます。ただし，あまりに広範，抽象的な質問は失礼にあたる場合が多く，その人との関係性にもよりますが，できるだけ質問事項を絞り，具体性を持った質問にするといった配慮は必要です。

(6)　広めに論点をさらう意識を持つ

　リサーチにおいては，「検討とした論点に対する検討が十分なものか」ももちろん大事ですが，それと同等，あるいはそれ以上に，「検討すべき論点に漏れがないか」が重要になります。論点を落としたことで，その相談事項の結論が変わってしまうという場合もありえます。論点を落とすことのないよう，常に，「（今検討しているのとは別の）●●法の問題も生じないか」，「この相談に含まれる別の論点はないか」を検討し，**広めに論点をさらう意識を持っておく**とよいでしょう。

　そのため，たとえあなたのほうで検討すべき法令や論点にあたりがついている場合であったとしても，念のため，関連しそうな法令，文献を広めに確認し，相談対象事項に適用される他の法令はないか，相談事項に含まれる別の論点がないかを確認しておくとよいと思います。その際には，「(5)　あたりをつける」で述べたような方法を用いることも有効です。

　また，**リサーチの範囲は，必ずしも相談者の（明示的な）相談事項に限られ**

5　Legalscape

ません。たとえば，相談者から，「この写真を当社のウェブサイトに使うこと
は，商標法上問題はないでしょうか？」と，他社商標が写り込んだ写真を見せ
られた場合，仮に商標権侵害の問題は生じない場合であるとしても，相談者か
ら話をよく聞いてみると，その写真は，第三者が撮影したものであって別途著
作権法上の問題が生じる，ということがありえるかもしれません。このように，
法務担当者や弁護士は，相談者から聞いた事項から派生的に問題となる可能性
のある法令，論点まで広く拾ってリサーチを行う必要があるのです（前提とし
て，「第２章　初動のポイント」「２　ヒアリングのポイント」で述べた「(4)
背景事情を確認する」ことが重要です）。

(7)　信頼性のある根拠を持って結論を導き出す

　法解釈において結論を導き出すうえでは，**信頼性のある根拠を持って結論を
導き出す必要**があります。実際には，信頼性というよりは，**オーソリティ（権
威）といったほうが適切**かもしれません。

　たとえば，「(5)　あたりをつける」で述べたとおり，初期リサーチとして，
あたりをつけるために，インターネット検索を用いたとします。あなたは，イ
ンターネット上で，匿名の弁護士が書いたポータルサイト記事を見つけました。
ここで，仮に，その記事にあなたが欲する見解が記載してあったとしても，こ
の記事を「根拠」として結論を導き出すことはできません。このような匿名の
ネット記事には，根拠とするだけの信頼性がないからです。

　もっとも，このような記事を「リサーチに用いるな」ということが言いたい
わけではありません[6]。むしろ，あたりをつけるため，あるいは，とっかかり
を見つけるため，このような記事も有用な場合があります。たとえば，その記
事内にリサーチ対象について言及した最高裁判例が載っていれば，あなたはそ
の記事によって，欲していた情報に迅速にたどり着くことができるのです。

　そして，最高裁判例は，（後述のとおり，その位置づけは様々ありうるもの
の，）言うまでもなく，信頼性を有する情報源です。したがって，あなたは，

6　もっとも，あまりにいい加減なネット記事は読むだけ時間の無駄でしょう。筆者は，
「条文や判例・裁判例の記載があるか」を１つの判断基準としています。特に，条文が記
載されていない記事は，ほとんど読むに値しないと考えています。

当該最高裁判例を「根拠」として，結論を導き出すことができるのです。

なお，上記のことは，成果物（意見書やメモランダム，相談者からの法律相談に回答するメールなど）に根拠や出典として記載できるかにも影響します（実際に，どこまで記載すべきかについては，本章「3　回答・文書作成のポイント」「(6)　出典をどこまで示すべきか」を参照してください）。すなわち，上記記事のような**信頼性ないしオーソリティを有しないものを成果物において根拠や出典として記載すること**は，原則として，**不適当でしょう**（ただし，たとえば，上司の報告用などの内部共有用であれば，情報共有としてこれらの資料も含めることも時に有用です）。

(8)　原典に当たる

リサーチにおいては，原則として，**原典に当たることが重要**であり，いわゆる「孫引き」は避けるべきです。

実際に原典に当たってみると，「参照した文献とは，異なる文脈やニュアンスで述べられていた」といったことは少なくありません。また，判例・裁判例の孫引きのケースであれば，「参照した文献に記載されていたものは，当該判例・裁判例の傍論部分にすぎなかった」という可能性もありうるところです。

また，（必ずそうというわけではありませんが，）一般論として，書籍などの文献では，信頼性ないしオーソリティが高いものを出典元（原典）としていることが多いといえます。この観点からは，原典に当たる文献や判例・裁判例を「根拠」とすることは，「(7)　信頼性のある根拠を持って結論を導き出す」ことにもつながります。

(9)　リサーチの対象

リサーチの対象は様々であり，本書でそのすべてを紹介することはできませんが，以下では，リサーチ対象として考えられる主なものを紹介します。

なお，以下では，できるだけ幅広くリサーチ対象となりうるものを記載していますが，「(7)　信頼性のある根拠を持って結論を導き出す」で述べたとおり，**そのまま「根拠」として使うことができないものも含まれる**点には留意してください。

・法令

　法律の他，政省令もリサーチ対象に含まれます。上記のとおり，法解釈の出発点となり，当然のことながら，法律相談の回答における「根拠」となります。

・判例，裁判例

　判例・裁判例は，典型的なリサーチ対象の１つです。なお，最高裁判所の裁判を「判例」，最高裁判所以外の下級審（高等裁判所，地方裁判所など）の裁判を「裁判例」と呼ぶ場合が多いですが，厳密に使い分けられていない場合もあり，下級審裁判例を含む趣旨で「判例」と呼ばれることもあります。本書では，厳密に使い分けたい場合には，「最高裁判例」，「下級審裁判例」と表記することとします。

　最高裁判例は，最も権威のある解釈となります。ただし，上記のとおり，判例変更がされていないか否かは確認しておく必要があります。また，判例の位置づけ（確固たる先例的意義を有するものか，単なる事例判決にすぎないかなど）は，判例によって異なります。これらを確認するためには，当該判例を読み込むだけではなく，以下に述べる判例評釈や当該判例に言及している文献を確認する必要があります。

　最高裁判例の他，（特に，最高裁判例が存在しない論点において，）地裁，高裁などの下級審裁判例も，「根拠」としてのオーソリティを持つ場合があるものの，どの程度の先例的意義を有するかは，裁判例によって大きく異なるため，やはり，評釈や文献を確認する必要があります。一般論としていえば，特定の論点につき複数の下級審裁判例が同様の解釈を採っているというような場合であれば，「根拠」となりやすいでしょう。また，上訴されて，結論が変わっている場合には，通常，これに依拠することは適切でない場合が多いと思います。

　なお，判例・裁判例については，通常，「最判昭和43年８月２日民集22巻８号1571頁」のような形で略語を用いた表記がされることが多いため，この点につき，以下に少し解説を加えます。

88　第 3 章　案件処理のポイント

- 裁判所名

　「最判昭和43年 8 月 2 日民集22巻 8 号1571頁」の「最」の部分は，最高裁判所を示しています[7]。「最大」となっている場合には最高裁判所大法廷，「東京高」となっている場合には東京高等裁判所を，「東京地」となっている場合には東京地方裁判所を指します。また，古い判例の場合には「大」となっていることがあり，これは大審院を指します。

- 裁判の種類（判決，決定，命令）

　「最判昭和43年 8 月 2 日民集22巻 8 号1571頁」の「判」の部分は，判決であることを示しています。「決」となっている場合には決定，「命」となっている場合には命令を指します。したがって，「東京地決」となっている場合には，東京地方裁判所の決定であることがわかります。

- 裁判年月日

　「最判昭和43年 8 月 2 日民集22巻 8 号1571頁」の「昭和43年 8 月 2 日」は，裁判（判決，決定，命令）の年月日を指しています。「年」，「月」，「日」を記載せず，「昭和43・ 8 ・ 2 」と記載される場合もあります。

- 出典

　「最判昭和43年 8 月 2 日民集22巻 8 号1571頁」の「民集22巻 8 号1571頁」は，当該判例・裁判例の出典情報です。「巻」，「号」，「頁」を記載せず，「民集22・ 8 ・1571」と記載される場合もあります。「民集」の部分は，判例集や判例雑誌の略称が入り，「民集」というのは，『最高裁判所民事判例集』のことです。「判時」の場合には『判例時報』を，「判タ」の場合には『判例タイムズ』を指します。上記の他にも多数の判例集や判例雑誌がありますが，それぞれの略称は，インターネットなどで調べることが可能です[8]。

- 判例解説，判例評釈

　最高裁判所の担当調査官によって執筆される**調査官解説は，判例解説の中でも，最も信頼性およびオーソリティの高いもの**といえます。調査官解説がある判例については，調査官解説に必ず目を通すようにしましょう。

　判例雑誌や判例集に掲載されている学者による判例解説，判例評釈も，一定の信頼性ないしオーソリティを有すると言ってよいと思いますが，具体的にど

7　単に「最」となっている場合には，最高裁判所小法廷を指す場合が多いです。「最 3 小」のように，小法廷（「最 3 小」の場合には，最高裁判所第 3 小法廷）を特定する場合もあります。

8　例として，有斐閣 Online（https://yuhikaku.com/list/explanatory-note/magazines）。

の程度の信頼性ないしオーソリティを持つかは，個別の解説，評釈によって異なってきます。

・通達，告示，ガイドライン，Q&A など

所管省庁による通達，告示，ガイドライン，Q&A などです。

　これらは，所管省庁における解釈であり，実務は，基本的に，所管省庁の解釈に従って運用がされています。裁判所は，所管省庁の解釈に拘束されるわけではありませんので，仮に裁判で争点となった場合に，裁判所が，所管省庁の解釈と異なる解釈を採る可能性があることは否定できないものの，企業として，所管省庁の解釈に反する活動を行うことは，リスクを伴います。その意味で，これらは非常に**信頼性およびオーソリティの高いもの**といえます。

・その他の所管省庁の見解

　「⑽　リサーチの手段」で後述しますが，上述した通達，告示，ガイドライン，Q&A 以外にも，所管省庁の見解を知る方法が存在します。

　これらも信頼性ないしオーソリティを有するものの，たとえば，電話による照会の場合，口頭でのやりとりであるがゆえに，どうしてもその回答が適用される範囲などに曖昧さが残る部分はあるように思います[9]。

・立法資料など

　国会答弁，パブリックコメント（いわゆる「パブコメ」）[10]，審議会の資料・議事録などです。

　信頼性およびオーソリティを有し，また，解釈の手がかりを見つけるうえで有用な場合があります。

9　もちろん，できるだけ曖昧さが残らないようにやりとりを行うべきではあります。

10　「法律」の制定においては，意見公募手続を経ることが求められていない（行政手続法39条1項参照）ため，（政省令ではなく，）「法律」の解釈が問題となる場合であれば，通常，パブコメはリサーチ対象から外れます。

90　第3章　案件処理のポイント

・書籍，論文

一口に「書籍，論文」といってもその種類は様々であり，一括りにして解説することは困難な部分がありますが，大雑把に分類すれば，学者が書いたものと実務家が書いたものに分類することができます。

一般論としていえば，少なくとも法解釈の文脈でいえば，学者が書いたもののほうが信頼性は高いといえるでしょう。さらにいえば，（言い方は悪いかもしれませんが，率直に言えば）学者が書いた書籍，論文の中でもオーソリティの程度には差があるところです。

リサーチにおける参照頻度でいえば，学者が書いた**コンメンタール（逐条解説書）**や**基本書**などの参照頻度が高いと思います。学者が書いた書籍であっても，入門書や概説書といわれるようなものは，（全体像をつかむうえでは有益ではあるものの，）リサーチには不向きな場合が多いでしょう。また，論文集や法律雑誌に掲載されている**論文**もリサーチに有用な場合があります。

弁護士などの実務家が書いた書籍や論文は，特定の法解釈（通常は，いわゆる「通説・判例」）を前提とした実務上の運用や対応を知るうえで（書式集や特定の法分野についての実務解説書などがその例です），また，実務のノウハウを知るうえで（本書もその類です）はとても有益である一方で，実務書を法解釈の根拠として用いるのは，適切ではない場合が多いと思います。もっとも，実務書には，当該分野の情報がコンパクトにまとまっている書籍も多く，実務書を読んで，そこで言及されている判例・裁判例や出典元の文献をたどることで，信頼性の高い情報源にたどり着くことができる場合が多いでしょう。この意味では，定評ある実務書に当たることは非常に有益です。

さらには，**立案担当者**による**解説**が書籍として出版される場合があります[11]が，これらは，書籍の中でも，信頼性やオーソリティが非常に高いといってよいでしょう。

・メルマガ，ニューズレター

法律事務所や出版社などが発行，公開するメルマガ，ニューズレターなどで

11　『一問一答』シリーズ（商事法務）など。

す[12]。

これらは，それ自体のオーソリティはそれほど高くはない場合が多いと考えられますが，情報やトレンドを知るきっかけとして，また，信頼性の高い情報にたどり着くきっかけとして有用です。

・企業法務ポータルサイトなどの記事

企業法務ポータルサイトの中には，有益な情報が書かれた記事が含まれているものが少なくありません[13]。近時は，著名な弁護士[14]が執筆している記事も多く，これらは，（実務家による）書籍や論文に準じる信頼性があるといってよいと思います。

ただし，匿名で書かれている記事については，一般論として，信頼性はあまり高くないでしょう。

・個人ブログ，SNS

情報やトレンドを知るきっかけとして，また，信頼性の高い情報にたどり着くきっかけとして有用ですが，「根拠」として用いるには通常不適切です。

・その他

一般の方向けに書かれたインターネット記事や ChatGPT による回答などは，きっかけとして有用な場合があることは否定しませんが，「根拠」として用いることはできません。

⑽　リサーチの手段

続いて，リサーチの手段・方法を解説します。

法令の調べ方は「⑶　条文を出発点とする」ですでに述べたとおりですので，以下では，法令以外のリサーチ対象について解説を行います。

12　商事法務メールマガジン（https://www.shojihomu.co.jp/page/merumaga）など。

13　BUSINESS LAWYERS（https://www.businesslawyers.jp/），Business & Law（https://businessandlaw.jp/）など。

14　一部，学者の先生が書いているものもあります。

• インターネット

インターネットから得られる情報は非常に多いです。

まず，**通達，告示，ガイドライン，Q&A** などは，インターネットから閲覧可能です。すべてではありませんが，一応 e-Gov[15]にまとまっています。もっとも，リサーチ対象となる特定のワードと所管省庁などの名称で検索したほうが適切なページにたどり着きやすいように思います。たとえば，「第三者提供 個人情報保護委員会」で検索すれば，「個人情報の保護に関する法律についてのガイドライン（第三者提供時の確認・記録義務編）」というページ[16]が検索上位に表示されるのではないでしょうか。

また，**判例・裁判例**については，後述する判例検索サービスで検索することのほうが多いですが，一部の判例・裁判例については，裁判所のウェブサイト上でも検索，閲覧が可能です[17]。

さらに，**国会答弁**は「国会会議録検索システム」[18]から，**パブリックコメント**（いわゆる「パブコメ」）は e-Gov[19]から，**審議会の資料**などは所管官庁のウェブサイトから検索，閲覧が可能です。

書籍，論文については，Google などの検索エンジンによる検索がこれらを探すのに役立つほか，「CiNii」[20]で書籍，論文などを検索することが可能です（さらには，「国立国会図書館サーチ」[21]や「カーリル」[22]などのリンクに飛ぶことで，蔵書検索も可能です）。

加えて，法律事務所などの**ニューズレター**（メルマガ配信限定のものを除きます）や**企業法務ポータルサイト**などの記事，**SNS** などの情報も，インターネットから検索，閲覧が可能です。

---

15 https://www.e-gov.go.jp/laws-and-secure-life/law-in-force.html
16 https://www.ppc.go.jp/personalinfo/legal/guidelines_thirdparty/
17 https://www.courts.go.jp/app/hanrei_jp/search1
18 https://kokkai.ndl.go.jp/#/
19 https://public-comment.e-gov.go.jp/pcm/1050
20 https://cir.nii.ac.jp/
21 https://ndlsearch.ndl.go.jp/
22 https://calil.jp/

2　リサーチのポイント　93

・判例検索サービス

判例検索サービスはいくつかありますが，主なものとしては，以下の4つで
す。

- TKC ローライブラリー（株式会社 TKC）
- D1-Law.com（第一法規株式会社）
- 判例秘書 INTERNET（株式会社 LIC）
- Westlaw Japan（トムソン・ロイター株式会社）

それぞれ特徴や強みがあり，また，掲載判例も異なるため，複数の判例検索
サービスを併用する場合が多いと思います。判例検索サービスにより閲覧でき
る対象は異なりますが，判例解説・判例評釈も検索，閲覧が可能です（オプ
ションとして別料金の場合あり）。一部のサービスでは，調査官解説も閲覧可
能です。

なお，法務省が民事裁判の全判決をデータベース化する計画を進めており，
これが実現した場合には，判例・裁判例リサーチの方法が大幅に変わる可能性
があります。

・その他の判例・裁判例の調べ方

上記で述べた判例検索サービスや裁判所ウェブサイトの他，判例・裁判例の
調べ方はいくつもあります。

まず，書籍，論文やメルマガ，ニューズレター，ポータルサイト上の記事，
個人ブログ，SNS の中で，判例・裁判例に言及されている場合があります。
特に，リサーチ対象となる法令の**コンメンタール**や当該法令に関する**基本書**，
実務書には，ある程度網羅的に関連する主要な判例・裁判例に言及されている
ことが多いでしょう。また，特定の法律の条文に関連する判例・裁判例を知り
たい場合には，『**判例六法**』（有斐閣）や『**判例六法 Professional**』（有斐閣）
も便利です。これらには，判例・裁判例の要旨が簡潔にまとまっているため，
そこから，より詳しく調べるべき判例・裁判例をピックアップすることができ

94　第3章　案件処理のポイント

ます。ただし，これらの書籍や論文，判例六法に掲載されている判例・裁判例の多くは，全文が載っているわけではないため，「(8)　原典に当たる」で述べたとおり，判例検索サービスなどを使って原典に当たる判例・裁判例を確認することが重要です。

　さらに，**判例雑誌**や**判例集**から判例・裁判例を調べる方法もあります。公式の判例集としては『最高裁判所民事判例集』（民集）や『最高裁判所刑事判例集』（刑集）などが，民間の判例集・判例雑誌としては『判例時報』（判時）や『判例タイムズ』（判タ）などがあります。**調査官解説**については，『法曹時報』に掲載された後，『最高裁判所判例解説　民事篇・刑事篇』に掲載されます。

・法律書籍のサブスクリプションサービス

　近年，法律書籍のサブスクリプションサービスとして，電子書籍化された法律書籍，法律雑誌を閲覧できるサービスが普及してきました。以下はあくまでもその一部ですが，紹介します。

- LEGAL LIBRARY（株式会社 Legal Technology）
- BUSINESS LAWYERS LIBRARY（弁護士ドットコム株式会社）
- Legalscape（株式会社 Legalscape）

　これらのサービスを活用することにより，書籍や法律雑誌をウェブ画面上で検索，閲覧することができます。電子書籍化されているため，検索ワードを打ち込むことで，複数の書籍を横断的に検索することも可能であり，この点は，紙の書籍で調べるよりも優位な点であると思います。

　これらのサービスは，それぞれ掲載書籍や機能が異なりますので，複数のサービスを併用することも有用でしょう。

・図書館

　法律書籍のサブスクリプションサービスの登場によって気軽に閲覧できる書籍の対象は広がりましたが，それでもまだ世の中に存在する書籍，論文などの

数と比較すれば，これらのサービスで閲覧できる書籍数はごく一部であり，また，掲載書籍の中には版が古いものも存在します。

そのため，**依然として，紙の本を参照する必要性は高いままであるといえます**。

紙の本については，企業や法律事務所で書籍や法律雑誌を所蔵している場合も多いでしょうが，それだけでは足りず，リサーチにおいては，図書館を利用することも多いと思います。

図書館を利用する場合には，上述した「国立国会図書館サーチ」や「カーリル」などの他，各図書館（弁護士であれば弁護士会図書館を含みます）の所蔵検索を利用して，事前に所蔵の有無を確認しておくとよいでしょう。

・照会，問い合わせ

電話などの方法により**直接所管省庁の担当者に問い合わせを行う方法**です。実務上もよく行われる手段の1つだと思います。

企業名を含む具体的な情報を明らかにして行う場合もあれば，企業名を明かさずに，また，提供する情報を限定して行う場合もあります。具体的な情報を明らかにして行うほうが事案に即した回答を得られる可能性は高いと考えられますが，実感としては，具体的な情報を明らかにしても，一般的・抽象的な回答しか得られないケースもあります。

聴取にあたっては，**照会事項に対する結論とその根拠や結論に対する例外の有無を確認します**。また，必ず，**担当者の所属部署名と名前の確認**も忘れないようにしましょう。

・その他

上記の他にも，リサーチ手段としては，いくつも考えられます。

たとえば，本書が想定する日常の法律相談ではそこまですることは稀であると思いますが，情報公開法[23]に基づく情報公開請求を利用する方法，法令適用事前確認手続（ノーアクションレター）を利用して照会を行う方法，グレー

---

23 行政機関の保有する情報の公開に関する法律。本書では，「情報公開法」といいます。

96 第3章 案件処理のポイント

ゾーン解消制度を利用することなどにより行政機関の解釈を知る方法などが考えられます。

また，特定の法解釈について，学者の先生から個別に意見書を取得する方法を用いることもあります。

さらには，他士業の専門分野が問題となる場合には，税理士や会計士，弁理士など，海外法令の解釈が問題となる場合には海外の弁護士などと連携してリサーチをすることもあります。

加えて，近時では，ChatGPT などの AI を使う方法も考えられるところです。これらの AI リサーチは，少なくとも現状では，あくまでも初期リサーチにしか使えないと思いますが，AI の発展は目覚ましいものがあり，今後，AI の発展によってリサーチの方法が大きく変わる可能性があります。

⑾　リサーチの程度

リサーチ対象による部分はあるものの，ここまで述べてきたとおり，十分なリサーチをするということは一般的に非常に大変な作業です。

どの程度のリサーチをするべきかは，法律相談の対象事項の事業へ与えるインパクトやリスク，当該案件の進捗段階（ヒアリングで相談者から聴取すべき事項を確認するためのリサーチとヒアリング後に成果物を作成するためのリサーチでは当然その程度は異なって然るべきです），場合によっては，納期，（特に外部弁護士であれば）費用感などによっても異なってくると思いますが，**最低限のリサーチとして，最高裁判例，調査官解説，ガイドラインなどの公開された所管省庁の見解，コンメンタールや基本書などの定番書のリサーチは必須でしょう**。たとえば，個人情報保護法の問題をリサーチする場合に，個人情報保護委員会の「個人情報の保護に関する法律についてのガイドライン（通則編）」[24]や「「個人情報の保護に関する法律についてのガイドライン」に関するQ&A」[25]を確認していなかったり，会社法の問題のリサーチをする場合に，江頭憲治郎『株式会社法　第9版』（有斐閣，2024年）や『会社法コンメンター

24　https://www.ppc.go.jp/personalinfo/legal/guidelines_tsusoku/
25　https://www.ppc.go.jp/personalinfo/faq/APPI_QA/

ル』シリーズ（商事法務）を確認していなかったりすれば，その時点でリサーチ不足といっても過言ではないと思います。なお，特に慣れない分野については，そもそも「定番書が何か」を知ることが難しいところもありますが，上司や先輩，同僚，友人に聞く，インターネット[26]で情報収集をするといった方法が考えられます。

また，少なくとも，新人のうちは，**できるだけ調べ尽くす意識を持つこと**が望ましいと考えます[27]。

⑿　新人の心構え

あなたが新人・若手で，上司と一緒に対応をする場合には，上司から指示を受けてリサーチを行い，また，リサーチの結果を上司に報告することになるでしょう。以下では，このように上司とともに業務を行う場合のポイントを解説します。

・前提事実を確認する

事実確認については，「第2章　初動のポイント」「2　ヒアリングのポイント」で述べたとおりですが，リサーチをしていく中で，**追加の事実確認が必要になること**は実際上よくあることです。このような場合，早い段階で，（必要に応じて上司を通じて，）**相談者に前提事実を確認してしまったほうがよい**でしょう。

新人のうちは，相談者に直接連絡を取ること，リサーチが終了していないのに上司に相談者への連絡を促すことに躊躇することもあるかもしれません。

しかしながら，事実がわからない状態のままでは，リサーチ対象を絞ることができず，本来必要のないリサーチにまで時間を取られてしまう可能性があります[28]。結果として，本来必要なリサーチに十分な時間を割くことができなくなるかもしれません。このような事態にならないよう，早めに前提事実を確定

26　至誠堂書店の「分野別スタンダード書籍」（https://ssl.shiseido-shoten.co.jp/items?category_id=1）が参考になります。

27　この観点からは，宇賀神崇先生の note「リサーチのやり方（新人弁護士向け）」（https://note.com/takashi_ugajin/n/ne7a0123770fc）が参考になります。

98　第3章　案件処理のポイント

したうえで，必要なリサーチに時間を割けるようにしておくべきです。

・検討対象から外した論点にも言及する

　上司にリサーチ結果を報告する際，あなたが「検討したうえで問題とならない」と考えた事項を報告対象から落とすという判断をすることがあるかもしれません。

　しかしながら，「(6)　広めに論点をさらう意識を持つ」で述べたとおり，リサーチにおいては，「検討すべき論点に漏れがないか」が非常に重要です。その論点について相談者に回答する際の成果物には記載しないという場合にも，あなたが検討した事項であれば，それは上司においても検討がされるべき事項である場合が多いはずです。上司が検討した結果，それが実は重大な論点であったという可能性も考えられるところです。

　そのため，成果物に記載しない場合でも，**上司への報告時には，「XX という論点については，〜という理由から問題とならないと考えました」などと一言添えておく**のがよいでしょう。

・「存在しない」ことのリサーチ

　リサーチにおいては，時に，リサーチ対象が「そもそも世の中に存在しない」場合があります。たとえば，「〜という判断をした裁判例がないか」ということを調べる場合などがこれに当たります。そのような裁判例は，そもそも世の中に存在しないかもしれないのです。

　実際のところ「存在しない」ことを調べることは非常に大変です。「見つからない」ことと「存在しない」ことは当然ながらイコールではありません。世の中に存在するすべての裁判例を調べることは事実上不可能であり，「存在しない」と言い切ることは時に困難です。

　そのような場合には，単に「見つかりませんでした」と報告するのではなく，**どのような検索ワードを用いて検索したかを合わせて上司に報告する**とよいで

28　その時点で事実を確定できないケースも存在し，その場合には，いくつかのパターンを想定して（場合分けをして），リサーチをすることが求められる場合もあります。

しょう（加えて，「●時間かけて，●個の裁判例に目を通した」ということも報告するとよいかもしれません）。このように報告することによって，上司においてもあなたのリサーチが適切なものであったか検証しやすくなります。

100 第3章 案件処理のポイント

3 回答・文書作成のポイント

(1) はじめに

　法律相談に対する回答においても，ここまで述べてきたことが妥当する部分がありますが，以下では特に法律相談における相談者への回答，および回答に伴う文書作成に絞ったポイントを解説します。

　なお，ここで述べる解説は，典型的には，「当社が～という行為を行うことは法律上問題ないか」といった法律相談に対して，相談者に回答する場面を想定したものです。したがって，ここで想定している「文書」は，法律相談に対する回答として相談者に示す文書であって，たとえば紛争相談において，紛争の相手方に送付する書面を想定したものではない点に留意してください（ただし，解説の一部は，相手方に示す書面の場合にも妥当する部分はあります）。紛争の相手方に送付する文書のポイントについては，「第4章　紛争相談対応におけるポイント」で解説します。

　また，契約案件の相談においては，契約書作成・レビューという形でアウトプットを行い，これがいわば「相談者への回答」に相当する場合が多いと思います。したがって，ここで述べる解説は，契約案件の相談のケースには妥当しない場合が多い点にも留意してください。契約書作成・レビューに関するポイントについては，「第5章　契約相談対応におけるポイント」で解説します。

(2) 法律相談における回答の形式

　法律相談に対する回答の形式は様々です。相談内容が簡単なものであれば，（口頭での相談の場合には）相談時にその場で回答する場合もありますし，また，メールやチャットなどで相談事項に対する回答を行う場合もあります。さらに，しっかりとした分析が必要な場合には，意見書[29]やメモランダム[30]という形で回答文書を作成することもあります。

　どのような形式での回答が望ましいかは，相談者において，法務担当者または外部弁護士の回答をどのように用いることが想定されているかによって異

なってきます。たとえば，相談者が，単純に結論が知りたいという場合には，形式は重要でなく，メールやチャット，場合によっては口頭での回答でも足りるでしょう。一方で，たとえば，相談者において，取締役会決議に用いるため，または，第三者に提出するための法的見解が欲しいというような場合には，意見書などの形式を伴った書面での対応が必要となることが多いと思います。

(3) 意見書・メモランダムの構成例

本書が想定するような日常の法律相談対応の場合，意見書やメモランダムの形式で回答する場面はむしろ稀なケースかと思います。もっとも，**まずは完全な形式の書面の書き方を知ったうえで，必要に応じて不要な部分を削っていくという考え方をする**ことがよいのではないかと考え，ここでは意見書・メモランダムの構成例を紹介します。

意見書やメモランダムの構成は，様々なパターンがありえるものの，概ね以下のような構成の場合が多いでしょう。なお，各項目の順番は，意見書やメモランダムによって前後する場合があります。また，検討事項が複数にわたる場合，検討事項ごとにそれぞれ「検討結果」と「検討内容」を記載する場合もあります。

---

29 「意見書」または「法律意見書」と呼ばれるものの中には，特定の事項を証明または確認する目的で作成されるもの（例として，現物出資に関する意見書，ファイナンス案件において金融機関に提出する意見書など）があります。本書では，「意見書」という場合，これらの意見書ではなく，法律相談における質問事項について相談者に回答する目的で作成する意見書を想定しています。

30 上記の意味での「意見書」であれば，「意見書」と「メモランダム」とで大きな意味の違いはなく，本書においても，「意見書」と「メモランダム」とで特に使い分けをしないこととします。もっとも，一般的には，「意見書」のほうがより形式ばった書面を指して用いられている用語という印象があります。

102　第3章　案件処理のポイント

【意見書・メモランダムの構成例】

```
                                          ●●●●年●月●日
  ●●株式会社御中

                                          ●●法律事務所
                                          弁護士　●●●●

                        タイトル

  1　検討事項
      ・・・・・

  2　前提事項
      ・・・・・

  3　検討結果
      ・・・・・

  4　検討内容
      ・・・・・

  5　留保事項
      ・・・・・

                                                    以上
```

　以下，各項目について解説します。なお，上記で述べたように，まずは完全な形式の書面の書き方を知ってもらうという趣旨で構成例を紹介するものであり，意見書またはメモランダムにおいて，常に必ずこれらの項目をすべて記載しなければならないというものではありません。意見書，メモランダムを用いる場面や目的などに応じて，適宜，項目の一部を省いたほうがよい場合もあります。

・タイトル

　意見書，メモランダムにタイトルを付します。

タイトルを，単に「意見書」，「メモランダム」とする場合もありますが，本書が想定する法律相談における質問事項に対して回答する目的で作成する意見書，メモランダムにおいては，その内容がわかりやすくなるように，**意見書，メモランダムの概要を示すようなタイトル**（例：「A社からの請求に関する当社の賠償責任について」，「●●プロジェクトにおける法的問題点の検討」）を付すとよいでしょう。

・検討事項（質問事項）

意見書，メモランダムにおける**検討対象となる事項**を記載します。

例として，「当社が賠償責任を負う可能性」，「当社が賠償責任を負う場合の賠償責任の範囲」や「●●プロジェクトにおいて～を実施することは，XX法に抵触しないか」などと記載します。法律相談においては，相談者からの質問事項がそのまま検討事項になる場合も多く，「質問事項」と記載することでもよいでしょう。

このように，検討対象となる事項をきちんと記載することは，相談事項について，相談者との間で認識の齟齬がないかを確認することにもつながります。

・前提事項（前提事実，前提条件，検討対象資料，検討範囲，検討方法，検討目的）

法律問題は前提事実が異なれば結論も異なってくる可能性が高いのが通常です。したがって，意見書，メモランダムには，検討にあたって前提とした事実，条件，資料などを記載するのが一般的です。また，検討対象範囲（スコープ）が無限定になることを防止するために，検討範囲や検討方法などを記載する場合もあります。さらに，検討の仕方は，検討目的との兼ね合いで変わってくることもありますので，検討目的を記載する場合もあります。

これらは，検討の前提事項を明確にする趣旨もありますが，後述の「留保事項（ディスクレーマー，免責事項）」同様，弁護士の責任範囲を限定する趣旨が含まれる場合もあると思います。

ここで，特に，**前提事実についてもう少し解説を加えます。**

法学部や法科大学院での試験，あるいは，予備試験や司法試験などの試験に

104 第3章 案件処理のポイント

おいては，事実関係が問題文として記載されており，その事実の存在が所与の前提とされています。一方で，実務においては，しばしば，**事実認定の問題が存在します**。この点は，これらの試験と実務における決定的な違いといえます。

したがって，実務においては，**相談者から聞いた事実関係をそのまま前提事実としてよいとは限らず，当該事実関係について裏づけとなる資料の有無および強弱を確認，検討する必要があります**[31]。ある事実について，裏づけがない，または弱い場合，意見書中においてもそのことを指摘しておきましょう[32]。また，ある事実の存否が（その時点で）確定できず，かつ，その事実の存否がその後の検討に影響を及ぼす場合であれば，想定される事実関係のパターンを場合分けして論じることが必要になります[33]。

• 検討結果（質問事項に対する回答，結論）

検討事項に対する結論を記載します。「質問事項」との関係でいえば「回答」に当たる部分です。検討事項ないしは質問事項に対する結論を端的に記載するようにするとよいでしょう。

例として，「当社が賠償責任を負う可能性が高いものと思料する」，「A社請求に係る損害費目のうち，実費に相当する部分（▲▲円）は，当社が賠償責任を負う範囲に含まれる可能性が高い。一方で，逸失利益に相当する部分（■■円）は，当社が賠償責任を負う範囲には含まれない可能性が高い」や「●●プロジェクトにおいて～を実施することは，XX法に抵触しないものと思料する」などと記載します。ここで，結論を断定できるのであれば，もちろん断定的な表現を用いるべきですが，法的問題については結論が断定できない場合も

---

31 意見書中では必ずしも言及する必要はないと思いますが，立証構造（主要事実，間接事実，補助事実，直接証拠，間接証拠の区別など）も意識しておくべきでしょう。
32 意見書中の「どこに書くべきか」は時に悩ましいですが，「前提事実」としては，裏づけのある事実のみを記載し，後述の「・検討内容（結論に至る理由）」（典型的には，「Ⅳ 本件への当てはめ」）において事実認定の問題を指摘，検討する方法が考えられます。
33 この点も，主として，後述の「・検討内容（結論に至る理由）」で検討すべき場合が多いと思いますが，その事実の存否によって，検討対象となる法律や条文，要件から変わってしまうような場合には，「Ⅳ 本件への当てはめ」において場合分けして論じるのではなく，「・検討内容（結論に至る理由）」の冒頭において事実認定の問題を指摘，検討したうえで場合分けして論じていくやり方がよいでしょう。

多く，「可能性が高い」などの表現になることもやむをえない場合が多いでしょう。

なお，「(8)　結論から述べる」で後述するように，**検討結果を，検討内容より先に記載することで検討内容について読み手に予測可能性が立ち，読みやすい文書になります。**

・検討内容（結論に至る理由）

検討内容，すなわち，上記「・検討結果（質問事項に対する回答，結論)」に至る根拠，ロジックを記載します。

検討内容の記載方法は，当然，検討事項によって異なってきますが，「●●プロジェクトにおいて〜を実施することは，XX法に抵触しないか」といったような特定の法律の適用が問題となるような相談内容の場合であれば，以下のような構成とすることが一般的なやり方の1つです[34]。

【検討内容の構成例】

Ⅰ法律の条文の指摘　→　Ⅱ本件で問題となる要件の指摘　→　Ⅲ当該要件の解釈（規範の定立）　→　Ⅳ本件への当てはめ　→　Ⅴ結論

少し抽象的で難しいと思いますので，例として，法律を勉強したことのある人であれば馴染みがあるであろう不動産の二重譲渡の例で説明します。

以下の事案を読んでみてください。なお，前述のとおり，実際の事案では，事実認定の問題が存在しますが，ここではひとまず「事案」に記載された事情が所与の前提であると考えてもらって構いません。

34　ただし，個別の要件とは離れて解釈が問題となる場合もあり，このような場合には，必ずしもこの構成が当てはまらないことがあります。たとえば，ある条文の類推適用が問題となる場合には，「Ⅰ法律の条文の指摘→Ⅱ条文の要件を満たさないことの指摘（当てはめ）→Ⅲ（類推適用される場合があることを指摘したうえで，どのような場合に類推適用がされるかという観点からの）解釈→Ⅳ本件への当てはめ→Ⅴ結論」という構成のほうがよいでしょう。

【事案】

> 甲が乙から山林を買い受けて二三年余の間これを占有している事実を知つている丙が，甲の所有権取得登記がされていないのに乗じ，甲に高値で売りつけて利益を得る目的をもつて，右山林を乙から買い受けてその旨の登記を経た[35]。この場合，甲は，丙に対して，当該山林の所有権取得を対抗できるか。

　なお，「第2章　初動のポイント」「2　ヒアリングのポイント」「(2)　関係者を把握する」で述べた図式化を用いる場合，たとえば，以下のように記載することができます。

【図式化の例】

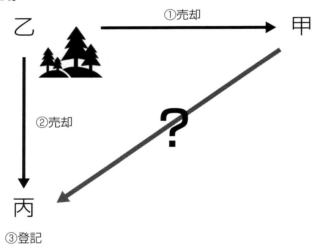

　上記の事案をもとに，Ⅰ～Ⅴまでを記載すると以下のように記載することができます。

---

[35]　裁判所ウェブサイト「裁判例結果詳細」（https://www.courts.go.jp/app/hanrei_jp/detail2?id=54084）の「裁判要旨」より引用。

3　回答・文書作成のポイント　107

Ⅰ　法律の条文の指摘

　民法177条は，「不動産に関する物権の得喪及び変更は，不動産登記法（平成16年法律第123号）その他の登記に関する法律の定めるところに従いその登記をしなければ，第三者に対抗することができない」と定めている。

Ⅱ　本件で問題となる要件の指摘

　そのため，丙が民法177条の「第三者」に当たるのであれば，甲は，山林（以下「本件山林」といいます）の所有権を丙に対して対抗することはできない。そこで，丙が同条の「第三者」に当たるか，「第三者」の解釈が問題となる。

Ⅲ　当該要件の解釈（規範の定立）

　判例（最判昭和43年8月2日民集22巻8号1571頁）によれば，「実体上物権変動があつた事実を知る者において右物権変動についての登記の欠缺を主張することが信義に反するものと認められる事情がある場合には，かかる背信的悪意者は，登記の欠缺を主張するについて正当な利益を有しないものであつて，民法177条にいう第三者に当らない」とされている。

Ⅳ　本件への当てはめ

　本件では，甲が乙から本件山林を買い受けて23年余の間これを占有している事実を知っている丙が，甲の所有権取得登記がされていないのに乗じ，甲に高値で売りつけて利益を得る目的をもって，本件山林を乙から買い受けてその旨の登記を経たという事情がある。かかる事情は，前記判例の事案と酷似しており，本件における丙も背信的悪意者として，民法177条の「第三者」に当たらないものと考えられる。

Ⅴ　結論

　したがって，甲は，登記なくして，本件山林の所有権取得を丙に対抗することができる。

　Ⅰ～Ⅴまでの記載内容につき，具体的なイメージがつかめたところで，Ⅰ～Ⅴについて，1つずつ解説をしていきます。なお，このように，規範に事実を当てはめて，結論を導く手法を「法的三段論法」といいます。

Ⅰ　法律の条文の指摘

　まず，法律問題，特に法解釈についての検討は，**法律の条文の検討から入ることが大原則**です[36]。したがって，まずは，当該検討事項に適用されるべきⅠ

36　ただし，信義則（民法1条2項）などの一般条項や判例法理などに基づき，個別の条文から離れた解釈が問題となる場合（例として，いわゆる「継続的契約の法理」など）があることを否定する趣旨ではありません。

108　第3章　案件処理のポイント

法律の条文を指摘します。

　条文からストレートに検討事項に対する結論が導かれるような単純な事案の場合には，検討内容の記載として，Ⅰ法律の条文の指摘とⅣ本件への当てはめをするだけで，Ⅴ結論を導ける場合もありますが，そうでない場合には，以下に述べる解釈論を記載します。

Ⅱ　本件で問題となる要件の指摘

　当該検討事項に適用されるべきⅠ法律の条文を指摘した後は，当該条文においてⅡ本件との関係で問題となる要件を指摘します。

　なお，問題となる要件が複数ある場合には，要件ごとに分けて，以下に述べる解釈論を記載する形がよいでしょう。

Ⅲ　当該要件の解釈（規範の定立）

　次に，Ⅲ当該要件についての解釈論を記載します。

　法解釈については，一般的に，最高裁判例があるような場合には，原則として，最高裁判例の解釈が最も権威のある解釈になります（本章「2　リサーチのポイント」「(9)　リサーチの対象」参照）。したがって，**最高裁判例がある場合には，最高裁判例に言及することは，原則として，必須**といえます。その後，通達やガイドライン，下級審裁判例，学説などを検討のうえ（本章「2　リサーチのポイント」「(9)　リサーチの対象」参照），根拠となりうるものを記載していく形になります。これらの解釈論を検討したうえで，**当該要件における解釈の結論部分（規範）**を導き出します。解釈について確立した判例や所管省庁のガイドラインなどがなく，さらに，学説の対立があるような場合には，どの解釈を採用するか難しいところであり，解釈論についてより丁寧な検討が求められます。案件によっては学者の先生から意見を聞くケースもありますが，本書が典型的に想定するような日常の法律相談においてそこまですることはむしろ稀でしょう。そこで，各学説の論拠や裁判例などを分析したうえ，相対的に有力と考えられる解釈（規範）を採用することになると思います。ただし，このような場合には，裁判所や監督官庁が，当該意見書が依拠した法解釈と異なる解釈を採るリスクが相当程度存在することになりますので，意見書中においてもそのことをきちんと指摘しておくべきです。

　また，解釈論の記載の中に，（部分的に）私見が入る場合もあります。たと

えば，問題となっている解釈について，過去の裁判例などが存在しない場合には，類似のケースにおける判例や学説などを根拠としつつも，解釈の結論を導くためには私見を入れざるをえません。このような場合には，**どこまでが判例などから導かれる結論を記述した部分で，どこからが私見を述べた部分であるかの区別が明確となるように記述する**ことを意識しましょう。

Ⅳ　本件への当てはめ／Ⅴ　結論

最後に，上記解釈論から導き出した解釈の結論部分（規範）に，**Ⅳ本件の事実を当てはめて，Ⅴ結論を導きます**。

当てはめにおいては，**事実と評価の違いを意識する**とよいでしょう。たとえば，先ほど挙げた「不動産の二重譲渡の例」では，「Ⅳ　本件への当てはめ」で，裁判要旨を引用して，「甲に高値で売りつけて利益を得る目的をもって」という記載をしていますが，「高値」というのは，事実ではなく，評価といえます。したがって，実際の事案で当てはめを行う場合には，たとえば，「丙は，甲に対して，１億円で本件山林を購入しないか持ち掛けた」，「本件山林の査定額は，５千万円であった」というような事実[37]が基礎となって，「高値」という評価が導かれるこことなります。このように，評価を記載する場合には，**その評価の基となった事実をきちんと記載する**ようにしましょう。

また，たとえば，上記の解釈論の検討において，裁判例を根拠とした場合，本件の事情と当該裁判例の事情とが必ずしも一致しないというケースは少なくありません。そのような場合，当てはめに際しては，本件と裁判例との事情で異なる部分はどこなのか，異なる事情がある場合に同じ結論を導くことは可能なのか，同じ結論を導くことが可能だと考えるとしてその理由は何なのか，といった点を意識した記載を心がけるとよいでしょう。

さらに，相談者から聴取した事実関係について，資料などと照らし合わせた結果，裏づけが不十分であると考える事実がある場合には，その事実の当てはめをする際にも，その点に言及しておく必要があります。

37　なお，実際の判例の事案における事実とは異なります。

110　第3章　案件処理のポイント

• 留保事項（ディスクレーマー，免責事項）

　特に外部の弁護士が作成する意見書，メモランダムにおいては，本来想定されていた目的以外の用いられ方をしないよう，また，弁護士が想定外の責任を負うことのないように，一定の留保事項が付されることが多いと思います。どのような留保事項をつけるべきかは，その意見書，メモランダムをどのような目的で作成するかによって異なってきますが，以下に一例を紹介します。

【留保事項（ディスクレーマー，免責事項）の例】

　5．留保事項等
　　上記「3」記載の「結論」及び上記「4」記載の「検討」に記された意見は，以下の留保，限定又は前提条件に従うものである。
　（1）　当職らは，本意見書において，税務上の問題について，何らの意見を述べるものではない。
　（2）　当職らは，日本国の弁護士としての資格において，頭書の日付現在効力を有する日本法令に基づいてのみ本意見書中の意見を述べるものである。
　（3）　本意見書は，本意見書中に記載された事項に厳格に限定して解釈されねばならず，本意見書において明示的に述べられていないいかなる事項についても，類推又は拡大解釈されてはならない。
　（4）　本意見書は，貴社の要請に基づき，貴社における本●●についてのみ用いられるものであって，それ以外のいかなる目的にも用いられてはならず，当職らの事前の書面による同意なくして第三者（●●を除く。）に開示することは許されない。また，貴社以外のいかなる者に対しても当職らは本意見書に関して何らの責任を負わず，また，貴社以外のいかなる者も本意見書に依拠することは許されない。

---

(4)　メール回答の構成例

　メール，チャットで法律相談に対する回答を行う場合，上記「(3)　意見書・メモランダムの構成例」で述べた**すべての項目を記載することはむしろ適切でない場合が多い**と思います。特に，日常の法律相談においては，「留保事項（ディスクレーマー，免責事項）」については記載しない場合が多いでしょう。また，「前提事項（前提事実，前提条件，検討対象資料，検討範囲，検討方法，検討目的）」についても，前後の文脈から前提事実が明らかな場合には省略し

てよいですし，「おうかがいしているご事情を前提とする限り」などの留保をつけて回答することもあります。さらには，「検討事項（質問事項）」についても，検討事項が単一かつ明らかな場合などには，あえてそれらを記載しなくてよい場合もあります。

　そのため，最もシンプルな場合には，以下のように，「検討結果（質問事項に対する回答，結論）」および「検討内容（結論に至る理由）」のみ記載する形となります。また，「検討結果（質問事項に対する回答，結論）」および「検討内容（結論に至る理由）」の記載も，意見書・メモランダムの記載に比して，簡潔な記載にとどめる場合が多いでしょう。

【メール回答の構成例】

　お世話になっております。
　ご質問の件について，検討させていただきましたので，以下のとおり回答させていただきます。
　（検討結果（質問事項に対する回答，結論））
　結論：●●を実施することについて，▲▲法に抵触する可能性は低いと考えます。
　（検討内容（結論に至る理由））（Ⅰ法律の条文の指摘，Ⅱ本件で問題となる要件の指摘）
　理由：▲▲法△条には「○○」と定められており，▲▲法ガイドラインによれば，「○○」は，「■■」のことをいうと解説されております。
　　　　（Ⅲ当該要件の解釈（規範の定立））
　本件の●●については，～であることから，■■に該当しないものと思料します。　（Ⅳ本件への当てはめ）
　　したがって，●●を実施することについては，「○○」に該当せず，▲▲法に抵触する可能性は低いと考えます。（Ⅴ結論）

　ご不明な点等ございましたらお気軽にお問い合わせください。

（署名欄）

(5)　どの程度詳細に回答をすべきか

　では，回答をどの程度詳細に記載すべきかは，どのように判断すればよいの

でしょうか。ここでも，「(2) 法律相談における回答の形式」で述べた，「相談者が，法務担当者または外部弁護士の回答をどのように用いることが想定されているか」が，重要な判断指標になってきます。

　相談者が，単純に結論が知りたいという場合には，簡潔に結論を示せば足りるでしょう。一方で，相談者が，自身でも結論に至るロジックを確認したい，または，自身としても勉強したいという場合には，根拠，すなわち，「検討内容（結論に至る理由）」の部分もきちんと説明を記載する必要があります。ケースバイケースではあるものの，前者は相談者が経営者や事業部門の場合に，後者は相談者（の窓口）が法務担当者の場合によく想定されるケースです。

　さらに，相談者が，その回答をどのように使用するかが具体的に想定できる場合には，その**使用態様に合わせた回答を行うべき**です。たとえば，あなたが外部弁護士で，相談者が，「社内共有資料に弁護士の回答を転載したい」と言っている場合，前提知識を共有していない人が読んでもわかるように必要な情報を記載しておくといったことや，社内資料にそのままコピー＆ペーストできるような言い回しとボリュームで回答メールを作成するといった工夫をすることが望ましいといえます。

(6)　出典をどこまで示すべきか

　「検討内容（結論に至る理由）」を記載するにあたって，出典，すなわち，結論に至るうえで根拠とした条文や判例，ガイドライン，文献などの参考資料をどこまで示す必要があるかについても，やはり，「**相談者が，法務担当者または外部弁護士の回答をどのように用いることが想定されているか**」によって変わってきます。たとえば，監督官庁への対応の相談の場合には，実際にその書面を当該官庁に提出する場合はもちろん，そうでない場合にも，出典も含めて詳細な根拠が必要になります[38]し，反対に，社内における内部参照資料であれば（上記のとおり，誰が参照することを想定しているかなどによって変わって

38　信頼性のある根拠を持って結論を導き出す必要性については，本章「2　リサーチのポイント」で述べたとおりですが，上記のようなケースの場合，出典となる資料についても，通達やガイドラインなど，特に信頼性の高いものでなければ，説得力を持たない可能性が高いと思います。

3　回答・文書作成のポイント　113

くるものの），結論だけわかればそれで足り，出典までは不要という場合もあるでしょう。

　また，相談者が法的素養のある人であれば出典も含めて詳細な根拠を記載することが好まれる傾向があると思いますし，反対に，法的素養の乏しい人に対して出典を示すことはかえって「わかりにくい」と思われる可能性もあるところです。

　さらに，本章「2　リサーチのポイント」「(7)　信頼性のある根拠を持って結論を導き出す」で述べたとおり，たとえば初期的なリサーチにネット記事などを用いたとしても，相談者に対して，このようなネット記事を根拠として提示することは適切ではない場合が多いと思います。

　なお，上司などと複数人で対応する場合には，（相談者に対する回答にはその出典情報を含めない場合であっても，内部参照用として）**検討に際して参考にした資料をきちんと共有しておくことは必須**といえます。

(7)　回答の実例

　以下では，シンプルな法律相談を例に，メールで回答する場合の実例を紹介します。以下の例では，相談者（法務担当者）から，外部弁護士宛てに，メールでの法律相談があった場合を想定しています。

【相談メール】

当社 EC サイト経由でお客様から注文を受けた商品を配送するために，宅配業者に，お客様の住所・氏名情報を提供したいと考えているのですが，法的に問題はありませんか？

【回答例】

　お世話になっております。
　ご質問の件について，検討させていただきましたので，以下のとおり回答させていただきます。

検討結果（質問事項に対する回答，結論）
結論：
　貴社が EC サイト経由でお客様から注文を受けた商品を配送するために，宅配

114　第3章　案件処理のポイント

業者に，お客様の住所・氏名情報を提供することについては**法的に問題がない**と考えます。

（検討内容（結論に至る理由））

検討内容：

- 問題となる法律

　ご相談の件では，お客様の住所・氏名情報を，貴社以外の者に提供するということですので，**個人情報保護法**が問題になる可能性がございます。

- 個人情報保護法の規定　　　　（Ⅰ法律の条文の指摘）

　この点，個人情報保護法では，「個人情報取扱事業者は，次に掲げる場合を除くほか，あらかじめ本人の同意を得ないで，個人データを第三者に提供してはならない。」（個人情報保護法第27条第1項）と定められております。したがって，お客様の同意なく，住所・氏名情報を貴社以外の者に提供することはできない，というのが原則になります。

　もっとも，個人情報保護法には，<u>「個人情報取扱事業者が利用目的の達成に必要な範囲内において個人データの取扱いの全部又は一部を委託することに伴って当該個人データが提供される場合」</u>には，当該個人データの提供を受ける者は個人情報保護法第27条第1項でいう<u>「第三者」</u>に該当しないものと定められております（同法第27条第5項第1号）。（Ⅱ本件で問題となる要件の指摘）

　　　（Ⅲ当該要件の解釈（規範の定立））

- ガイドラインの内容

　そして，個人情報保護委員会が出している「個人情報の保護に関する法律についてのガイドライン（通則編）」（https://www.ppc.go.jp/personalinfo/legal/guidelines_tsusoku/）の「3-6-3　第三者に該当しない場合（法第27条第5項・第6項関係）」においては，「個人情報取扱事業者が利用目的の達成に必要な範囲内において個人データの取扱いの全部又は一部を委託することに伴って当該個人データが提供される場合」の**具体例として**，<u>「百貨店が注文を受けた商品の配送のために，宅配業者に個人データを提供する場合」</u>が挙げられております。　（Ⅳ本件への当てはめ）

- 本件について

　ご相談の件は，百貨店かECサイトかという違いはあるものの，<u>**宅配業者に個人データを提供する**という提供態様の点でまさにこの具体例のケースと共通しております</u>。そのため，貴社が，宅配業者に，お客様の住所・氏名情報を提供する行為は，「個人情報取扱事業者が利用目的の達成に必要な範囲内において個人データの取扱いの全部又は一部を委託することに伴って当該個人データが提供される場合」（同法第27条第5項第1号）に該当し，**宅配業者は，個人情報保護法第27条第1項でいう「第三者」に該当しない**ものと考えることができます。

　したがって，貴社が，宅配業者に，お客様の住所・氏名情報を提供したとし

ても，個人情報保護法第27条第1項に違反するものではなく，法的に問題がないと考えます。 V 結論

以上につき，ご不明な点等ございましたらお気軽にお問い合わせください。

（署名欄）

　なお，厳密には，個人情報保護法27条1項における「個人情報取扱事業者」[39]という要件への該当性や「個人データ」[40]という要件への該当性も問題となりえますが，本件の相談の文脈からして，本件がこれらの要件に該当することは明らかであり，あえてその検討は回答に含めていません。また，そもそも個人情報を適正に取得しているのか，（取得時に通知・公表した利用目的との関係で，）取扱いの態様が利用目的の達成に必要な範囲内といえるのか，といった，相談者が必ずしも意識していない前提問題についても，必要に応じて確認すべきでしょう。

(8)　結論から述べる

　口頭で回答する場面でも，メールやチャットなどで回答する場面でも，理由の説明が一言で終わる場合などを除き，**検討内容（結論に至る理由）の説明に入る前に結論を述べる**ように心がけるとよいでしょう。
　話の聞き手・文書の読み手は，結論がわからないままに話を聞き，あるいは文書を読んでいると，その話の方向性がわからず，説明の内容が頭に入ってきにくい場合があります。結論を先に示されることで，聞き手や読み手は，話の方向性を予測することができ，内容を理解しやすくなります。

(9)　原則論から述べる

　回答が，原則と例外からなる場合には，**いきなり例外の検討に入らずに，まずは原則論から述べる**べきです。たとえば，「(7)　回答の実例」においても，

39　個人情報保護法16条2項
40　「個人データ」とは，個人情報データベース等（個人情報保護法16条1項参照）を構成する個人情報（同法2条1項参照）をいいます（同法16条3項）。

116　第3章　案件処理のポイント

「お客様の同意なく，住所・氏名情報を貴社以外の者に提供することはできない，というのが原則」という点を指摘したうえで，例外（この例では，個人情報保護法27条5項）に該当しないかを検討しています。

　このように原則論から述べることで，もし例外に該当しなかった場合の原則的帰結を示すことができますし，問題の所在がより明確になります。

⑽　わかりやすい日本語で書く

　法律相談対応に限ったことではありませんが，企業の法務担当者であっても，外部の弁護士であっても，わかりやすい日本語で文書を書くことは極めて重要です。以下では，極めて基本的な事項のみ解説しますが，わかりやすい文書ないし法律文書の書き方については，それを解説する書籍も豊富にありますので，そのような書籍[41]を参考にすることもよいでしょう。

・一文を短くする

　長い文はそれだけで意味が取りづらいものです。長くてもわかりやすく書けるのであればそれでも構いませんが，「読んでわかりづらい」と感じた場合には，**文を分解して一文を短くしてみる**とよいでしょう。よくワンセンテンス・ワンミーニングなどと言われますが，（内容をぼかす意図などから，あえて一文を長く書く場合はあるものの，）1つの文には1つの意味内容にするように心がけることも一案です。

・主語と述語の対応

　これも極めて基本的なことですが，**主語と述語がきちんと対応しているか確認する**ようにしましょう。なお，特に一文が長くなると，主語と述語の対応関係にずれが生じやすくなりがちなので，「一文を短く」することで，そもそもずれが生じにくくなります。

41　白石忠志『法律文章読本』（弘文堂，2024年），野矢茂樹『新版　論理トレーニング（哲学教科書シリーズ）』（産業図書，2006年），野矢茂樹『論理トレーニング101題』（産業図書，2001年），田中豊『法律文書作成の基本　第2版』（日本評論社，2019年）など。

3 回答・文書作成のポイント 117

・接続表現を活用する

　接続詞や接続助詞などの接続表現をうまく活用することは，読みやすい文書の基本です。**接続表現によって，文の前後の論理関係が明確になることで，読み手は内容を予測しながら読み進められることになり**，内容を理解しやすくなります。

　以下に代表的な例を挙げます。

　前の文が理由で後の文でその帰結（結論）を導く場合は，「したがって」，「そのため」，「以上から」などを用います。このように理由と帰結の関係を表す場合には，接続助詞である「〜から」，「〜ので」，「〜ため」などを用いる場合もあります。

　また，前の文と対立する事柄を述べる場合には，「しかし」，「しかしながら」などを用います。

　さらに，前の文に説明を加える表現としては，理由を説明する場合の「なぜなら」，例を説明する場合の「たとえば」，言い換えを行う場合の「すなわち」，「つまり」，「要するに」，補足を行う場合の「なお」，「もっとも」，「ただし」などがあります。「もっとも」や「ただし」は，その用法が一見すると「しかし」と似ているように見えますが，前の文に補足して説明を加える場合に用いられる接続表現であり，主張の力点は，あくまでも前の文のほうに置かれています。

　そして，2つ以上の事柄を並列または列挙したいときには，「また」や「次に」などを用います。自分なりのルールとして，たとえば，3つのときは，「まず」，「次に」，「さらに」，4つ以上になる場合には「第1に」，「第2に」，「第3に」，「第4に」などという形で列挙する際のルールを決めておくのもよいでしょう。

　この他，前の事柄に別の事柄を添加する場合の「そして」，「加えて」，前後の事柄を対比・比較する場合の「一方で」，「反対に」などもよく使います。

　なお，接続助詞である「〜が」は，順接と逆接のいずれにも使われうるため，一読して意味が取りづらく，極力使用は避けたほうがよいと思います。また，「〜であるところ」なども文の前後の関係がはっきりしないため，前後の関係をあえてぼかしたいといったような場合以外は，使用を避けたほうがよいで

118　第3章　案件処理のポイント

しょう。

● 一定のリズムで書く

　上記の接続表現で述べたことと同じように，「一文をどのように組み立てるか」についても自分なりのルールを決めておくとよいでしょう。

　たとえば，「Aは，Bに対し，2024年12月5日，時計を1万円で売った」という文と，「Aは，2024年12月5日，Bに対し，1万円で時計を売った」という文を比較してみましょう。これらの文は，語順は違いますが，その意味内容は同じです。もっとも，文ごとに語順の組み立てを考えるのは書き手にとっても負担ですし，また，文ごとに語順が違うと読み手からしてもまとまりのない文章に見えてしまう可能性があります。

　そこで，自分の中で前者の順，すなわち，「●は，●に対し，●年●月●日，～を～で～した」という順で書くというルールを決めておくのです。また，似たような話として，能動態でも受動態でも書くことができる文の場合には，できるだけ能動態を用いて書くようにするというルールを決めておくといったことも考えられます。

　このように「一文をどのように組み立てるか」について，自分なりのルールを決めておくことで，書き手としても行き当たりばったりで文を書くことがなくなり，より内容面に意識を向けて文書を書くことができますし，また，文書全体が一定のリズムで書かれることになる結果，読み手にとっても読みやすい文書になることが期待できます。

　なお，もちろん「ルールから絶対に外れるな」という趣旨ではありません。依るべき基準を設けておき，適宜そこから（あえて）外れることで，よりわかりやすい文書を書くことができるようになると思います。

● （法律用語を含めて）正しい日本語を使う

　日常のやりとりであれば，意味さえ伝われば十分であり，厳密な用語の正確性まで指摘をすることはむしろ「細かすぎる」と思われるかもしれません。しかしながら，**法律文書においては，日本語の正確性こそが文書の生命線**といっても過言ではありません。

そのため，法律文書においては，法律用語を含めて，正しい日本語を使うように強く意識しましょう。たとえば，法律上は，「取消し」と「無効」では，その用語が持つ意味内容は異なります[42]ので，正確に使い分ける必要があります。この他，典型的に問題となりやすい法律用語については，「コラム⑧：「及び」「並びに」「又は」「若しくは」の使い分け」および「コラム⑨：押さえておくべき法律用語」を参照してください。

また，たとえば，「及び」と「および」が混在しているといったような，いわゆる表記ゆれのないように注意しましょう。法律の世界では，同じ意味の用語は同じ用語で表現するのが通常であり，違う用語で表記されていることによって，それらが異なる意味を持つことを示唆していると捉えられてしまう可能性があります。

なお，たとえば，「通り」と「とおり」のどちらとすべきかなど表記方法に迷う場合には，公用文の使い方[43]を参考にすることが考えられます。

• 法律用語の使用

書面において専門的な法律用語を使用してよいかは，時に悩ましいところです。これについても，結局のところ，「相談者が，法務担当者または外部弁護士の回答をどのように用いることが想定されているか」，より具体的には，**その書面を誰が読むことが想定されているかによって判断**すべきです。法的知識が十分にない相談者に送る書面には，たとえば「契約不適合」や「瑕疵」などの一般に使用されることが少ない用語は，使用を避け，または，使用する場合には説明を付して記載するべきです（もちろん，たとえば相手方弁護士に送付する書面を相談者に確認してもらう場合などは，その書面自体に法律用語が使

42　民法改正（民法の一部を改正する法律（平成29年法律44号）に基づく改正。以下「改正前民法」という場合には，同改正前の民法を指すこととします）前は，民法95条の錯誤についての「無効」は，「取消的無効」などと呼ばれ，「取消し」と「無効」の区別が曖昧な部分もありましたが，現行民法においては，錯誤については，「取り消すことができる」とされ（民法95条１項），一部，用語の整理がされています。

43　文化審議会「公用文作成の考え方（建議）」(https://www.bunka.go.jp/seisaku/bunkashingikai/kokugo/hokoku/pdf/93651301_01.pdf)，ぎょうせい公用文研究会編『最新公用文用字用語例集 改定常用漢字対応 増補版』（ぎょうせい，2022年）などを参照することが考えられます。

用されていることはやむをえません。ただし，この場合にも用語の意味を説明するコメントを付すなどの方法で，相談者にもその内容がわかりやすいように工夫しておくべきでしょう）。この点は，「第1章　概観」「4　全体に共通するポイント」「(6)　相談者の立場に立って物事を考える」で述べた考え方が妥当するところです。

(11)　一文一文に細心の注意を払う

法律文書を書く場合には，**一文一文に細心の注意を払って書く意識を持つべ**きです。

「なぜこの一文を書いたのか」，「なぜこの用語を選択したのか」，「なぜこの表現を採ったのか」といった事項について，すべての文においてきちんと説明ができるくらいの意識でちょうどよいのではないかと思います。

また，その一文が，自分が意図したことと異なる意味で捉えられる可能性がないか，想定される読み手の知識量や理解度からして一読して理解できるものとなっているかといった事項を，一文ごとに複数回読み返して確認することも重要です。

(12)　視認性を高めるための工夫

形式ばった書面であればあまり行わないほうがよい場合もありますが，メールでの回答や（形式ばったものではない）意見書・メモランダムであれば，**文書の視認性を高めるために，様々な工夫をする**とよいでしょう。

たとえば，ポイントとなる箇所や強調したい部分を**太字**にする，下線を引く，「蛍光ペン」機能を使ってマーカーを引くなどといった工夫や，要点を箇条書きで記載するなどの工夫が考えられます。文書が長くなる場合には，最初に数行でサマリーを記載した後に，詳細な説明を加えるといった工夫も考えられるところです。

また，**図や表をつける**ことでわかりやすくなる場合もあります。

さらには，（特に計算が生じる場合には，計算に誤りが生じないよう，また，計算の正確性を検証しやすいよう，さらには，条件を変更して再計算がしやすいよう，）Excelで表を作成し，そのExcelを回答文書に添付することがよい

3　回答・文書作成のポイント　121

場合もあるでしょう。

⒀　見出し，ナンバリングを活用する

　情報が羅列されているだけの文書は非常にわかりづらいため，**見出しやナンバリングを活用する**とよいでしょう。

　まず，見出しについてですが，見出しがあると，読み手は，見出しを読むだけでも書かれていることの内容をある程度予測することできるので，文書が圧倒的に読みやすくなります。また，文書を書く側にとっても，見出しをつけることで，見出しに沿った内容を書くことが必要になる（いろんな要素をごちゃ混ぜにして書くことがなくなる）ので，書くべき内容を整理しやすくなるというメリットもあります。よほど短い文書でない限り，基本的に見出しをつける癖をつけるとよいでしょう。なお，以下のナンバリングの例では，見出しを「～について」としていますが，より具体的な内容，たとえば，「●●をすることは，▲▲に該当する」というように，**見出しだけ読めば大まかな内容を推測できるように記載する**ことで，より読み手の予測可能性を高めることができます（見出しを読むだけで文書の概要を理解できるようになります）。

　次に，ナンバリングについてですが，特にある程度の長さになる場合には，見出しの前にナンバリングを付すことで，各見出しの段落レベルがひと目でわかるようになり，より整理された文書になります。ナンバリングの仕方については，厳密なルールがあるわけではありませんが，公用文の例にならって，「第1」「1」「⑴」「ア」「㋐」「a」「⒜」の順に符号を付すのが一般的です。

【ナンバリングの例】

```
第1　●●について
　1　▲▲について
　　　・・・・・
　　⑴　■■について
　　　　・・・・・
　　⑵　□□について
　　　　・・・・・
```

```
    2   △△について
        ・ ・ ・ ・
第 2   ○○について
        ・ ・ ・ ・
```

(14)　用語を定義する

　法律文書においては，**用語を定義する**ということが頻繁に行われます。**用語の定義をしておくこと**は，文書における正確性を高めること，および視認性を高めることに役立ちます。

　ここで，あなたが相談者（A社）から法律相談を受けた場合を想定してみましょう。A社は，取引先であるB社から，「貴社製品（甲製品）に不具合があった」とのクレームを受けており，あなたは，相談者から，「甲製品に関して，A社がB社に対して負いうる責任について法的見解を述べる意見書を作成して欲しい」との要望を受けたとします。この場合，あなたが作成する意見書において，当該クレームに関してB社からA社に対して届いた連絡書面を言い表す表現として，「B社からの連絡書面」と記載することは適切でしょうか？

　ここで，たとえば，B社からの連絡書面が複数届いている場合には，単に「B社からの連絡書面」と記載するだけでは，どの連絡書面を指すのか明らかではなく，適切な表現とはいえません。そこで，このような場合には，**「貴社がB社より受領した●年●月●日付け「甲製品の不具合について」と題する書面」**と書けば正確ではあります。しかしながら，意見書中で当該連絡書面に言及するたびに，毎回毎回，「貴社がB社より受領した●年●月●日付け「甲製品の不具合について」と題する書面」と書くのは煩雑ですし，読んでいるほうも読みづらいと思います。そこで，「貴社がB社より受領した●年●月●日付け「甲製品の不具合について」と題する書面」（以下「連絡書面①」といいます。）とし，以降は，「連絡書面①」と表記すれば，正確性を保ちながら，視認性を高めることができます。

　ただし，どこまで正確性が求められるかについても，回答の形式や文脈，その回答文書がどのように用いられることが想定されるか，その回答文書を誰が読むことが想定されるかといった事情によって変わってきます。たとえば，上

記クレーム相談に関して，相談者とメールでやりとりをしている場合を想定してみましょう。ここで，（B社から届いた複数の連絡書面のうち）どの連絡書面のことを話題にしているかがメールの文脈から明らかであるような場面であれば，単に「B社からの連絡書面」と書けば足り，わざわざメール文面上で上記のような定義をすることまでは不要でしょう。むしろ，そのような場面においてまで律儀に用語を定義することは，かえって読みにくいと思われるリスクのほうが高いように思います。

また，このような定義は，略称を用いる場合にも使用されます。たとえば，いわゆる「景表法」は，正式には，「不当景品類及び不当表示防止法」という名称ですが，「不当景品類及び不当表示防止法（以下「景表法」といいます。）」とし，以降は「景表法」と表記すれば，やはり，正確性を保ちながら，視認性を高めることができます。

なお，用語を定義した場合に定義した用語と同じ意味を示したいときには，必ずその定義語を用いるように注意しましょう。

⒂　質問に答えるだけではNG

法律相談においては，**聞かれたことに答えるだけでは不十分な場合**が数多くあります。

たとえば，相談者から「利用規約に，当社が損害賠償義務を一切負わない旨の規定を置くことはできますか」という相談を受けた場合において，当該利用規約を消費者契約に該当する契約（消費者と事業者との間で締結される契約をいいます。消費者契約法2条3項）に適用する想定のケースであれば，「そのような規定を置いたとしても，消費者契約法第8条第1項第1号および第3号によって無効となります」と回答すれば，一応質問には答えていることになります。しかしながら，相談者の意向は，「できるだけ責任を負いたくない」というところにあるわけですから，単に質問に回答するだけでなく，消費者契約法などに反しない形で相談者の責任を制限する方法を検討，提案すべきです。たとえば，故意・重過失による場合を除き，損害賠償責任の一部を免除する条項であれば有効に定めうるのであり[44]，回答に際しては，相談者にこのような条項を定めることを提案することが考えられます。また，その際には，具体的

な条項案も提案しておくべきです。

なお，「当社が～という行為を行うことは法律上問題ないか」という法律相談の場合で，「法律上問題がある」（違法である）との結論になる場合，**相談者に「違法である」と回答することでよいかは，いったん検討が必要**でしょう。すなわち，多くの場合，相談者は，「～」という行為をしたいからこそあなたに相談しているのであって，違法であるとの回答をもらった相談者は，対応に窮してしまう可能性があります。このあたりは，「～」という行為の重要性や進捗状況，さらには，どの程度形式ばった回答を求められているかにもよりますが，その行為が相談者にとって重要である（事業に与えるインパクトが大きい）場合や，すでに進行してしまっている場合，「意見書」などの形式ばった書面で回答が求められている場合などであれば，いきなり書面で回答をするのではなく，書面での回答を出す前に一度相談者との会議を設定し，今後の方針を打ち合わせるなどの対応が望ましいと考えます。

⒃　相談者のアクションを明確にする

相談内容によっては，法的な結論を述べればそれで終わるわけではなく，相談者における意思決定が必要な場合や相談者において具体的なアクションが必要な場合があります。たとえば，「⒂　質問に答えるだけでは NG」で述べた利用規約の例において，既存の利用規約を変更するのであれば，法律（民法548条の 4 など）および当該利用規約の規定に従って利用規約を変更する必要があり，相談者における具体的なアクションとして，ユーザーから変更の同意を取る，または，（民法548条の 4 第 1 項の要件を満たしている場合には，）効力発生日を定めて，利用規約を変更する旨および変更後の内容ならびに効力発生時期を周知するといったことが想定されます。

このような場合，**相談者に対して，相談者が次に行うべき具体的なアクションを明確に説明しておくことが望まれます**。また，そのアクションを行ううえで期限がある場合には，そのスケジュール感（いつまでにどんなアクションを

44　同条項 2 号および 4 号参照。ただし，消費者の利益を一方的に害するものについては，別途消費者契約法10条によって無効となるリスクがあります。

行う必要があるか）も明示しておく必要があります。

⒄ 最終確認をする

回答を文書で作成する場合には，内容面はもちろんのこと，おかしな日本語となっていないか，誤字・脱字などがないか，インデントのずれはないかといった部分も含めて，**相談者に送付する前に最終確認をしておくべきです**。特に，ある程度長い文書となる場合には，パソコン上で確認するだけでなく紙に印刷して読んでみる，音読してみるといった工夫も考えられます。

なお，「コラム②：「レスが遅い」は致命傷？」で，レスが遅いとそれだけで相談者から「仕事ができない」と思われるリスクがある旨述べましたが，誤字・脱字やインデントのずれなど形式面の不備についても同様のことがいえます。たとえば，相談者に対して形式面の整っていない意見書を提出した場合，たとえその意見書の内容面が優れているとしても，形式面の不備により「仕事ができない」と思われてしまうリスクが否定できません。

⒅ 新人の心構え

あなたが新人・若手で，上司と一緒に対応をする場合には，回答文案のドラフトを作成したうえで，相談者に送付する前にそれを上司に見てもらうことが多いでしょう。このように，上司によるレビューを経ることを前提とした場合のポイントを以下に記します。

• 悩みや思考過程を記載する

もしあなたがドラフトに際して悩んだ部分があるとすれば，コメントなど（このあたりも上司の好みがあるところですが，Word のコメント機能を使う方法，文中に【】でコメントを残す方法などがあります）であなたの悩みやそのようなドラフトにした思考過程を記載しておくとよいでしょう。あなたが悩んだということは，上司においてもきちんと検討されるべき部分である可能性があり，その点を上司にもきちんと確認してもらうべきだからです。特に，「（検討のうえ）あえて記載しなかった事項」については，なぜあえて記載しなかったのかというあなたの思考過程をコメントとして残しておくべきです。コ

メントが何もされていないことによって，上司がその部分をきちんと検討することなく読み飛ばしてしまうかもしれませんし，また，何もコメントされていないことで，「十分な検討がされていない」と思われ，あなたの評価を下げてしまう可能性もあります。このようなことのないよう，**あなたの悩みや思考過程は上司にきちんと共有するようにするとよいでしょう。**

• 50％でもいいから早く出す

自分がドラフトした書面のクオリティを上げるために，何度も何度も推敲を重ねるという姿勢は決して悪いことではありません。しかしながら，新人のうちは，あなたがどれだけ悩んでも，経験ある上司のスキルに及ばないことはどうしてもやむをえない部分があります。期限を徒過するのは論外ですが，あなたが悩んでいるうちに上司への提出が期限ギリギリになってしまうかもしれません。上司からすれば，期限ギリギリに全く方向性の違うドラフトが上がってくるのは非常に対応に困ります。そうなってしまうよりは，**なるべく早く叩き台となるドラフトを上げてもらって，もし方向性が違っていれば早いうちに修正の指示をし，その指示に従った方向性で改めてあなたに検討してもらうほう**が上司としても助かる場合が多いはずです。ただし，上司の性格に合わせた対応が必要という点は，ここまで述べてきたことと同様です。

• 「上司が見てくれる」という意識で書かない

たとえ上司がレビューすることが想定されているとしても，あなたとしては，**「そのまま相談者に提出しても問題ないものをつくる」という意識でドラフトをするべきです。**「どうせ上司が見るから」，「どうせ上司が直してくれるから」といった意識でドラフトをしていると，詰めが甘いドラフト，検討が不十分なドラフトになってしまいがちで，上司から見てもそういうドラフトは見ればわかるものです。このようなドラフトを上司に上げることで，あなたの評価は落ちてしまいますし，また，あなた自身の成長にもつながりません。

なお，上述した「50％でもいいから早く出す」とは一見矛盾するようではあるものの，「そのまま相談者に提出しても問題ないものをつくるという意識でドラフトをすること」は意識の問題であり，「クオリティを上げるために，何

度も何度も推敲を重ねた結果，提出が遅くなるよりは早く出すほうがいい」ということは客観的な提出時期の問題であることから，一応切り分けられると思います。そして，誤解をおそれずにいえば，特に新人のうちは，クオリティとスピードの両立が難しい状況では，スピード（納期）を重視すべきであると思います。すなわち，新人のうちは，いかにクオリティにこだわったとしても，知識不足や経験不足ゆえに，上司が満足するクオリティにはならないことはやむをえないところがあります。上司もそのことはある程度理解しているはずであり，「成果物のクオリティが低い」ことよりも，「予定された期限に成果物が上がって来ないことで，スケジュールが狂ってしまう」ことのほうが，上司にとってより大きな負担となる場合が多いでしょう。その意味では，期限内に「とりあえず形にする」ということがまずは重要といえます。

• 出典を示す

（「(6)　出典をどこまで示すべきか」でも述べたとおり，相談者に対する回答にはその出典情報を含めない場合であっても，）**上司に対しては，根拠とした文献などの出典を示す**ことは必須と言ってよいでしょう。出典を示すことで，上司は，あなたのリサーチが十分なものであるか，あなたのドラフトが正確なものであるかをより容易に検証することができます。

また，出典は，単に文献名と該当ページを示すだけでなく，該当部分をコピーしたうえでデスクに置いておき（または，PDFファイルなどにデータ化したうえでメールやチャットに添付しておき），さらには，当該資料のポイントとなる部分にマーカーなどで印を入れておくなどしておくとよいでしょう。こうすることで，上司は，その文献を探す手間，さらには，その文献の中でポイントとなる箇所を探す手間を省くことができます。

• 自分の考えを大切にする

あなたが法律相談に対する回答に自己の見解を記載した場合，上司から「あなたの考えは聞いていない」，「江頭先生の本[45]には何て書いてあるの？」と言われることがあるかもしれません。たしかに，**法律相談に対する回答は，どのような根拠に基づくものであるか**がとても重要です。

しかしながら，そのことは，必ずしも「法律相談に対する回答に私見を入れるべきではない」ということを意味しません。法律相談の内容が，判例や学説などからでは結論を導くことはできない未知の問題である場合には当然ながら私見を入れざるをえないですし，また，（未知の問題というほどではなくとも，）判例や学説などから導かれる一般論・抽象論だけでは回答として不十分という場合は少なくありません。

上司からの「あなたの考えは聞いていない」という指摘は，私見を記載したことそれ自体を問題視しているのではなく，根拠となる出典がきちんと明記されていないこと，あるいは，その記述の仕方，たとえば，どこまでが記述した根拠のある見解を記載した部分で，どこからが私見を記載した部分であるかの区別が不明確であることについて問題視しているにすぎないという場合も少なくないのではないかと推察します。

上司から「あなたの考えは聞いていない」などと言われるとつい萎縮してしまうかもしれませんが，**「自分の考えを持つこと」，「自分の考えを記載すること」を躊躇する必要はない**と思います。

- **同じ間違いを繰り返さない**

あなたがドラフトした書面は，上司から直され真っ赤になって返ってくるかもしれません。場合によっては，あなたに返ってくることすらなく，上司が直したものがそのまま相談者に送られることもあるかもしれません。

いずれの場合にせよ，上司があなたのドラフトのどこを直したのかをきちんと確認し，直された理由を検討し（わからなければ上司に確認し），次のドラフト以降は，**同じ間違いを繰り返さないようにする**ことが重要です。同じ間違いを繰り返さないことを続けていくことで，最終的には，（好みの部分は別としても，）上司から指摘を受けないドラフトをすることができるようになるでしょう。同じ間違いを繰り返さないために，上司から指摘を受けたポイントをメモしておき，いつでも確認できるようにしておくことも有用です。

45　江頭憲治郎『株式会社法　第9版』（有斐閣，2024年）。本章「2　リサーチのポイント」「(11)　リサーチの程度」で述べたとおり，会社法分野における定番書です。

• 上司による使い分けをする

人によって好みや傾向はどうしてもあります。ある上司にはポジティブに評価されるものが，別の上司にはネガティブに評価されるということは実際よくあることです。一緒に仕事をしていくうちに，各上司の好みや傾向をつかむことができると思いますので，上司の好みや傾向に合わせて，**仕事のやり方をうまく使い分ける**ということも時には必要です。

また，いろいろな上司（必ずしも上司に限らず，先輩，同僚，部下でもよいです）と仕事をすると，各上司の得意なところや苦手なところ，よいところや悪いところが見えてくると思います。そうした他人の仕事のやり方を観察し，**よいところは積極的に取り入れる**（悪いところは反面教師とする）ようにするとよいでしょう。

• 上司との議論をおそれない，批判的な視点を持つ

本書はここまで上司へ配慮することを中心に記述してきましたが，**「上司との議論をおそれない」**こと，また，**上司に批判的な視点も持つ**ことも重要だと思います。

たとえば，上司があなたのドラフトを修正した場合，上司の修正を無批判に受け入れるのではなく，上司が修正した箇所をあなた自身においても検討し，誤りと思うところや違和感があるところがあれば，上司にきちんと指摘するようにするとよいでしょう。当然ながら，上司も間違えることはありますし，仮に間違いとまではいえなくとも，あなたが批判的な視点から指摘をすることで，議論が深まり，よりクオリティの高い成果物ができるということもあると思います。

このあたりも上司の好みによるところがある部分ですが，「批判的な視点から検討して欲しい」と考えている上司は少なくないのではないかと思います。多角的な視点で検討ができることが，あなたがその案件に関わる価値でもありますので，（上司の反応を見つつ，）積極的に議論をしかけてみてはいかがでしょうか。

コラム⑦

ドラフトの手法

　本コラムでは，ある程度長い文書をドラフトする場合に，筆者が行っている手法を紹介します。

　もちろん，このやり方が必ずしも万人にとって正しいやり方であるというわけではありませんが，参考にしていただける部分があればぜひ取り入れてみてください。

1　全体の構成をつくる

　まず，全体の文書構成を最初につくります。

　これが，本章「3　回答・文書作成のポイント」「⒀　見出し，ナンバリングを活用する」で述べたところの「見出し」になっていく想定です。

2　見出しごとに要素を記載する

　次に，上記で作った構成（＝見出し）ごとに，要素となる事項を書き出していきます。文章で書く場合もあれば，箇条書きで書くこともあります。書くべき事項に漏れが生じることを防ぐための，「備忘用のメモ」の感覚で，思いつくままに記載していきます。

　特に長い文書の場合は，上記の各要素が，「小見出し」になっていきます。「小見出し」をつくる場合には，この「小見出し」の中に，さらに要素となる事項を書いていきます。

3　要素に肉づけする

　そのうえで，書きやすいところ（特になければ冒頭）から要素に肉づけをする形で，ドラフトの中身を書いていきます。この段階では，正確性はあまり気にせず，とにかく思いつくままに書いていくことが多いです。

なお，中身を書いていく中で，構成から見直す場合も多くあります。特に，記載順の並び替えは頻繁に行います。言い換えれば，上記「1　全体の構成をつくる」段階で，最初につくる全体の文書構成は，あくまでも暫定的なものということです。

4　仕上げ

　最後に冒頭からドラフトを読んでいき，気になる部分を修正していきます。

　筆者の場合，この修正をかなり多く行い，修正前と修正後では全く違う文章になることも珍しくありません。「修正」というよりは，「リライト」といったほうがよいかもしれません。

5　最終確認

　体裁や誤字脱字の有無などを確認し，完成となります。

132 第3章 案件処理のポイント

コラム⑧

「及び」「並びに」「又は」「若しくは」の使い分け

1 「及び」と「並びに」

　「及び」も「並びに」も and の意味で使用されますが，同じ種類の
ワードを and の意味でつなぐ場合には「及び」を使います。たとえば，
「役員及び従業員」のような使い方です。

> | 役員 | 及び | 従業員 |

　「並びに」は，「及び」で接続されたグループと別種類のワード（また
は「及び」でつながれた別種類のグループ）同士とを and の意味でつ
なぐ場合に使用されます。たとえば，「甲の役員及び従業員並びに乙の
役員」や「甲の役員及び従業員並びに乙の役員及び従業員」のような使
い方です。この場合，「甲の役員及び従業員」というグループと「乙の
役員」は別種類のワードですので，「並びに」を使用することになりま
す。

> | 甲の役員 | 及び | （甲の）従業員 | 並びに | 乙の役員 |

　また，同じ種類のワードを3つ以上 and の意味でつなぐ場合には，
「甲の役員，従業員，業務委託先及び顧問弁護士」のように，ワード同
士を「，」でつないでいき，最後のつながりだけ「及び」を使用します。

2 「又は」と「若しくは」

　「又は」と「若しくは」は or の意味で使用されますが，同じ種類の
ワードを or の意味でつなぐ場合には「又は」を使います。たとえば，
「役員又は従業員」のような使い方です。

> | 役員 | 又は | 従業員 |

　あるグループを別種類のワード（または別種類のグループ）と or の

意味でつなぐ場合には，同じ種類のつながりに「若しくは」を，別種類のつながりに「又は」を使用します。たとえば，「甲の役員若しくは従業員又は乙の役員」や「甲の役員若しくは従業員又は乙の役員若しくは従業員」のような使い方です。

| 甲の役員 | 若しくは | (甲の) 従業員 | 又は | 乙の役員 |

また，同じ種類のワードを3つ以上orの意味でつなぐ場合には，「甲の役員，従業員，業務委託先又は顧問弁護士」のように，ワード同士を「，」でつないでいき，最後のつながりだけ「又は」を使用します。

134　第3章　案件処理のポイント

コラム⑨

押さえておくべき法律用語

　上記の「及び」「並びに」「又は」「若しくは」もそうですが，法律文書においては，あまり見慣れない用語が使用されている場合や独特の用法で使用されている場合があります。これらの用語の意味を理解し，正確に使いこなすことで，疑義のない文書をドラフトすることができます。以下では，主要なものを紹介します。

1　「とき」と「時」

　「とき」は仮定的条件を表します。「場合」と同じ意味です。仮定的条件が重なるとき[46]には，より大きいほうの条件に「場合」を，より小さい条件に「とき」を使います（例として，民法566条本文）。

　これに対して，「時」は時点を指します。

【民法566条本文】

　売主が種類又は品質に関して契約の内容に適合しない目的物を買主に引き渡した場合において，買主がその不適合を知った時から一年以内にその旨を売主に通知しないときは，買主は，その不適合を理由として，履行の追完の請求，代金の減額の請求，損害賠償の請求及び契約の解除をすることができない。

2　「その他の」と「その他」

　「その他の」は，直前に掲げられた事項を含む場合に用います。たとえば，「取締役その他の役員」という場合です。取締役は役員の例示になります。

　これに対して，「その他」は，直前に掲げられた事項と並列の関係を

46　この「重なるとき」というのは，「重なる場合」と同じ意味で用いています。時点を指しているわけではないので，「重なる時」とはしません。

示す場合に用います。たとえば，「暴力団その他これに準ずる者」とされている場合，「暴力団」に加えて「これに準ずる者」を付加しています。

3 「以前」「以後」「前」「後」

「以前」「以後」の場合には，その基準時点を含みます。たとえば，3月3日以前といった場合には，3月3日を含むことになります。

これに対して，「前」「後」の場合には，その基準時点は含みません。

4 「直ちに」「速やかに」「遅滞なく」

即時性が高い順に，①「直ちに」，②「速やかに」，③「遅滞なく」となります。したがって，間髪を入れずにすぐ実行させたい場合には，「直ちに」を用います。

5 「条」「項」「号」，「柱書」，「本文」「ただし書」，「前段」「後段」「第●文」

法律文書においては，法令や契約書の条文を引用し，またはこれらに言及する場面が多くあります。そのため，「条」「項」「号」の区別，「本文」と「ただし書」の区別，「柱書」の意味について理解しておく必要があります。

まず，「条」「項」「号」について，1つの条文を「条」，その条文の中で段落が分かれる場合を「項」，条文の中で箇条書きで書かれている部分を「号」といいます。たとえば，民法111条は，以下のようになっており，数字の「1」「2」で書かれている部分が「項」，「一」「二」の部分が「号」になります（ただし，「項」については，「1」，「2」でなく，①，②などで表記される場合もあります。また，法律の正文では，1項に当たる部分に「1」の表記がなく，「2」以降から数字が付されています）。したがって，民法111条1項2号と記されている場合には，「二 代理人の死亡又は代理人が破産手続開始の決定若しくは後見開始

136　第3章　案件処理のポイント

の審判を受けたこと。」の部分を指していることになります。

　次に，「柱書」について，「号」が含まれている段落の各「号」の前の部分，すなわち，民法111条1項の例でいえば，「代理権は，次に掲げる事由によって消滅する。」の部分を「柱書」といいます。

【民法111条】

1　代理権は，次に掲げる事由によって消滅する。
一　本人の死亡
二　代理人の死亡又は代理人が破産手続開始の決定若しくは後見開始の審判を受けたこと。
2　委任による代理権は，前項各号に掲げる事由のほか，委任の終了によって消滅する。

　さらに，「本文」と「ただし書」について，条文が2つの文で構成され，2つ目の文が「ただし」となっている場合には，最初の文を「本文」といい，2つ目の文を「ただし書」といいます。たとえば，民法112条でいえば，「他人に代理権を与えた者は，〜（中略）〜第三者に対してその責任を負う。」が本文で，「ただし，〜（中略）〜この限りでない。」がただし書になります。

　それ以外の場合で，1つの条文が複数の文で構成される場合，2つの文で構成される場合であれば，最初の文を「前段」，2つ目の文を「後段」といい，3つの文で構成される場合には，最初の文を「第1文」，「第2文」，「第3文」（それ以上続くケースはあまりないですが，4つ以上の文の場合には，さらに「第4文」，「第5文」……と続きます）または「前段」「中段」「後段」といいます。

【民法112条】

　他人に代理権を与えた者は，代理権の消滅後にその代理権の範囲内においてその他人が第三者との間でした行為について，代理権の消滅の事実を知らなかった第三者に対してその責任を負う。ただし，第三者が過失によってその事実を知らなかったときは，この限りでない。

第 *4* 章

紛争相談対応におけるポイント

1 はじめに

　本書の第1章から第3章までは，法律相談一般に広く共通するポイントを解説してきましたが，本章および次章では，特定の種類の案件における固有のポイントを解説していきます。まず，本章では，紛争案件の相談に対応する場合のポイントを解説します。

　企業の法務担当者や外部の弁護士のもとには，様々な種類の紛争に関する相談が持ち込まれる可能性があるでしょう。以下に一部ですが例を挙げます。

－取引先から製品についてクレームを受けた
－取引先が売掛金を支払ってくれない
－業務委託先が業務を約束どおりに履行してくれない
－通行人に店舗の備品を壊された
－顧客がレンタルした商品を返却しない

　本章においては，このような紛争に関する相談に対応する場合のポイントを解説します。

　なお，本書は日常の法律相談対応にフォーカスしたものですので，本章の解説は，**初動から**，（裁判やADR[1]に至る前の）**交渉**とそれに続く**裁判外での合意段階まで**に限定して解説を行います。

1　Alternative Dispute Resolution の略です。あっせんや調停，仲裁など，裁判外での紛争解決手段をいいます。

2　紛争相談対応の目的

　紛争相談対応の最大の目的は，相談者（企業）のダメージを最小化すること
でしょう。損害賠償請求でいえば，請求者側であれば賠償請求によってできる
だけ損害を回復することでダメージの最小化を図り，被請求者側であればでき
るだけ賠償責任を負うことを回避し，また，賠償額を小さくすることでダメー
ジの最小化を図ります。

　本書では損害賠償責任などの民事上の責任を中心に取り扱うこととしますが，
紛争案件は，民事上の責任のみならず，ケースによっては，刑事上の責任や行
政上の責任，最悪の場合には営業免許の取消しといった甚大なダメージにつな
がることもあります。また，紛争は，法的な責任のみならず，企業のレピュ
テーションリスクにもつながるものです。

　紛争相談対応においては，このような相談者（企業）のダメージを最小化す
るためにはどのようにすればよいかを意識して対応することが求められます。

140 第4章　紛争相談対応におけるポイント

3　第3章までのポイント

(1)　はじめに

　紛争案件において，相談者が請求者側である場合の典型的な検討手順は以下のとおりです。

---

① 事案に関係する登場人物を把握する（「第2章　初動のポイント」「2　ヒアリングのポイント」「(2)　関係者を把握する」）
② 各登場人物の関係（契約関係，誰が誰に対して何を求めているかなど）を把握する（「第2章　初動のポイント」「2　ヒアリングのポイント」「(2)　関係者を把握する」）
③ 相談者が実現したい内容（請求）を確認する（「第2章　初動のポイント」「2　ヒアリングのポイント」「(6)　相談者の意向を確認する」）
④ その内容（請求）を実現するために適用すべき法律および条文を検討する
⑤ その請求に必要な要件事実（法律効果を発生させる法律要件に該当する具体的事実[2]）を確認する
⑥ 本件における法律上の問題点（法解釈に争いがあるところなど）を検討する（「第3章　案件処理のポイント」「2　リサーチのポイント」）
⑦ 本件における事実上の問題点（事実関係が明らかでないところや資料による裏づけが不十分なところなど）を検討する（「第2章　初動のポイント」「2　ヒアリングのポイント」「(5)　資料を要求・確認する」，「(7)　アウトプットを意識する」，「(8)　今後の流れを意識する」および「第3章　案件処理のポイント」「3　回答・文書作成のポイント」「(3)　意見書・メモランダムの構成例」）
⑧ ④ないし⑤の請求に対する抗弁や再抗弁，再々抗弁などが考えられる場合には，⑥および⑦と同じ要領で法律上の問題点と事実上の問題点を検討する

2　司法研修所『改訂　新問題研究　要件事実』（https://www.courts.go.jp/saikosai/vc-files/saikosai/shihoukensyujyo/302sinmonken-honbun.pdf）5頁。なお，要件事実の確認方法については，「(5)　リサーチのポイント」「・請求の根拠となる法律および要件事実の確認」で解説します。

相談者が被請求者側である場合には，相手方（請求者）の請求を阻止するという観点から，④当該請求の根拠となる法律および条文，⑤その要件事実を確認し，また，⑥本件における法律上の問題点や⑦事実上の問題点，⑧抗弁などを検討することになります。なお，紛争の初期段階においては，相手方からまだ具体的な請求を受けているわけではなく，問い合わせやクレームを受けているにすぎない場合もあると思いますが，後の請求に備え，問い合わせやクレームの内容から推測される将来の請求内容を想定したうえで，問い合わせやクレームへの対応方法を考える必要があります。

　このように，本書の第1章から第3章までで解説したポイントは，紛争相談対応においてもよく当てはまります。以下では，より具体的なポイントを解説します。

(2)　ヒアリングのポイント

　「第2章　初動のポイント」「2　ヒアリングのポイント」で述べた解説は，紛争相談対応においてもよく妥当します。

　まず，紛争案件においては，「(2)　関係者を把握する」こと，「(3)　時系列を把握する」ことの重要性は一層高いといえます。適宜，①事案に関係する登場人物を把握し，②各登場人物の関係（契約関係，誰が誰に対して何を求めているかなど）を図式化して整理し，必要な事実関係を聴き取りましょう。その際，関係者一覧表や時系列表を作成すべきではないかも検討しておくとよいでしょう。

　また，紛争案件において，関係資料は訴訟に至った場合の証拠になりえるものであり，「(5)　資料を要求・確認する」ことの重要性も非常に高いといえます。なお，紛争案件においては，時効（民法166条，民法724条など）や除斥期間（改正前民法724条後段など）などの**権利行使期間に注意する**ことが必要です。契約不適合責任を追及する場面などで特に顕著ですが，契約において法律上の定めと異なる権利行使期間が合意されている場合があります。また，権利行使期間のみならず，権利行使の手段，方法についても，法律上の定めと異なる合意がされている場合があります。相手方との間で契約関係が存在するケースにおいては，このような合意がないか，**契約書や利用規約などの資料確認も怠らな**

いようにしましょう。

　さらに，「(6)　相談者の意向を確認する」ことも重要です。請求者側であれば，どのような請求を立てるか，たとえば，物を請求したいのか，お金を請求したいのかといったような相談者が実現したい内容を確認します。前項の「(1)　はじめに」で述べた検討手順のうち，「③　相談者が実現したい内容（請求）を確認する」に該当する部分です。加えて，話し合いによる解決を希望するのか，訴訟も辞さないという考えなのかといった解決手段についての相談者の意向確認も必要です。被請求者側であっても，請求を争いたいのか，和解で終わらせたいのかといった相談者の意向を確認する必要があります。なお，紛争案件においては，法的な結論とビジネス判断にずれが生じることが少なくありません。たとえば，相談者が被請求者側である場合に，法的には相談者が責任を負う可能性が必ずしも高くない事案においても，相談者としては，取引先との関係性やレピュテーションなどを考慮して，一定の金銭を支払って解決したいという意向を持っているケースがあります。特に，今後も取引関係が継続するような場合には，法的な結論よりもビジネス上の関係性を優先した解決方法を採ることが合理的な場合があることは否定できません。そのため，そのような解決を図ること自体はビジネス判断としてありうるものの，その手段を採るリスクをケアしておく必要があります。たとえば，そのような解決をしたことが他の案件にも波及してしまうことを防止すべく，相手方との合意書の中に口外禁止（秘密保持）条項を入れておくといったことが必要になってきます（本章「9　合意書のポイント」参照）。

　そして，「(7)　アウトプットを意識する」で述べたとおり，紛争案件であれば，たとえば通知書が，アウトプット（成果物）になり，この場合には**通知書において記載すべき事項を決めるにあたって必要な内容を聴取する**ことが必要です。相談者が和解を検討している場合には，**和解のために必要な事情（これまでの交渉経過，相手方の性格など）も確認**します。

　その際，「(8)　今後の流れを意識する」で述べたとおり，目の前で行うべきアウトプットは「通知書の発送」だけであるとしても，通知書に記載すべき内容だけを確認すれば足りるわけではなく，**訴訟になった場合にどうなるかということを意識して，証拠となりうる資料がどの程度あるかについてもヒアリン**

グにおいて確認をしておくべきです（訴訟の見通しによって通知書に記載する内容のニュアンスも変わってきます）。前項の「(1)　はじめに」で述べた検討手順でいえば，主として④〜⑧の検討に関係する部分になりますが，④〜⑥については法的な問題であるため，相談者からのヒアリングにおいては，主として，⑦の部分，すなわち，**請求に必要な要件事実の存在または不存在を基礎づける事実**（「間接事実」に相当する事実を含みます）**およびそれを裏づける資料や資料の信用性に関する事実**[3]**の有無について相談者に確認をしていくこと**になります（また，⑧抗弁などが考えられる場合には，抗弁などについて，同じく事実や資料を確認します）。したがって，その前提として，**請求**（および，抗弁などが考えられる場合には，抗弁など）**の根拠となりうる法律および条文とその要件事実を把握していることが必要**ということになります。これらは，リサーチの対象でもあり，リサーチを経た後に相談者から追加で聴取すべき場合も多くありますが，よく問題となる法律に関する知識はあらかじめ頭に入れておき，法律相談の初期段階から，当該知識を前提としたヒアリングができるようにしておくべきです（よく問題となる法律については，本章「4　よく問題となる法律」で解説します）。

　そのうえで，「(10)　各自のネクストアクションを設定・確認する」で述べたように，（社内の関係者に対する）事実確認や資料収集など，**相談者の側で準備や作業をしてもらう事項を，そのスケジュールとともに相談者に伝えます。**相談者に確認してもらうべき事項や収集してもらうべき資料が多い場合には，「(11)　質問リストを活用する」で述べたように，確認事項や収集資料をリスト化するなど，**相談者が確認，作業しやすくなるような工夫をする**ように心がけるとよいでしょう。

(3)　初期判断のポイント

　「第2章　初動のポイント」「3　初期判断のポイント」で述べたポイントは，いずれも紛争相談対応において妥当することが多い事項です。改めて，「第2章　初動のポイント」「3　初期判断のポイント」を確認してください。

　3　訴訟でいえば「補助事実」に相当する事実です。

ここでは，特に「(2) 情報を収集・保全・管理・記録化する」で述べた点に関連して，紛争案件における対応方法として考えられる方法とそれぞれのメリット・デメリットを解説します。

まず，紛争案件における対応方法としては，典型的には，①事業部門担当者による対応，②法務担当者が介入しての対応，③メール・書面による対応，④外部弁護士対応といった対応方法が考えられます。

①事業部門担当者による対応は，営業部門担当者など，これまでも相手方との間で窓口となっていた人物が引き続き対応する方法です。事業部門担当者が引き続き対応することは相手方にとっても自然な流れであり，②以下の対応と比べて穏当な方法といえます。もっとも，少なくとも，法務部門に相談が持ち込まれて以降[4]は，法務担当者において，**速やかに情報の収集・保全・管理・記録化を行う必要があります**。すなわち，まず情報の「収集」として，紛争の原因となった事象当時から現在に至るまでの関連資料（紛争の相手方と契約がある場合には，契約書や利用規約などの契約関係書類の確認は必須です）やメールのやりとりといった情報を収集，確認します。また，メールなどのデータが消えてしまうことのないように，それらを「保全」しておくことも必要です。そのうえで，相手方に対して，どのような話をするか，どのような情報を出すかを「管理」する必要があります。**特に被請求者側である場合には，安易に責任を認めることのないようにより一層注意が必要です**。相手方が取引先である場合に顕著ですが，営業部門担当者は，（その職務の役割上）相手方に甘い対応を採りがちな傾向があるといってよいでしょう。そのことを前提に，紛争の重大性などを考慮し，担当者が不用意な発言をすることにリスクが存するときは，早期に②以下の対応に切り替えることを検討すべきです。さらには，関係者とのメールなどを保存し，また，口頭でのコミュニケーションの場合には，議事録を作成するなどといった形で情報を「記録化」しておくことも必要になります。

4　実際には，どこからが紛争といえるか曖昧なケースも多く，（法務担当者としては，日ごろから事業部門担当者に対して注意喚起を行うべきことは前提としても，）法務部門に情報が持ち込まれないままに事実上交渉がスタートしてしまう場合も少なくないと思います。

②法務担当者が介入しての対応は，営業部門担当者などの従前窓口になっていた人物に加えて，または，従前窓口になっていた人物に代わって，法務担当者が，相手方との協議に同席する，相手方の窓口となるといった形で介入する方法です。これにより情報の「管理」はしやすくなりますが，これまで窓口になっていた人物と異なる人物が関わることになることから，**相手方に警戒心を抱かせる**可能性があります。

③メール・書面による対応は，相手方とのやりとりを，どのようなやりとりがなされるかが不確実な口頭でのコミュニケーションを排除し，原則としてメールなどの形に残すものに限定する方法です。①の方法を採る場合でも，③の手法を採り入れることで，法務担当者や外部弁護士が事前確認をする，場合によっては代筆するといった形で，**情報の「管理」**を容易かつ確実に行うことができます。また，メールや内容証明郵便，FAX などを用いることで情報の**「記録化」**も容易かつ確実に行うことができ，「言った言わない」の争いとなることを避けることができます。もっとも，紛争の相手方には，「言った言わないの争いとなることを避けるため，今後のやりとりはメールでさせていただきたい」などと伝えることになるため，やはり，**相手方に警戒心を抱かせる**可能性があります。

④外部弁護士対応は，弁護士から相手方に受任通知を発し，弁護士のみが相手方とやりとりする方法[5]であり，情報の「管理」も「記録化」も確実，かつ，容易にできるようになります。また，**交渉に弁護士が出てくるというインパクトは相手方にとってもかなり大きい**のが通常です。そのため，あえて相手方にインパクトを与えたいというような場合には有効ですが，相談者ができるだけ穏当に済ませたい要望を持っているような場合においては，このような方法を採ることには慎重な検討が必要になります。弁護士が介入しても，相手方には受任通知を出さずに，書面チェックや代筆のみを行う方法（③の方法）を採ることもありえるところです。

①～④のうち，どの方法を採るか，あるいはどのタイミングで別の方法に移

5　ケースによっては，受任通知を発することなく，いきなり裁判という手段に出ることもあるでしょう。

行するかは，ケースバイケースであり，**それぞれの方法のメリットとリスク（やコスト）を考慮して判断していく**ことになります。

(4) 外部弁護士起用のポイント

「第2章　初動のポイント」「4　外部弁護士起用のポイント」で述べたことは，多くの点で紛争相談対応においても妥当します。

まず，紛争案件において，外部弁護士を起用すべき場面としては，やはり，**最大リスクの程度**（リスクが顕在化した場合の最大リスクはどの程度なのか，それが事業に与えるインパクトがどの程度なのか）**とリスクが顕在化する可能性の程度を考慮すべき**であると思います。非常に大雑把にいえば，請求額（損害額）や被請求額が大きければ，最大リスクが大きいといえます。また，相手方に弁護士がついた場合，裁判手続に入った場合などは，リスクが顕在化する可能性が高まった状態といえ，外部弁護士を起用する必要性が高くなるケースということができるでしょう。これらの他，前項「(3)　初期判断のポイント」で述べたように，窓口を弁護士に変えることで相手方にインパクトを与えたいという場合も，外部弁護士起用を検討すべき場面といえます。

次に，外部弁護士を選ぶうえでのポイントとしては，紛争案件においては，たとえその時点で裁判手続には至っていないとしても，やはり，将来裁判手続に移ることも見越して，**裁判対応に慣れた弁護士を選ぶ**のがよいでしょう。

最後に，外部弁護士起用時のポイントとしては，「第2章　初動のポイント」「4　外部弁護士起用のポイント」「(4)　外部弁護士起用時のポイント」で述べたことが紛争案件においても妥当します。特に，紛争案件においては，主張を裏づける資料（裁判になった場合には証拠となる資料）の存在が非常に重要であることから，「・企業内部の情報，知見を活かす」で述べたとおり，**企業内部の情報を活かして，外部弁護士に知見を提供する**ことが重要になってきます。たとえば，企業の法務担当者の立場から，裏付資料となりうる資料を検討し，外部弁護士に「こういう資料がありますがいかがでしょうか」などと提案していくことは，紛争案件を有利に進めるうえで非常に有益であるでしょう。

(5) リサーチのポイント

　「第3章　案件処理のポイント」「2　リサーチのポイント」で述べたことは，多くの点で紛争相談対応においても妥当します。

　もっとも，紛争相談対応においては，「第3章　案件処理のポイント」「2　リサーチのポイント」で述べた「法解釈」のリサーチの他，**事実の調査や相手方の調査といった形でのリサーチも必要**になる場合が多いと思います。事実の調査は，案件によるところが大きいことから，以下では，相手方の調査について簡単に解説します。

　また，紛争相談対応においては，法解釈のリサーチに至る以前の問題として，要件事実の確認も必要になることから，この点についても以下で解説します。

・相手方の調査

　紛争相談対応においては，保全・執行のため，または，交渉材料を見つけるために相手方について調査をすることが多いです。たとえば，本章「6　相手方への対応方法」で述べるとおり，紛争案件において仮差押えという方法はしばしば採られる手段ですが，仮差押えを行うには，仮差押えの対象となる相手方の財産（不動産，債権など）を把握することが必要となります。

　相手方の調査方法としては，まず，基本的なところとして，相手方の**商業・法人登記情報**（履歴事項全部証明書または一般財団法人民事法務協会の登記情報提供サービスにより取得できる商業・法人登記情報）の取得，さらには，そこから得られる本支店，または，別途調査などにより判明している相手方所有の**不動産登記**（不動産登記事項証明書または一般財団法人民事法務協会の登記情報提供サービスにより取得できる不動産登記情報（全部事項））の取得，**相手方ウェブサイト**その他のインターネットから得られる情報の確認（債権仮差押えの観点からは，特に「主要取引先」情報は有益です）は必須といえます。

　その他，帝国データバンクや東京商工リサーチからの**報告書**の取得，（取引先が判明している場合には，）**取引先からのヒアリング**，ケースによっては，**探偵や興信所を使っての情報の収集**なども考えられるところです。

148　第4章　紛争相談対応におけるポイント

● 請求の根拠となる法律および要件事実の確認

　ここまで述べてきたとおり，紛争相談対応においては，まず適用すべき法律を理解することが必要です。したがって，まずは，**請求の根拠となりうる条文**，そして，抗弁などが考えられる場合には，**抗弁などの根拠となりうる条文を確認**しましょう。これらの条文や関連する問題点を理解するうえでは，当該案件において問題となる**法律や紛争類型について解説する書籍を参照**することもよいでしょう。

　そのうえで，それぞれの**要件事実を確認**しておくべきです。要件事実については，これを解説する書籍も多いですが，岡口基一『要件事実マニュアル　第7版』（ぎょうせい，2024年）シリーズが網羅性も高く，実務における定番書の1つといってよいでしょう。

● 法解釈のリサーチ

　そのうえで，その時点で問題となる法律上の問題点（法解釈に争いがあるところ）がわかっている場合には，**法解釈のリサーチ**を行うことが必要となってきます。この点は，「第3章　案件処理のポイント」「2　リサーチのポイント」で述べたことが基本的に妥当します（ただし，裁判所は，所管官庁の解釈に拘束されるわけではありません[6]ので，紛争相談においては，判例・裁判例を優先的にリサーチするべきでしょう）。

　もっとも，どこが争点となるかは，相手方の反論を受けてみないとわからないという場合も多いと思います。問題となる条文に関連して一般的に問題となる判例・裁判例や論点を確認しておきたいという場合には，判例六法やコンメンタールを確認しておくことも有用です。

(6)　回答・文書作成のポイント

　「第3章　案件処理のポイント」「3　回答・文書作成のポイント」で述べた解説は，紛争相談対応においても，相談者に今後の見通し（予想される進行経

6　ただし，裁判所も，所管官庁の解釈を判断の参考とすることが考えられ，通達，告示，ガイドライン，Q&A などの所管官庁の見解のリサーチが不要というわけではありません。

過，相談者が責任を負う可能性やその程度・範囲などのリスク見込みなど）を伝える場合など，相談者への対応場面においては，多くの点が妥当します。

もっとも，紛争相談対応のケースにおいては，相談者の他に，「紛争の相手方」が存在します。紛争の相手方への対応のポイントは，本章「6　相手方への対応方法」以下で解説していきますが，当然ながら，**相手方への対応を行うに際しても，相談者への報告や相談者の意思確認が必要になりますので**，以下では，この点につき少し解説を加えます。

まず，通知書を含む連絡書面や合意書などの書面ドラフトについては，原則的に[7]，**相手方（やその代理人）に送付する前に相談者への確認を経るべきで**す。その際，相談者に特に確認や説明すべき事項がない，または，少ない場合であれば，書面ドラフトを送付するメールやチャットの本文で「添付通知書の内容で●●様のご認識と相違ないかご確認ください」などと記載すれば足りると思います。もっとも，相談者に確認すべき事項が多い場合には，以下のように，**書面ドラフト内にコメントを付す形で相談者に確認や説明をすることで**，相談者から見たときに，書面ドラフト内の具体的にどの部分について確認を求められているのか（または，説明をされているのか）がわかりやすくなります。

なお，コメントの形式としては，Word の校閲タブにあるコメント機能を使用してコメントする場合も多いと思いますが，以下の例では，書面ドラフト本文中に【】で記載する形としています（コメントが目立つように，「蛍光ペン」機能を使ってハイライトを入れています）。

【ドラフト内コメントの例】

通知書

1　受任のお知らせ
　　当職らは，●●株式会社（以下「通知人」といいます。）と貴社との間で締

7　あらかじめ承諾を得ている内容であれば，必ずしも確認が必須でない場合もあると思いますが，よほど短い文面でない限りは，ニュアンスの正確性を確認してもらうため，また，相談者とのトラブルを避けるうえでも，相談者の確認を経ておいたほうが無難でしょう。

結された●年●月●日付け業務委託契約書（以下「本契約」といいます。）の件【幅野→●●様：ご共有いただいた業務委託契約書が最新のものという理解でよろしいでしょうか？　それ以外に相手方と締結している契約書，覚書等ございましたらご共有ください。】につき，通知人の代理人として，……（以下省略）

　また，書面ドラフトに限らず，相手方と対面や電話などで行われる交渉についても，当然，相談者と協議のうえ，**事前承諾を得た方針の範囲で行う必要が**あります。ただし，相談者から，ある程度幅のある範囲での承諾をもらっておく（一定の裁量を与えてもらう）ことはありうるでしょう。

　なお，相談者との間で，口頭で方針を打ち合わせた場合でも，和解条件を提示する場合などの重要な局面においては，相談者との間で認識の齟齬が生じないよう，また，相談者との間でトラブルとならないよう，口頭で打ち合わせた内容を，改めてメールやチャットなどでも確認的に送っておくようにするとよいでしょう。

4 よく問題となる法律

すでに述べたとおり，紛争案件においては，まずは適用されるべき法律を理解することが重要です。紛争の種類は様々であり，本書において，関連するすべての法律を解説することは困難ですが，以下ではよく問題となる法律について簡単な解説を行います。

なお，契約不適合責任を含む債務不履行責任は，契約責任とも呼ばれ，直接の契約関係のある相手方に対して請求し，または直接の契約関係のある相手方から請求されうるものです[8]が，不法行為責任や製造物責任は，直接の契約関係のない者に対しても請求し，または直接の契約関係のない者からも請求されうるものになります。

(1) 債務不履行責任

● 債務不履行責任とは

債務者が債務の本旨に従った履行をしない，またはできない場合に債務者が負う責任，典型的には，契約で定めた義務を履行しない，またはできない場合に，当該契約上の義務を負う当事者が負う責任を債務不履行責任といいます。

● 債務不履行の態様

債務不履行は，①履行不能，②履行遅滞，③不完全履行の3つの態様に分類するのが一般的です。

①履行不能とは債務の履行が取引上の社会通念に照らして不能である場合[9]（民法412条の2第1項）を，②履行遅滞とは履行が可能であるのに履行期（民法412条参照）に履行がされない場合を，③不完全履行とは債務の本旨に反する不完全な給付が行われた場合をいいます。

8　なお，厳密には，債務の発生原因は契約に限りませんが，実務上，債務不履行責任が問題となる場合のほとんどが契約に基づく債務の債務不履行でしょう。

9　契約の成立時点にすでに不能である場合を含みます（民法412条の2第2項）。

152　第4章　紛争相談対応におけるポイント

• 債権者が採りうる手段

　相手方に債務不履行がある場合に，債権者が採りうる手段としては，履行不能の場合を除き（民法412条の2第1項），債務の本旨に従った**履行をするように請求する**ことが考えられます（民法414条参照）。

　また，**契約を解除する**という手段も考えられます。民法541条に催告解除，同542条に無催告解除の要件が定められています。契約を解除することによって，契約上の義務を免れ，また，すでに履行済みのものがあればそれを返してもらうように請求（この請求を「原状回復請求」といいます）することができます（民法545条1項）。ただし，債務不履行が債権者の責めに帰すべき事由によるものであるときは，契約の解除をすることはできません（民法543条）。

　さらに，相手方の債務不履行によって損害が生じた場合には，契約の解除とともに[10]，または，契約の解除をすることなく，**損害賠償請求**をするという手段が考えられます（民法415条1項）。ただし，債務不履行が社会通念に照らして，債務者の責めに帰することができない事由によるものであるときは，損害賠償請求は認められません（同条項ただし書）[11]。そして，履行不能の場合など民法415条2項各号に該当する場合には，「債務の履行に代わる損害賠償」（塡補賠償）を求めることが可能です。損害賠償の範囲については，原則として債務不履行によって通常生ずべき損害（民法416条1項）に限られますが，当事者が特別の事情を予見すべきであったときは，特別の事情によって生じた損害も損害賠償の範囲に含まれます（同条2項）。

• 消滅時効

　履行請求権や債務不履行に基づく損害賠償請求権などの債権は，原則として，債権者が，「権利を行使できることを知った時」から5年間，または，「権利を行使することができる時」から10年間[12]のいずれか早く到来した時に，**時効に**

10　解除権の行使は損害賠償請求を妨げません（民法545条4項）。
11　当事者の責めに帰することができない事由，または，債権者の責めに帰すべき事由によって債務を履行することができなくなった場合には，危険負担（民法536条）の問題として取り扱われます。
12　人の生命または身体の侵害による損害賠償請求権の場合は，20年間となります（民法167条）。

よって消滅します（民法166条1項）。

・契約不適合責任

なお、いわゆる契約不適合責任も債務不履行責任の1つですが、契約不適合責任については、「(3)　契約不適合責任」で後述します。

(2)　不法行為責任

・不法行為責任とは

故意または過失によって他人の権利または法律上保護される利益を侵害した場合に負う責任を不法行為責任といいます（民法709条）。

上述の債務不履行責任と異なり、請求者と被請求者との間に契約関係などの既存の債権債務関係がない場合にも、不法行為責任は発生しえます。この点は、交通事故の加害者が被害者に負う責任を思い浮かべてもらうとわかりやすいでしょう。

・責任追及手段

債務不履行責任と異なり、不法行為の責任追及手段は、原則として、損害賠償請求に限られます[13]。

・債務不履行責任との立証責任の違い

また、債務不履行責任の場合、その債務不履行が「債務者の責めに帰すことのできない事由によるものである」（民法415条1項ただし書）ことの立証責任は被請求者（債務者）側にあることから、請求者（債権者）は、債務者の帰責事由を自ら立証しなくとも責任追及が可能です。

13　名誉毀損においては、損害賠償請求のほか原状回復（名誉を回復するのに適当な処分）も認められています（民法723条）。また、判例・通説上、不法行為の効果として認められているわけではないものの、人格権としての名誉権など、新しい権利概念を根拠として差止請求を認めている判例・裁判例は複数存在します（我妻榮＝有泉亨＝清水誠＝田山輝明『我妻・有泉コンメンタール民法［第8版］総則・物権・債権』（日本評論社、2022年）（以下「我妻・有泉コンメンタール」といいます）1569頁参照）。さらに、特許法100条など、特別法の明文において差止請求を認めている場合があります。

154　第4章　紛争相談対応におけるポイント

　一方で，不法行為責任に基づく損害賠償請求の場合には，請求者（被害者）の側で被請求者（加害者）の故意または過失を立証しなければなりません。

• 消滅時効

　不法行為による損害賠償請求権は，「被害者又はその法廷代理人が損害及び加害者を知った時」から3年間[14]，または，「不法行為の時」から20年間で，時効によって消滅します（民法724条）[15]。

(3)　契約不適合責任

• 契約不適合責任とは

　契約不適合責任とは，「引き渡された目的物が種類，品質又は数量に関して契約の内容に適合しないものであるとき」（民法562条1項。以下「契約不適合」といいます）に売主が買主に対して負う責任をいいます。たとえば，商品が不良品であった場合に売主が買主に対して負う責任がこれに当たります。

　契約不適合責任に関する民法の規定は，典型的には，売買契約に適用される規定ですが，当該有償契約の性質がこれを許さない場合を除き，**請負契約**[16]などの売買以外の有償契約について準用されます（民法559条）。

• 契約不適合がある場合に買主が民法上採りうる手段

　契約不適合がある場合に買主が採りうる手段としては，民法上，(i)**履行の追完請求**，(ii)**代金減額請求**，(iii)**解除権の行使**，(iv)**損害賠償請求**の4つが定められています。

　まず，(i)**履行の追完請求**について，民法は，具体的な追完方法として，目的

14　人の生命または身体を害する不法行為による損害賠償請求権の場合は，5年間となります（民法724条の2）。

15　民法改正前は，不法行為の時から20年という期間制限（改正前民法724条後段）は，消滅時効ではなく，除斥期間と考えられてきました。

16　請負契約について，民法改正前は請負人の担保責任の規定が置かれていました（改正前民法634条）が，民法改正後は，改正前民法634条に相当する内容の条文は削除されました。その結果，請負の担保責任に関する規律は，民法559条に委ねられることになりました（第一東京弁護士会　司法制度調査委員会編『新旧対照でわかる改正債権法の逐条解説』（新日本法規，2017年））334頁。

物の修補，代替物の引渡し，不足分の引渡しの方法を定めています（民法562条1項）。これらのうちどの方法によるかは，第一次的には，買主が選択できることとされています（同条1項本文）。ただし，買主に不相当な負担を課するものでないときは，売主は，買主が請求した方法と異なる方法で追完することが可能です（同条1項ただし書）。なお，契約不適合が買主の帰責事由による場合には，買主は，履行の追完請求をすることはできません（同条2項）。

次に，(ii)**代金減額請求**について，民法では，買主が相当の期間を定めて履行の追完の催告をし，催告期間内に履行の追完がないときは，その不適合の程度に応じて代金の減額を請求することができるとされています（民法563条1項）。ただし，履行の追完が不能である場合など，一定の場合（同条2項各号に該当する場合）には，買主は，催告をすることなく，代金減額請求をすることができます（同条2項）。履行の追完請求と同様，契約不適合が買主の帰責事由によるものである場合には，買主は，代金減額請求をすることはできません（同条3項）。

これらの手段は，「(1) 債務不履行責任」で述べた解除権の行使（民法541条，542条）および損害賠償請求（民法415条）を妨げるものではありません（民法564条）。したがって，買主は，債務不履行があった場合の一般的な規律に基づき，各要件を満たす場合には，(iii)**解除権の行使**や(iv)**損害賠償請求**を行うことが可能です。

• 契約不適合責任追及の期間制限（民法上のルール）

民法上，種類または品質に関する契約不適合を理由とする場合，**買主が契約不適合を知った時から1年以内にその旨を売主に通知**[17]**をしないときは，買主**は，その不適合を理由として，「履行の追完の請求，代金の減額の請求，損害賠償の請求及び契約の解除」（以下「契約不適合責任の追及」といいます）をすることができなくなります（民法566条本文）。ただし，売主が引渡しの時に

17　通知は，損害額の算定の根拠まで示す必要はないものの，不適合の内容を把握することが可能な程度に，不適合の種類・範囲を伝えることが必要と考えられます（筒井健夫＝村松秀樹編著『一問一答　民法（債権関係）改正』（商事法務，2018年）（以下「一問一答」といいます）285頁参照）。

156 第4章 紛争相談対応におけるポイント

契約不適合につき知っていた，または，重大な過失により知らなかった場合には，上記1年の期間制限にはかかりません（同条ただし書）。

また，数量不足に関する契約不適合を理由とする場合については，期間制限が設けられていません（民法566条本文）。

• 契約不適合責任追及の期間制限（商法526条）

商人[18]間の売買においては，**商法526条が適用されます**。商法526条は，契約不適合責任追及の期間制限につき，上記で述べた民法上のルールよりも買主にとって厳しいルールを定めています。

すなわち，買主は，目的物を受領したときは，「遅滞なく」目的物を検査しなければならず（商法526条1項），検査により契約不適合を発見したときは，「直ちに」売主に通知を発しなければ，その契約不適合を理由とする契約不適合責任の追及をすることができなくなります（同条2項前段）。

また，種類または品質[19]に関する契約不適合については，「契約不適合を直ちに発見することができない場合」において，買主が目的物の受領後6か月以内に契約不適合を発見したときは，「直ちに」売主に通知を発しなければ，その契約不適合を理由とする契約不適合責任の追及をすることができなくなります（商法526条2項後段）。なお，発見が6か月以内であれば，通知は6か月以内に発信されなくてもよいとされています[20]。

そして，判例[21]によれば，（買主が目的物の受領後6か月以内に契約不適合を発見できなかった場合であっても，）買主が目的物の受領後6か月以内に契

---

18 「商人」とは，自己の名をもって商行為をすることを業とする者をいいます（商法4条1項）。したがって，会社は，当然に商人に当たります（会社法5条参照）が，個人であっても，自己の名をもって商行為をすることを業としていれば商人に当たります。
19 数量不足に関しては規定がありませんが，期間制限にかからないという説（青竹正一『商法総則・商行為法（第3版）』（信山社，2023年）（以下「青竹商法総則・商行為法」といいます）225頁参照）と6か月の期間制限にかかるという説（弥永真生『リーガルマインド商法総則・商行為法〔第3版〕』（有斐閣，2019年）（以下「リーガルマインド商法総則・商行為法」といいます）105頁参照）があり，学説の対立があるようです。
20 リーガルマインド商法総則・商行為法105頁
21 最判昭和47年1月25日集民105号19頁。これに対し，ただちに発見できない契約不適合について，過失なく発見できなかったときは6か月の期間制限を受けないと解する見解も存在します（青竹商法総則・商行為法225頁）。

約不適合を発見して直ちにその旨の通知を発しなければ，買主は売主に対して当該契約不適合を理由とする契約不適合責任の追及をすることができなくなるとされています。

ただし，当該契約不適合につき，売主が悪意であった，つまり，当該契約不適合を知っていた場合には，上記期間制限にはかかりません（商法526条3項）。

•消滅時効

上記の期間制限とは別に，契約不適合責任の追及に係る権利についても，消滅時効の規定が適用されます[22]。

したがって，買主が，（たとえ，契約不適合を売主に通知することで権利を保存したとしても，）契約不適合を知った時から5年間，または，引渡しの時から10年間，契約不適合責任の追及をしない場合には，契約不適合責任の追及に係る権利は，**時効によって消滅**します（民法166条1項）[23]。

(4) 製造物責任[24]

•製造物責任法とは

製造物責任法（PL法とも呼ばれます。PLとは，Product Liability の略です）とは，**製造物**（「製造又は加工された動産」をいいます（製造物責任法2条1項）**の欠陥**（「製造物が通常有すべき安全性を欠いていること」をいいます（同条2項）。安全性に関わらないような単なる品質上の不具合は，同法上の「欠陥」には当たりません）**が原因で生命，身体または財産に損害を被った場合に，被害者が製造業者等に対して損害賠償を求めることができることを規定した法律**です。

不法行為責任（民法709条）の特則であり，「(2) 不法行為責任」で述べたとおり，不法行為責任に基づく損害賠償請求の場合には加害者の故意または過失

22　一問一答284頁～286頁

23　履行の追完請求権，代金減額請求権，損害賠償請求権および契約の解除権のいずれについても消滅時効にかかるものと解されます（池田真朗＝片山直也＝北居功編『判例講義民法Ⅱ債権　新訂第3版』（勁草書房，2023年）132頁参照）。

24　消費者庁ウェブサイト「製造物責任法の概要 Q&A」（https://www.caa.go.jp/policies/policy/consumer_safety/other/pl_qa.html）参照。

158 第4章 紛争相談対応におけるポイント

を立証しなければならないところ，製造物責任については，加害者の故意また
は過失の立証をすることなく，**製造物の欠陥を立証する**ことで足ります。

• 製造物責任法の対象

製造物責任法により損害賠償を請求することができるのは，製造物の欠陥に
よって，人の生命，身体に被害をもたらした場合，または，欠陥のある製造物
以外の財産に損害が発生した場合に限られます。

したがって，欠陥による被害が，その製造物自体の損害にとどまる場合（た
とえば，走行中のバイクから煙が上がり走行不能となったものの，当該バイク
以外に被害が生じなかった場合）は，製造物責任法の対象にはなりません（別
途，不法行為や債務不履行などの責任を追及できる可能性はあります）。

• 製造物責任の責任主体

同法の責任主体となるのは「製造業者等」であり，「製造業者等」とは，以
下の①〜③のいずれかに該当する者をいいます（製造物責任法2条3項）。

---

① 製造物を業として製造，加工または輸入した者（同条項1号）
② 自ら製造業者として製造物にその氏名等の表示をした者または製造物にその
   製造業者と誤認させるような氏名等の表示をした者（同条項2号）
③ 実質的な製造業者と認めることができる氏名等の表示をした者（同条項3
   号）

したがって，たとえば**量販店などの販売業者**は，原則として同法の責任主体
とはなりません。もっとも，たとえば，OEM[25]の場合など，販売業者が製造
業者に自社のブランドを付して製造させるような場合には，**販売業者も，②
（または③）として「製造業者等」に該当し，製造物責任の主体として，被害
者から損害賠償請求を受ける可能性があります。**

---

25 自社で生産した製品に相手先企業の商標などをつけて供給する生産形態をいいます。

4　よく問題となる法律　159

・消滅時効

　製造物責任法に基づく損害賠償請求権は，「被害者又はその法定代理人が損害及び賠償義務者を知った時」から3年間[26]，または，「その製造業者等が当該製造物を引き渡した時」（製造物を流通させた時）から10年間[27]で，**時効によって消滅**します（製造物責任法5条1項）。

(5)　注意点

　当事者間に直接の契約関係がある場合，ここまで述べた法律の規定による帰結が当事者の合意（契約）によって修正されていることがあります。そして，強行規定に反しない限り，契約上の規定が法律の規定に優先する（民法91条）ことになります。実務上よくあるところでは，当事者が負う損害賠償額に上限を設けている場合，契約不適合責任について責任追及手段や責任追及期間を限定している場合などがあります。

　したがって，直接の契約関係のある相手方に請求をする場合，または，直接の契約関係のある相手方から請求を受けた場合には，**契約上どのような合意がされているかについて，当該当事者間に適用される契約書や利用規約などを確認する**ことが不可欠です。

26　人の生命または身体を害する不法行為による損害賠償請求権の場合は，5年間となります（製造物責任法5条2項）。
27　身体に蓄積した場合に人の健康を害することとなる物質による損害または一定の潜伏期間が経過した後に症状が現れる損害については，その損害が生じた時から起算します（製造物責任法5条3項）。

5　品質クレームにおける対応のポイント

　本章，特に「6　相手方への対応方法」以下では，紛争の相手方対応のポイントを中心に解説していきますが，紛争の内容によっては，**紛争の相手方以外にも対応が必要な**場面が存在します。そこで，品質クレームのケースを例に，紛争の相手方以外の対応のポイントについても少し触れておきたいと思います[28]。

(1)　社内対応のポイント

　品質クレーム対応においては，法務部門のみならず，様々な部門が関わってくる可能性があります。たとえば，品質不良の調査には製造部門が，被害者対応には営業部門が，プレスリリース対応などが必要な場合には広報部門が関わってくるでしょう。そのため，**部門を超えて情報収集・管理を行い，企業として一貫した対応を採る**ことが重要なポイントとなります。その際，法務部門が，社内における中心的役割を担うことを求められることも少なくないでしょう。

(2)　一般ユーザー対応のポイント

　品質不良が認められる場合，クレームを行った直接の相手方（被害者）のみならず，同一の品質不良が存在する製品を使用しているその他の一般ユーザーへの対応，典型的には，リコール対応とその周知（プレスリリースなど）対応が必要になる場合があります。日本の法律においては，リコール対応について一般的に定めた法律は存在せず，製品ごとに規制が存在する（消費生活用製品安全法38条，医薬品医療機器等の品質，有効性及び安全性の確保等に関する法律68条の9など）状況であることから，具体的な対応については，製品ごとに検討することが必要になります[29]。

28　小森悠吾「品質不良，欠陥の判明時における有事対応」（ビジネス法務2023年12月号）にコンパクトにまとまっています。

(3) 規制当局対応のポイント

　規制当局への対応，典型的には，規制当局への報告や協議などの対応を行うことが必要なケースも存在します。報告についても，リコール同様，製品ごとの規制（消費生活用製品安全法35条など）を検討することが必要になります。

29　基本的な考え方や手順を知るうえでは，経済産業省「消費生活用製品のリコールハンドブック2022」（https://www.meti.go.jp/product_safety/recall/recall_handbook2022.pdf）が参考になるでしょう。

6　相手方への対応方法

　ここからは，紛争の相手方への対応を中心に解説していきます。

　まず，紛争の相手方への対応方法の種類についてですが，大きく分けて，①交渉，②ADR，③裁判の方法があり，事案に応じて適切な手段を選択することが必要です。

　①交渉については，本章「3　第3章までのポイント」「(3)　初期判断のポイント」で述べたとおり，その方法はいくつか考えられるところです。交渉のポイントについては，本章「8　交渉のポイント」で解説します。

　②ADRについては，裁判所で行われるもの（例：民事調停）や独立行政委員会，行政機関（例：建設工事紛争審査会）が行うもの，民間団体（例：弁護士会仲裁センター）が行うものがあります。特定の類型に属する紛争においては，ADR（例：建設工事の請負契約に関する紛争における建設工事紛争審査会の利用）が利用されることがあり，また，国際取引に関する紛争においては，仲裁機関（例：日本商事仲裁協会）における仲裁という手段が選択されることが多いでしょう。ただし，誤解をおそれずにいえば，日本においては，特定の分野を除きADRという手段はそこまで普及しておらず，一般的な選択肢とまではなっていないのが実情ではないかと思われます。

　③裁判については，訴訟手続が典型ですが，訴訟に先行する形で[30]，仮差押え（民事保全法20条），係争物に関する仮処分（同法23条1項），仮の地位に関する仮処分（同法23条2項）といった民事保全手続の手段を採ることも多いです。民事保全手続は，通常の訴訟に比べて，簡易・迅速な手続が採られ，早期に相談者の権利や相手方の財産を保全することが可能です。また，民事保全手続が交渉の手段として利用されることもよくあります。たとえば，相手方の銀行口座にある預金債権を仮差押えすることができた場合，相手方において，金融機

30　保全手続を訴訟に先行して行うのが典型的なパターンではありますが，訴訟提起の後，保全手続を行うことがないわけではありません。また，たとえば，インターネットへの投稿記事の削除を求める仮処分の場合など，仮処分決定によって目的を達成でき，訴訟（本訴）の提起を要しない場合もあります。

関や取引先への影響を懸念するなどといった理由から早期解決を望むようになり，一気に交渉が進展するというようなケースはよくあります。

164　第4章　紛争相談対応におけるポイント

7　通知書のポイント

(1)　はじめに

　ここからは，（裁判やADRに至る前の）交渉とそれに続く裁判外での合意段階までの解説を行います。

　まず，通知書におけるポイントを解説します。被請求者側であっても，相手方に対して書面を送付する場合はありますが，ここでは，**請求者側が被請求者側に送付する最初の書面を典型的に想定して**解説します。

　紛争案件における相手方対応において交渉の方法を採る場合，相手方との交渉をスタートするとき，あるいは，相手方との話し合いが行き詰まったときに，（本章「3　第3章までのポイント」「(3)　初期判断のポイント」で述べた③または④の段階で）相手方に対し，**相談者の法的主張を記載した通知書を送る**場合があります。具体例としては，契約を解除するもの（解除通知），債務の履行を督促するもの（督促書），知的財産権などの権利侵害に対し警告を発するもの（警告書）などが挙げられます。なお，弁護士が入る場合には，受任通知を兼ねる場合が多いです。以下では，このような通知書を作成・送付する際のポイントについて解説します。

(2)　目標を設定する

　通知書を作成する際は，まず通知書の目標，言い換えれば，**「その通知書によって何がしたいか」を設定する**ことが重要です。

　ここで設定した目標に応じて，通知書全体のトーンや記載内容も変わってきます。たとえば，交渉が決裂した際には訴訟も辞さない場合であれば，「上記期限内にお支払いがない場合には，訴訟等の法的措置に移行する所存ですので，その旨ご承知おきください」と記載するところを，話し合いによるソフトランディングな決着も見据える場合には，「本件につき，話し合いを希望される場合には，本書到達後7営業日以内に●●までご連絡ください」と記載するといった形で記載内容を変えることが考えられます。

また，特に，to B の商取引の中でのトラブルのケースでは，紛争の相手方が取引先ということになり，（トラブルの内容にもよるものの，）今後も相手方とのビジネスが続く場合があります。このような場合には，関係を必要以上に悪化させないことを念頭において，通知書全体のニュアンスを調整することが必要になります。

(3)　タイトルを工夫する

上記の点は，書面タイトルにも表れます。たとえば，ソフトランディングな決着も見据えるのであれば，「受任のお知らせ」のような比較的穏当なタイトルを付し，相手に強いインパクトを与えたいのであれば，「督促書」のような比較的強めのタイトルを付すといったような工夫が考えられます。

通知書の目標に応じて，適切なタイトルを設定するように工夫しましょう。

(4)　相談者の主張や相手方への要求を記載する

通知書を送付する以上，そこには何らかの主張（解除，督促，警告など）があるのが通常です。したがって，**通知書には，相談者の求める主張内容を明確に記載**します。

また，代金の支払や債務の履行など，相手方への要求がある場合には，「**相手方に何を求めているか」が明確になるようにその内容を記載**しましょう。要求が複数ある場合には，箇条書きにするといった工夫も考えられます。

(5)　根拠を記載する

主張や要求を行う以上，通知書には根拠の記載がなければ，その主張や要求は説得力を持ちません。したがって，通知書には根拠となる事実を記載することになります。そして，通知書に記載するのは，通常，法的な主張・要求であることから，**根拠となるのは，相談者の主張・要求を基礎づける法的根拠に対応する要件事実の記載**である場合が多いと思います。

裁判手続ではありませんので，必ずしも，常に要件事実の記載を厳密に漏れなく行う必要があるとは限らないかもしれませんが，要件事実の記載のない通知書は説得力を欠く場合が多いでしょう。また，要件事実を意識することで，

相談者に確認すべき事項や各要件事実に対応する根拠資料の有無や強弱を整理することができ，結果として，訴訟に至った場合の結論を予測しやすくなるといった側面もあります。

特に，通知書において，解除（民法541条など）や取消し（民法96条1項など）といった法律行為を行う場合には，**意図した法律効果が確実に発生するように注意が必要です**。たとえば，民法541条に基づく解除を行う場合には，その要件事実として「催告」の事実が必要です。「●日までに履行がされない場合には，契約を解除する」といったいわゆる停止条件付解除も解除として有効です[31]が，そもそも「催告」自体を通知書に記載し忘れてしまった場合，当該通知書による解除の効果が認められないこととなってしまうリスクがあります。

また，**契約に基づく主張を行う場合には，契約書や利用規約などの条項が根拠となります**。具体的な条項を明示して根拠を示すようにしましょう。「(6) 通知書の実例」で示す実例も参考にしてください。

(6) 通知書の実例

以下に，通知書の実例を示します。

なお，以下の通知書は，会社名義で送る解約通知を想定したものになります。外部弁護士が送る通知書の場合，その相手方に送る初めての通知書であれば，当事者より事件を受任した旨を通知（いわゆる「受任通知」）し，また，今後の連絡先を弁護士宛てにするように要求する旨も記載するのが通常です[32]。外部弁護士が送る通知書の実例については，「第6章　ケーススタディ」「3　法律事務所にて……」を参照してください。

31　我妻・有泉コンメンタール1170頁
32　なお，相手方に代理人弁護士がついた場合，あなたが弁護士であれば，正当な理由なく，相手方代理人の承諾なく相手方本人と直接交渉をすることは，弁護士職務基本規程に違反します（職務基本規程52条）。

7　通知書のポイント　167

【通知書の実例】

20XX年XX月XX日

〒○○○-○○○○
東京都港区○○
株式会社○○
代表取締役　○○　○○　殿

〒●●●-●●●●
東京都港区●●
株式会社●●
代表取締役　●●　●●

解約通知書

　当社は，貴社との間で，20XX年XX月XX日付け「業務委託契約書」（以下「本契約」といいます。）を締結しました。そして，本契約第●条には，当社から貴社への委託業務の内容として，「定例会への出席」が明記されております。

　しかしながら，貴社は，XX年XX月XX日に開催された定例会に事前連絡もなく欠席し，また，再三にわたる当社担当者からの電話にも出ず，さらに，本日に至るまで連絡が取れない状況が続いております。

　このような貴社の行為は，本契約第●条第●項第●号に定める「本契約に関し，重大な違反があったとき」に該当するものであることは明らかです。したがって，当社は，本契約第●条第●項に基づき，本書をもって本契約を本日付けで解約いたします。

　今後，貴社から業務委託料その他のご請求があった場合にも，当社としては一切請求に応じることはできませんので，その旨ご了承ください。

以上

(7)　期限を設定する

　相手方に要求を行う場合には，その**履行期限を設定**すべきです。期限を設定することそれ自体が相手方に履行を促す効果が期待できますし，また，場合によっては，解除の場面における催告期限（民法541条の「相当の期間」）など，期限が法的に意味を持つ場合もあります[33]。

　また，期限を記載することは，たとえば，「期限までに連絡がなかった場合

168　第4章　紛争相談対応におけるポイント

には訴訟を提起することにする」といった形で，**相談者における今後の方針の指針にもなります**。

(8)　要求に従わない場合のアクションやペナルティを記載する

　相手方に要求を行う場合には，それに**従わない場合のアクションやペナルティを記載**することで，相手方に履行を促すことが有効です。

　典型的には，「万一，上記期限内に履行がない場合には，速やかに訴訟等の法的措置に移行する所存ですので，その旨ご承知おきください」というように，法的手段に出ることを示唆する場合が多いと思います。

　また，「(5)　根拠を記載する」で述べた停止条件付解除を行う場合の，「●日までに履行がされない場合には，契約を解除する」という記載もその1つといえます。

　さらに，相手方の行為が犯罪行為に当たる可能性がある場合には，その旨を指摘することや，さらに進んで「刑事告訴を検討している」ことを記載する場合もあります。

　ただし，あまりに過大な要求を記載することはかえって紛争を激化させかねません。また，根拠が薄弱な場合や程度が行き過ぎた場合には，通知書を送った側が脅迫罪や強要罪などに問われるリスク，また，弁護士であれば懲戒されるリスクも否定できないところであり，注意が必要です。

(9)　将来における使われ方を意識する

　通知書を相手方に送付する場合には，**当該通知書が将来においてどのように使われるかを意識しておく**ことも必要です。

　典型的には，裁判で証拠として使われる可能性を意識するべきです。通知書送付時点と訴訟時点で主張の法律構成が変わるケースがないわけではありませ

33　ただし，判例および近時の学説は，「相当の期間」につき緩やかに解しており，催告に定められた期間が不相当な場合（最判昭和29年12月21日民集8巻2211頁）や全く催告期間を定めない場合（大判昭和9年10月31日新聞3771号11頁）であっても，催告から相当な期間を経過したときは解除権が発生すると考えています（我妻・有泉コンメンタール1167頁～1168頁）。

んが，訴訟提起前から一貫した主張をしているという事実自体が，主張の信頼性を高める可能性もあるところです。

また，被請求者側はもちろん，請求者側であっても，相談者にとって不利な事実について，十分な根拠もなく認めてしまうような記載は絶対に避けるべきです。すなわち，このような記載が通知書にされている場合，裁判において，相手方に有利な（相談者に不利な）証拠として利用されてしまうおそれがあります。仮に，裁判に至らない場合でも，後から「あれは実は間違いだった」などと訂正することは，相手方の印象を悪くするリスクが高く，結果として交渉上不利な立場に追い込まれてしまう可能性があります。

(10) 送付方法を使い分ける

通知書の送付方法は様々であり，目的に合わせて使い分けることが必要です。

最も典型的な手段は，郵送によるものでしょう。郵送の方法は，メールなどに比べて形式ばったものであり，郵送の方法を用いることで，事態の重大性を相手方に認識させることが期待できる一方で，連絡手段としては大げさな印象を与える可能性があります。したがって，特に，ソフトランディングな解決も見据えているケースであれば不適切な場合があるでしょう。

そのため，郵送よりもソフトな手段として，通知書をPDFにしてメールやチャット添付で送付する方法，また，（「通知書」という形ではありませんが，）通知内容をメールやチャット本文に記載して送付する方法，さらには，FAXで送付する方法もありうるところです。

なお，（特にto Bの場合により多いと思いますが，）通知書を送付した後に，電話や面談などによって口頭で補足をする場合もあります。特に，ソフトランディングな解決を目指す場合には，書面だけだと必要以上に攻撃的な印象を与えてしまう可能性もあることから，この方法を用いるケースが多いでしょう。

(11) 郵送方法を使い分ける

郵送方法にも複数あり，これも目的に合わせて使い分けるべきです。

郵送方法としては，配達証明付の内容証明郵便，簡易書留，特定記録付の普通郵便，レターパックライト，レターパックプラスなどの方法が考えられま

す[34]。

　一般的には，**配達証明付の内容証明郵便の方法**が選択される場合が多いでしょう。内容証明とは，いつ，いかなる内容の文書が誰から誰宛てに差し出されたかということを，郵便局が証明するサービスです。通常は，配達証明サービスも同時に利用することによって，郵便物が配達された事実および配達日についても郵便局に証明してもらう（証明書を出してもらう）ようにすることが多いと思います。内容証明も配達証明も，一般書留の郵便物について利用できるサービスであり，郵便物の受取りには受取人の受領印または署名が必要であり，かつ，郵便局において郵便物の引受けから配達までの送達過程を記録してくれます。このような**配達証明付の内容証明郵便の方法を採る理由は主に２つ**あります。**１つ目は，証拠化**です。解除通知や時効の完成猶予のための「催告」（民法150条１項）など，通知書によって法律行為ないし準法律行為を行う場合には，そのような内容の通知を行ったこと，および当該通知が相手方に到達した（配達された）ことと配達日を証拠化しておくべきであり，この方法を選択することは必須といえます。**２つ目は，相手方にインパクトを与えること**です。内容証明郵便という形式ばった方法で書面が届くこと自体が相手方に一定のインパクトを与えるものであり，このようなインパクトを与えたい場合，たとえば警告書を出す場合などには，この方法が有効といえます。一方で，大げさな印象を与えるものであり，やはり，ソフトランディングな解決も見据えているケースであれば不適切な場合があるでしょう。

　そこで，ケースによっては，以下のような配達証明付の内容証明郵便以外の方法を選択することがあります。

　簡易書留の方法による場合，一般書留同様，郵便物の引受けと配達（原則として，受取人の受領印または署名が必要です）の記録が残り，インターネット上で配達状況を確認することもできます（したがって，配達証明ほど厳格なものではありませんが，この画面をプリントアウトしておくことで，一応の証拠化も可能です）。しかしながら，内容証明や配達証明のサービスを利用することはできません。

34　郵便局ウェブサイト（https://www.post.japanpost.jp/index.html）参照。

特定記録付の普通郵便の方法による場合，郵便物の引受けの記録が残り，インターネット上で配達状況を確認することもできます。しかしながら，郵便受箱への投函となり，受取人の受領印または署名はされませんので，確認できるのは，あくまでも郵便受箱への投函のみということになります。もっとも，郵便受箱への投函なので，相手方による郵便物の受取拒否が予想される場合や，ともかくまずは相手方に通知書を読んでもらいたいという場合には，むしろ有効な手段といえます。内容証明郵便に，「なお，念のため，本書と同内容の書面を特定記録郵便でもお送りしておきます」と記載しておき，内容証明郵便と特定記録付の普通郵便を同時に郵送することで，郵便局に通知書の内容を証明してもらいつつ，仮に内容証明郵便について受取拒否された場合にも，当該通知書を特定記録付の普通郵便によって相手方に到達させるという手段を採ることもテクニックの1つとして実務上よく行われます。

また，レターパックという方法もあります。レターパックは，簡易書留や特定記録と異なり，郵便局の窓口ではなく，ポストへ投函する方法で出すことができる点で便利です。レターパックには，配達時に受取人の受領印または署名を必要とするレターパックプラス（赤）と郵便受箱への投函となるレターパックライト（青）があります。いずれも，インターネット上で配達状況を確認することが可能です。

172　第4章　紛争相談対応におけるポイント

8　交渉のポイント

(1)　はじめに

　紛争事案において，いきなり裁判などの手段に出ることはむしろ稀であり，相手方との交渉を経るケースが多いです。**交渉による合意には，以下のようなメリットがあります。**

- 柔軟な（白黒つけない）解決が可能
- （裁判などと比べて）迅速な解決が可能
- （裁判などと比べて）任意の履行が期待できる可能性が高い
- （裁判などと比べて）弁護士費用や訴訟費用といったコストが低廉

　本章「3　第3章までのポイント」「(3)　初期判断のポイント」で述べたとおり，紛争案件における交渉の方法はいくつか考えられるところですが，ここでは，それらの方法に共通する一般的な交渉のポイントについて解説します。
　もっとも，交渉（術）に関しては，様々な書籍や媒体において詳細な解説がされていますので，本書において詳細な解説をすることはせず，本書では，交渉の基本的事項について紛争案件の特性と関連づけた簡単な解説をするにとどめます。

(2)　BATNA を設定する

　交渉においては，まず，**BATNA を設定しておくことが出発点**となります。BATNA とは，Best Alternative to Negotiated Agreement の略で，直訳すると「交渉による合意に代わる最善の方法」という意味です。BATNA を選択した場合に得られる価値を Reservation Value といい，「これを下回る場合には交渉による合意はしない」という交渉の最低水準となります。
　紛争案件においては，BATNA は，裁判である場合が多いでしょう。BATNA を裁判とした場合，裁判をすれば得られるであろう結果が交渉の最

低水準，すなわち，Reservation Value となります。したがって，これを下回る場合，言い換えれば，「裁判をしたほうが有利」なのであれば，（少なくとも理論上は，）交渉による合意をする必要はないということになります。

たとえば，裁判をすれば得られるであろう結果が500万円である場合，相手方からの提案が400万円であれば，交渉による合意はせずに，BATNA である裁判を選択したほうが得ということになります。反対に，相手方からの提案額が600万円である場合には，交渉による合意をすることには，メリットがあるといえます。

もっとも，「裁判をすれば得られるであろう結果」については，必ずしも一義的に決まるものではありません。想定される判決の内容はもちろん，その判決が得られる確率（勝訴見込み），（仮に勝訴判決を得られたとして）回収可能性，訴訟にかかるコスト（弁護士費用や訴訟費用などの経済的コストの他，その対応にかかる時間などを含みます）といった複合的な事情を総合考慮して判断する必要があります。ここで，想定される判決の内容とその判決が得られる確率（勝訴見込み）を判断するうえでは，法令や判例，文献などのリサーチが重要になってきます。

(3)　相手方を知る

交渉においては，**相手方の BATNA や Reservation Value を推測する**ことが重要です。これらを正確に推測することができれば，相手方の Reservation Value に近いところ，言い換えれば，相談者にとって利益の大きいところで，合意をすることが可能です[35]。

先ほど挙げた，相談者が裁判をして得られるであろう結果が500万円である場合の例で考えてみましょう。たとえば，現在の相手方からの提案が600万円である場合，相談者としても，Reservation Value をすでに上回っているため，

35　交渉による合意が可能な範囲を ZOPA といいます。Zone of Possible Agreement の略です。相談者（請求者側）の Reservation Value が500万円，相手方（被請求者側）の Reservation Value が700万円である場合，500万円～700万円の範囲が ZOPA となり，相手方の Reservation Value，すなわち，700万円に近いところで合意することができればその交渉は成功といえるでしょう。

174 第4章 紛争相談対応におけるポイント

相手方からの提案額で合意をするメリットはあるといえます。しかしながら，実際に相手方が見積っている Reservation Value は600万円よりもさらに高い額，たとえば，700万円である可能性があります。このような場合，相手方のBATNA や Reservation Value を正確に推測できていれば，「600万円の提案は蹴ったうえで粘り強く交渉を続けていくべき」という判断が可能であり，相談者により大きい利益をもたらすことができます。

しかしながら，相手方のBATNA や Reservation Value を直接知ることは困難です。そこで，公開情報[36]やこれまでの取引経過などから，相手方の情報を収集し，これらの推測の判断材料とするのです。また，交渉においては，通常，相互に，互いが持っている情報の交換が行われます。このような情報交換の中で得られる情報も，相手のBATNA や Reservation Value を推測するうえでの有用な判断材料となります。言い換えれば，交渉においては，相手方のBATNA や Reservation Value を推測するために有益な情報をいかに引き出すかが鍵となるのです。

(4) 交渉時の留意点

ここまで，一般的な交渉のポイントを解説してきましたが，以下では，紛争案件における交渉時の留意点について解説します。

まず，実際の紛争は，**感情的なもつれを含む場合があります**。そのため，交渉においては「提示額がいくらか」といった客観的条件のみならず，誠意を持って説明を尽くすといった相手方の感情への働きかけも重要になってきます。相手方がどこに不満を感じているのか，紛争の火種を特定し，早期に火種を消火できるように心がけるとよいでしょう。

また，上記のとおり，交渉においては，通常，互いが持っている情報の交換が行われます。相談者側の情報を開示するうえでは，**どのような情報を出すかをきちんと吟味しておくことが重要です**。この点は，本章「7　通知書のポイント」「(9)　将来における使われ方を意識する」で述べたことと同様，裁判上不利な証拠として使われるリスクや，裁判には至らない場合にも，一度言った

36　本章「3　第3章までのポイント」「(5)　リサーチのポイント」「・相手方の調査」参照。

ことをひっくり返すことは相手方の印象を悪くすることになり，交渉の立場上不利な立場に立たされるリスクがあることに留意する必要があります。たとえば，品質クレーム案件においては，十分な原因調査を行う前に安易に責任を認めるような言動をすることは，大きなリスクを伴います。

さらに，交渉においては，**相手方に交渉に応じることのメリットを感じさせる**ことも重要になります。上記のとおり，「裁判をすれば得られるであろう結果」は一義的に定められないものであり，相手方が，Reservation Value を誤って見積っている可能性も考えられるところです。客観的資料や根拠を示すことで，相手方の認識を改めさせ，結果的に交渉を優位に進められる場合もあるでしょう。

176　第4章　紛争相談対応におけるポイント

9　合意書のポイント

(1)　はじめに

　紛争につき，交渉を経て，相手方との間で合意ができた場合，合意内容を明確化するため，また，将来における紛争を防止するために，合意書を締結するのが通常です。

　この合意も契約の一種であり，「互いに譲歩（これを「互譲」といいます）をしてその間に存する争いをやめることを約する」場合には，和解契約に該当します（民法695条）。したがって，合意書の当事者は，合意書の内容に従って，権利・義務を負うことになります。以下，合意書作成のポイントを解説します。

(2)　合意書の実例

　まずは，合意書のイメージをつかんでもらうために，合意書の実例を紹介します。

　以下は，甲が買主，乙が売主である売買契約の目的物に契約不適合があった場合の紛争における合意書を想定したものです[37]。

【合意書の実例】

合意書

　株式会社○○（以下「甲」という。）及び株式会社××（以下「乙」という。）は，甲乙間で締結された20XX年XX月XX日付け売買契約書（以下「本契約」という。）に基づいて乙から甲に引き渡された製品（以下「本製品」という。）について契約不適合があった件（以下「本件」という。）に関し，以下のとおり合意

37　裁判における和解条項を解説したものですが，裁判所職員総合研修所監修『書記官事務を中心とした和解条項に関する実証的研究〔補訂版・和解条項記載例集〕』（法曹会，2010年）には，事件類型ごとの和解条項例が記載されており，合意書を作成するうえで参考になります。ただし，一般の書店などでの入手は困難で，司法研修所の書店で購入できます。

する（以下「本合意」という。）。

第1条（契約不適合の存在）
　乙は，本製品が，その品質に関して本契約の内容に適合しないものであったことを認める。

第2条（本契約の解除）
　甲及び乙は，本日をもって，本契約を解除することに合意する。

第3条（売買代金の返還）
　乙は，20XX年XX月XX日（以下「返還期日」という。）までに，本契約第●条に定める本製品の売買代金である●円を，下記口座に振込送金する方法により返還する。振込手数料は乙の負担とする。

記

　●●銀行　●●支店　普通預金口座●●●●●●
　口座名義　株式会社○○
　　　　　　（カ）マルマル）

第4条（遅延損害金）
　乙が前条に定める売買代金の返還を遅滞したときは，乙は甲に対し，返還期日の翌日から支払い済みに至るまで，年14.6％の割合による遅延損害金を支払う。

第5条（対象製品の処分）
　甲は，本製品を，乙が20XX年XX月XX日までに手配する業者に引き渡す方法によって処分する。なお，引渡場所は甲の本社とし，処分にかかる費用は乙の負担とする。

第6条（口外禁止）
　甲及び乙は，本件及び本合意について，正当な理由なく，甲乙以外の第三者に口外しないことを約する。

第7条（清算条項）
　甲及び乙は，甲乙間には，本合意に定めるもののほかに何らの債権債務関係のないことを相互に確認する。

　本合意の成立を証するため，本合意書2通を作成し，甲乙それぞれ記名押印の

178 第4章 紛争相談対応におけるポイント

```
上，各1通をそれぞれ保有する。

 20XX年XX月XX日

                              甲


                              乙
```

(3) タイトルを工夫する

合意書のタイトルをどうするかについては，特定のルールがあるわけではありません。

単に「合意書」とすることでもよいですし，「○○に関する合意書」のように合意対象を明示する形とする場合もあります。また，「示談書」や「和解契約書」というタイトルとすることでも構いませんが，「示談」や「和解」という表現は紛争的側面がより強く出ることから，好まれない場合が多いように思います。

円滑な合意ができるようにタイトルを工夫しましょう。

(4) 紛争原因を記載する

紛争の蒸し返しを防ぐという観点からは，**いかなる紛争を対象とした合意なのかという点を明確にしておくことが望ましいです。**

上記の実例においては，頭書で対象となる契約を特定し，さらに第1条に契約不適合の存在を認める条項を入れることで，紛争の原因となった事実を特定しています。

(5) 解決方法を記載する

どのような形で解決をするかにつき，当事者間で合意した内容を記載します。
上記の実例においては，契約を解除して売買代金を返還することで解決を図

るものですが，解決方法については修補や代替物の引渡し，損害賠償の支払など，様々なパターンが考えられるところです。交渉においては，このような複数の選択肢があることを前提に，相談者にとってどのような解決が望ましいのか，また，相手方にとってどのような解決なら受け入れやすいのかといった点を考慮しつつ交渉を進めることが必要になります。

　なお，登記が絡むような場面では，登記実務上問題がない文言になっているか，あらかじめ司法書士などに確認するようにしておくとよいでしょう。

(6)　違反があった場合の手当てをしておく

　合意書によって合意をしたとしても，相手方が合意どおりに履行してくれるとは限りません。そのため，**合意書違反に対する十分な手当てをしておくべき**です。

　上記の実例では，売買代金の返還を定める第3条に違反した場合に，遅延損害金というペナルティが発生するように定めています（第4条）。このように定めることで，万一違反があった場合に実際に遅延損害金を請求できるだけでなく，そもそも相手方が第3条に違反することを抑止する効果も期待できます。遅延損害金の定めの他，長期の分割払いを定めるような合意とする場合には，支払に遅延があった場合（「●回続けて遅延があったとき」や「遅滞の総額が●円に達したとき」などと条件を付すこともあります）に，残りの債務についても期限の利益を喪失するような条項とするケースもよくあります。

(7)　口外禁止（秘密保持義務）を定める

　紛争の原因や紛争があったことそれ自体，紛争の解決方法などは，第三者に口外されたくない情報だと思います。情報が外部に漏れることで，企業のレピュテーションを低下させる可能性もありますし，また，そのような解決をしたことが他の案件に波及してしまうことが望ましくない場合もあります。

　したがって，合意書には，上記の実例でいう第6条のような**口外禁止条項，あるいは，秘密保持条項を設ける**ことが一般的です。

180　第4章　紛争相談対応におけるポイント

(8)　清算条項を定める

　紛争を終局的に解決するためには，当事者間に合意書に定める以外の債権債務関係がないことを確認しておくことが必須であり，これこそが和解をする一番の目的といっても過言ではありません。したがって，上記の実例でいう第7条のように債権債務がないことを確認する条項，いわゆる清算条項を定めるのが一般的です。

　もっとも，当事者間に複数の取引が存在する場合など，紛争となった件以外の債権債務は残しておきたいという場合があります。そのような場合には，「甲及び乙は，甲乙間には，<u>本件に関し，</u>本合意に定めるもののほかに何らの債権債務関係のないことを相互に確認する」という文言とすることによって，債権債務がないことを確認する範囲を限定することになります（したがって，「本件」の範囲を具体的に特定することが必要になります）。

(9)　公正証書の利用を検討する

　当事者間で合意書を取り交わしただけでは，たとえ相手方に合意書に定める債務の不履行があったとしても強制執行をすることはできません。そのため，相手方に不履行のリスクがうかがわれるようなケースでは，公正証書を利用することを検討すべきです。

　公正証書であれば，執行認諾文言（例：「乙は，第●条に定める債務の履行を遅滞したときは，直ちに強制執行に服する旨陳述した」）付公正証書とすることによって，当該公正証書が債務名義となり（民事執行法22条5号），相手方の債務不履行時に改めて訴訟を提起して判決を得ることなく，強制執行を可能にすることができます。

コラム⑩

客観的な視点と一方当事者であることの意識

　法律相談対応において客観的な視点を持つことは重要です。

　そして，紛争案件であればその重要性は一層高いと思います。本書は裁判対応を射程としたものではありませんが，裁判における対応においては，「裁判官の目からどう見えるか」を意識することは必須といえます。また，裁判に至る前の段階，たとえば，通知書をドラフトする場合にも，本章「7　通知書のポイント」「⑼　将来における使われ方を意識する」で述べたとおり，通知書が裁判の証拠として使われる可能性がある以上（また，相手方からどう見られるかという観点からも），やはり客観的な視点を持つことは大切です。

　さらにいえば，相談者に今後の見通しを伝えるうえでも，客観的な視点を持っていなければなりません。

　一方で，一方当事者（の代理人）であることの意識を持つこともまた重要であると考えます。

　新人，特に新人弁護士にありがちな傾向であると思いますが，紛争案件において，一方当事者（の代理人）の立場であるにもかかわらず，まるで裁判官の立場であるかのように物事を考え，また，そのように振る舞う人がいるように思います。

　たとえば，相談者がＡという主張をしているにもかかわらず，これを裏づける客観的資料が見つからず，もし裁判になった場合には（Ａではなく）Ｂという事実が認定される可能性が高いという場面を想定してみましょう。このような場面で，相談者から相談を受けたあなたが相手方に送付する通知書をドラフトする場合，相談者の主張を先回りして諦めて，初めからＢという主張をする（Ａという主張をしない）ということが常に正しい対応といえるでしょうか？

　あなたがこのような通知書をドラフトした場合，当然，相談者の満足度は低くなるでしょう。また，今は資料が見つかっていなくとも，後でそれ

182 第4章 紛争相談対応におけるポイント

を裏づける資料が出てくる可能性も否定できません。さらにいえば，そもそも裁判官目線でのあなたの見立てが間違っている可能性も考えられます。

　もちろん，ケースによっては，相談者が嘘をついている，あるいは，何らかの誤解をしている可能性がうかがわれ，相談者とよく話し合って（Aという事実とは異なる）真実を引き出すことが必要な場合もあるはずです。また，Aという主張が荒唐無稽なものであってAという主張をすることがかえって主張全体の信用性を損ねてしまうことからあえてAという主張はしないという判断をすべき場合もあるかもしれません。しかしながら，これらは，Aという主張をしない合理的な理由があるからであって，あなたが勝手に相談者の主張を先回りして諦めることとは全く異なります。

　法律相談，特に紛争案件に対応するにあたっては，客観的な視点を持ちつつも，一方当事者（の代理人）であることを意識して対応すべきであると考えます。

第 **5** 章

契約相談対応におけるポイント

1 はじめに

(1) 本書が想定する契約相談

　本章では，契約案件の相談に対応する場合のポイントを解説します。

　一口に「契約案件の相談」といっても，実務上，法律相談に「契約」が関係する場合は数多くあります。M&Aやファイナンスなどのディール案件も契約を含むものですし，新規ビジネスを立ち上げる場合のスキームを検討する場面でも契約が関係することは多いです。もっとも，本書は，日常の法律相談対応を解説することを想定するものですので，日常取引に係る**契約書の作成やレビュー**（契約書審査，リーガルチェック）**を典型的に想定した解説を行うこと**とします。

　より具体的には，以下のような業務を典型的に想定することとします。

－新たにＡ社と～という取引をしたいと思っており適切な契約書を作成して欲しい（契約書作成）
－取引先から提示を受けた契約書にリスクがないか確認して欲しい（契約書レビュー）
－取引先に対して当社ひな形の契約書を提示したところ修正を求められたがどうすればよいか（契約書レビュー）

---

(2) 契約書作成に関する相談対応の流れ

　契約相談対応の流れは，本章「3　第3章までのポイント」でも解説しますが，ここでは大まかな対応の流れを概観します。

　まず，「新たにＡ社と～という取引をしたいと思っており適切な契約書を作成して欲しい」というような契約書作成に関する相談対応の場合であれば，相談者（企業の法務担当者であれば当該契約書に係る取引を担当する事業部門担当者が典型です。外部弁護士であればクライアントの窓口となっている人物になります）から，どのような取引内容を想定しているか，特に懸念している事

項や盛り込みたい事項はないかなどを「ヒアリング」のうえ，相談者の意向に沿い，かつ，相談者にとってできるだけリスクのない（低い）**契約書をドラフトし，この契約書を，**相談に対する成果物として（本書に沿う言い方をすれば，相談に対する「回答」として），**相談者に提供する**流れになることが通常です。

　なお，契約書のドラフトに際しては，全く一から契約書をドラフトするのは非効率であり，また，クオリティを保つのも難しいことから，基本的には，過去の類似事例や書籍に掲載されている契約書ひな形などをベースに，事案に合わせた修正を加える形でドラフトするのがよいと思います（「第3章　案件処理のポイント」「1　総論」「(8)　先人の知恵を借りる」参照）。

　このような形で相談者に提供した契約書ドラフトに対し，契約の相手方から条項の修正を求められた場合には，以降，「(3)　契約書レビューに関する相談対応の流れ」「・「取引先に対して当社ひな形の契約書を提示したところ修正を求められたがどうすればよいか」という相談の場合」と同じ流れに従って対応していくことになります。

(3)　契約書レビューに関する相談対応の流れ

• 契約書レビューとは

　契約書レビューとは，**契約書に存在するリスクを確認・検証する作業**をいいます。契約書審査や契約書のリーガルチェックなどと呼ばれることもあります。契約書レビューにおいては，契約書が，相談者の意向に沿うものになっているか，相談者にとって不利な内容になっていないかといった事項（より詳細な確認・検証事項は，本章「5　契約書全体で確認・検証すべき事項」および「6　個別の契約条項で確認・検証すべき事項」で解説します）を確認し，これらの点にリスクがあると考える場合には，**契約書の修正を行います。**

• 「取引先から提示を受けた契約書にリスクがないか確認して欲しい」という相談の場合

　「取引先から提示を受けた契約書にリスクがないか確認して欲しい」という相談であれば，相談者から，特に懸念している事項や盛り込みたい事項はないかなどを**「ヒアリング」**のうえ，相談者の意向に沿い，かつ，相談者にとって

できるだけリスクのない（低い）契約書となるように，相手方から提示を受けた契約書の契約書レビューを行い，必要な範囲で契約書の修正をします。そして，**レビュー・修正済みの契約書を**，相談に対する成果物として（本書に沿う言い方をすれば，相談に対する「回答」として），**相談者に提供する**流れが通常です。

その後，当該レビュー・修正済みの契約書の修正箇所について，相手方から修正を求められた場合には，以降，以下で述べる「取引先に対して当社ひな形の契約書を提示したところ修正を求められたがどうすればよいか」という相談の場合と同じ流れに従って対応していくことになります。

- **「取引先に対して当社ひな形の契約書を提示したところ修正を求められたがどうすればよいか」という相談の場合**

「取引先に対して当社ひな形の契約書を提示したところ修正を求められたがどうすればよいか」という相談であれば，やはりまずは，修正を求められた事項に関する相談者の意向などを**「ヒアリング」します**（本章「4　レビューの形式」「(4)　内部向けコメントを付す」で述べる相談者向けコメントによって確認することでもよいでしょう）。

相談者が，相手方による修正を受け入れる意向を有している場合には，原則として再修正（相手方による修正をさらにあなたが修正すること）は不要です。もっとも，相手方による修正を受け入れることについて相談者にリスクやデメリットがある場合や，相談者がその条項の意味を正確に理解していないと考えられる場合には，相談者にリスクやデメリット，条項の意味を説明し，「それでも受け入れることでよいのか」という**相談者の意向確認を行う**べきです。また，相手方による修正によって他の条項に影響が出ないかについても確認が必要であり，仮に他の条項にも影響がある場合にはそれに対応するための修正が必要になる場合もあります。

一方で，相手方による修正を（そのまま）受け入れない場合には，相手方によって修正された**条項の再修正を行います**。再修正の方法としては，相手方からの提案を拒否して原文に戻す形での再修正を行う場合もあれば，相手方からの提案を踏まえて折衷的な条項に修正する場合もありえます。また，修正の内容が，当該修正を求められた条項以外の条項にも波及する場合には，その手当ても行っておく必要があります。

2　契約相談対応の目的

　契約書作成についての相談であっても，契約書レビューについての相談であっても，これらの相談に対応する主な目的は，**相談者の意図に沿う内容の契約書とすること，相談者にとってできるだけリスクのない（低い）契約書とする**ことにあるといってよいでしょう。

　契約書作成・レビューにおいて，確認・検証すべき具体的な事項については，本章「5　契約書全体で確認・検証すべき事項」および「6　個別の契約条項で確認・検証すべき事項」で解説することとします。

188　第5章　契約相談対応におけるポイント

3　第3章までのポイント

(1)　はじめに

　本書の第1章から第3章までで解説したポイントは，契約案件の相談対応においてもよく妥当する一方で，契約案件，特に契約書レビューにおいては，実務上一般的に定着しているやり方（プラクティス）が存在し，その関係上，これまで述べた解説とは少し違うやり方で案件が進行することが多いと思います。

　すなわち，契約相談対応においては，**契約書ドラフト内にコメントを記載する形**で，相談者への確認や説明，さらには，相手方への確認や説明を行う場合が多く，その関係上，以下のような流れで進行するケースが多いでしょう。具体的な契約書ドラフトの修正の仕方や内部向けコメントの仕方，相手方向けコメントの仕方については，本章「4　レビューの形式」で解説します。

【契約相談対応の一般的な流れ】

①**ヒアリング**：相談者から大まかな事情を聞きます。
　　↓
②**契約書作成・レビュー**：①のヒアリングに基づき，契約書を作成・レビューします。相談者に確認すべき事項や説明すべき事項がある場合には，契約書ドラフト内に相談者向けコメントとして，確認・説明事項を記載します。また，相手方から提示された契約書ドラフトを修正する場合には，契約書ドラフト内に相手方向けコメントとして，修正意図の説明などを記載します。
　　↓
③**相談者による確認，コメントバック**：②の契約書を相談者に確認してもらい，相談者向けコメントに対して相談者から（原則として，契約書ドラフト内に）コメントバックをもらいます。
　　↓
④**コメントバックの確認（，修正）**：③で相談者からもらったコメントバックを確認し，必要があれば，コメントバックの内容を踏まえて契約書ドラフトを修正します。また，契約書ドラフトの修正に合わせて，②で行った相手方向けコメントの修正や内部向けコメントの追記（相談者からのコメントバックへの回答）が必要になるでしょう。さらに，相談者との間でのコメントとコメント

バック，契約書ドラフトの再修正が繰り返される場合もあります。

↓

⑤**相手方への提示**：③，④のやりとりを経て，相談者との間で認識，内容の擦り合わせができたら，相手方に契約書ドラフトを送付します。通常は，相談者から直接相手方に契約書ドラフトを送付してもらうことになるため，相談者において「相談者向けコメント」が残ったままのファイルを相手方に誤って送付してしまわないよう相談者に注意喚起をしておくとよいでしょう。このような誤送付を避けるため，「内部向けコメント」の入っていない相手方送付用ファイルを別途相談者に送付しておくことも有用です。

↓

⑥**相手方による契約書レビュー（，修正）**：⑤で提示した契約書ドラフトは，相手方においてもレビューをするのが通常です。相手方がレビューのうえ，契約書ドラフトを修正する場合には，相談者のもとに，相手方による修正後の契約書が返ってくることになります。相手方において契約書の修正がない場合には，⑤で相手方に送付した契約書ドラフトをベースに，⑧以降に移ります。

↓

（⑦**当方契約書レビュー，相手方契約書レビュー**）：⑥で相手方が契約書ドラフトを修正した場合には，相手方の修正を踏まえて，②〜④と同様の手順で再度契約書レビュー，必要な場合には契約書ドラフトの修正を行い，⑤の要領で相手方に送付します。そのうえで，⑥同様，相手方がレビューし，修正がある場合には，さらに，②〜④の過程に戻ります。これらを繰り返し，当事者全員が合意（これ以上修正がない状態）に至れば，⑧以降に移ります。

↓

⑧**クリーン版の作成**：当事者全員が合意した契約書ドラフトに，コメントや変更履歴が残っている場合には，コメントや変更履歴のない契約書（クリーン版）を作成します。

↓

⑨**契約書の締結**：クリーン版をもとに，署名や押印（電子契約の場合には，電子署名）を行います。この段階は，企業の法務部門や外部の弁護士の役割ではない場合も多いと思いますが，「契約書のどこに押印すればよいのか」といった相談が企業の法務部門や外部の弁護士に寄せられることも多く，これらの相談に対応できるだけの知識を有している必要があります。

(2)　ヒアリングのポイント

・契約相談におけるヒアリング

上記のとおり，契約相談においては，多くの場合，「①ヒアリング」と「②

契約書作成・レビュー」の2つのヒアリング過程が存在します。2つの過程の切り分けとしては，大雑把にいえば，「①ヒアリング」段階で大まかな事情を，「②契約書作成・レビュー」段階でより細かな事情を，相談者から確認するようなイメージになります。

上記のとおり，「②契約書作成・レビュー」段階では，契約書ドラフト内に内部向けコメントを付す形で相談者に確認事項を確認するのが通常です。ただし，特に議論が必要な事項については，「②契約書作成・レビュー」段階で気がついた事項であっても，（契約書ドラフト内に，内部向けコメントとして記載するのみならず，）必要に応じて，別途，電話をする，打ち合わせを設定するといった対応が望ましいでしょう。

【相談者から確認すべき事項のイメージ】

- 「①ヒアリング」段階
  - 関係者の範囲
  - 相談者の意向（どのような取引内容を想定しているか，特に懸念している事項や盛り込みたい事項はないかなど）
  - 背景事情（当該契約において実現したいビジネス上の目的など）
  - スケジュール感
- 「②契約書作成・レビュー」段階（契約書ドラフト内の内部向けコメントとして確認）
  - 個別の契約条項に関する確認事項
  - その他契約書作成・レビュー時に気がついた事項

以下では，「第2章　初動のポイント」「2　ヒアリングのポイント」で述べたポイントについて特に契約案件の相談対応において注意すべきポイントを解説しますが，ここには，「①ヒアリング」段階のみならず，「②契約書作成・レビュー」段階においてヒアリングすべき事項も含まれます。

なお，特に，「①ヒアリング」段階におけるヒアリングは，仮にメールやチャットで相談を受けた場合にも，「第2章　初動のポイント」「1　総論」「(8)　メール，チャットにおけるポイント」で述べた「とりあえず電話する」という手段が有効な場合が多いと思います。また，特に企業の法務部門が相談

を受ける場合には，あらかじめ契約類型ごとに質問・確認事項を記載した相談フォーマットを準備しておき，相談時に相談者にこれを記載してもらう運用としておくことで，「①ヒアリング」段階を効率化することも一案です。

- **「(2)　関係者を把握する」**

「売主」と「買主」，「委託者」と「受託者」といった契約当事者が二当事者のみであり，かつ，その他に関係者が存在しないような契約であれば，関係者の整理がそれほど複雑になることはあまりなく，わざわざ「(2)　関係者を把握する」で述べたような図式化までは必要ない場合が多いと思います。

一方で，関係者（必ずしも契約当事者になるとは限らない者を含みます）が，三者以上存在する場合には，関係者の整理が複雑になるケースがあり，このような場合にどのような契約内容にすべきかを検討するうえで，やはり図式化が有効です。すなわち，契約は，基本的に，契約当事者の権利・義務を定めるために行うものです[1]。そのため，登場人物を図に記載したうえで，その登場人物のうち，**誰の誰に対するどのような権利・義務を発生させたいのかを図に書き加えること**で，どのような契約を作成すべきなのか，より具体的には，関係者のうち誰を契約当事者とすべきなのか，三者契約とするのがよいのか，あるいは，二者契約を複数作成するのがよいのか，といった事項を整理しやすくなります。

たとえば，甲を委託者，乙を受託者とする業務委託契約を締結している場合で，乙が同契約上の受託者の地位を丙に移転する場合を想定してみましょう。

1　第三者のためにする契約（民法537条）によって契約当事者以外の者に権利を発生させることもありますが，典型的な場合ではないため，本書での解説は省きます。

【図式化の例①】

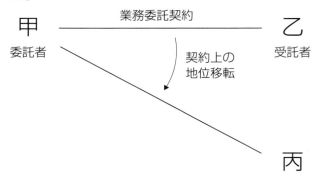

　あなたは，相談者（丙）から，「乙と当社（丙）との間で契約上の地位を移転させるための契約書（以下「本契約書」といいます）のドラフトをもらっているが，この契約書を取り交わしてよいか。甲からは，別途，承諾書を取る予定であり，すでに甲の内諾は得ている」との相談を受けたとします。民法上，契約上の地位の移転は，相手方（甲）が地位譲渡に承諾すれば有効に契約上の地位が移転するとされている（民法539条の2）ことから，法律上は，乙や丙が想定している方法でも問題はありません[2]。

　しかしながら，相談者（丙）から，「業務委託契約において，新たに甲から当社に対する資料の提出義務を追加したいと思っている」という話があった場合にはどうでしょうか？　本契約書に，甲による資料の提出義務を盛り込むことで足りるでしょうか？

2　ただし，実務上は，甲の承諾を確実に得るため，また，事務処理上の便宜などの理由から，三者契約でやる例が多いのではないかと思います。

【図式化の例②】

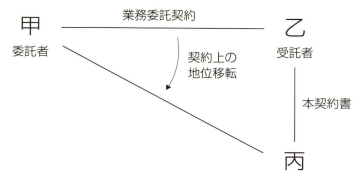

　相談者（丙）の話を前提に，上記の図に，「誰の誰に対するどのような権利・義務を発生させたいのか」を書き加えてみてください。そうすると，「本契約書に，甲による資料の提出義務を書き加えることで足りるでしょうか？」という問いの答えが，Noであることがわかると思います。

　本契約書の当事者は，上記図のとおり乙と丙であり，**契約当事者ではない甲の義務を定めたとしても，これによって甲を拘束することはできません**。したがって，このような場合には，本契約書を，甲を含めた三者契約にしたうえで，甲による資料の提出義務を定める条項を盛り込むか，または，本契約書とは別途，甲と丙との間で甲による資料の提出義務を定める契約書を取り交わすことが必要になります。

　上記の例は，まだ比較的シンプルなほうではありますが，案件によっては，関係者が四者や五者，さらにはそれ以上になる場合もあります。特に，案件が複雑な場合には，上記のような図式化が，事実関係の整理をするうえで有用です。

• 「(3)　時系列を把握する」

　日常取引に係る契約書において，時系列が複雑で整理が必要になるような事案はあまり想定できないかもしれません。もっとも，たとえば，契約書の内容の一部を変更する覚書を作成する場合，元の契約書（原契約書）が覚書などによって何回も変更されている場合には，現在有効な契約内容がどうなっている

194　第5章　契約相談対応におけるポイント

か（どの条項が原契約のままで，どの条項が覚書などによって変更されているのか）を，時系列を追ってきちんと把握する必要があります。

　なお，このような場合には，「(5)　資料を要求・確認する」との関係で，原契約や覚書などをきちんと確認することも重要です。

　• 「(4)　背景事情を確認する」，「(6)　相談者の意向を確認する」

　契約案件の相談において，「(4)　**背景事情を確認する**」こと，「(6)　**相談者の意向を確認する**」ことの重要性は非常に高いといえます。

　すなわち，相談者の意向（どのような取引内容を想定しているか，特に懸念している事項や盛り込みたい事項はないかなど），背景事情（当該契約において実現したいビジネス上の目的など）を確認しておくことで，**契約書の内容が相談者の意図に沿ったものになっているか**（契約書がビジネス上の目的を達成するうえで適切かつ十分なものになっているか），また，**仮に相談者が想定していた契約内容で実現が難しい場合にはビジネス上の目的を達成する代替手段がないか**（たとえば，「第2章　初動のポイント」「2　ヒアリングのポイント」「(4)　背景事情を確認する」で述べた，貸付を出資の形にすることでビジネス上の目的を達成できる可能性がないか）**といった事項を検討することができる**ようになります。

　• 「(5)　資料を要求・確認する」

　「(3)　時系列を把握する」で述べたとおり，関連する契約の契約書や覚書などの資料がある場合には，それらとの整合性を確認すべく，それらの**資料をきちんと要求・確認**しておきましょう。

　また，この点は，契約書中で言及される添付資料などがある場合にも同様です。たとえば，契約書本文中に「別紙1で定める条件のとおり」という記載があるにもかかわらず，別紙1において条件が定められていない場合には，当該契約条項は骨抜きになってしまいます。相談者からの共有資料に別紙1が添付されていない場合には相談者にそれを共有するように要求し，別紙1の内容もきちんと確認しておくようにしましょう。

　なお，契約書中で他の契約書や資料などを引用する場合には，それらの特定

性の観点から，「甲乙間で締結した●年●月●日付け●●契約書」などといった形で，契約当事者，契約締結日，契約書名を正確に記載するようにしましょう。

- 「(7)　アウトプットを意識する」

契約相談対応におけるアウトプットの成果物は，言うまでもなく，「契約書」になります。したがって，**どのような契約書とすべきか**，より具体的には，どのような契約条項を定めるべきか，あるいは，どのような条項の修正を行うべきかといったことを**イメージしてヒアリングを行う**必要があります。確認・検証すべき具体的な事項については，本章「5　契約書全体で確認・検証すべき事項」および「6　個別の契約条項で確認・検証すべき事項」で解説します。

なお，個別の契約条項に関する事項であれば，基本的には，本節「(1)　はじめに」で述べた「契約相談対応の一般的な流れ」の「②契約書作成・レビュー」段階で述べた，契約書ドラフト内の相談者向けコメントとして相談者に確認する形でよいでしょう。もっとも，個別の契約条項に関する事項であっても，重要な条項に関する事項や相談者の理解が乏しいことがうかがわれる事項については，必要に応じて，相談者に電話をする，相談者と打ち合わせを設定するなどの方法によってヒアリングを行うべきと考えます。

- 「(8)　今後の流れを意識する」，「(9)　スケジュール感を確認する」

特に企業の法務担当者であれば，契約案件の相談におけるスケジュールについては，その契約の締結に必要な**決裁や稟議との関係を意識しておくべき**でしょう。契約相談においては，その契約の締結に必要な決裁権者を確認し，想定される調印スケジュールから逆算して，決裁予定日（取締役会決議が必要な場合には，決議をする取締役会の日）を想定することで，いつまでにファーストドラフトを仕上げ，いつまでにファイナル版を仕上げればよいのかといった目安がわかってくると思います。

- 「(10)　各自のネクストアクションを設定・確認する」

本節「(1)　はじめに」の「契約相談対応の一般的な流れ」で述べたとおり，

契約相談においては，相談者に契約書の確認をしてもらい，コメントバックをもらう過程が存在します。特に相談者が契約書のやりとりに慣れていない場合には，どのように確認，コメントバックをしてもらいたいか，必要に応じて電話なども用いて相談者に説明しておくとよいでしょう。なお，相談者がこのような作業に慣れていない場合には，必ずしも一般的なプラクティスにこだわる必要はなく，相談者にとってやりやすい方法で進める柔軟さも必要です。

　また，相談者に確認とコメントバックを依頼する場合には，上述した全体のスケジュール感も踏まえて，相談者確認の締切を設定しておくことも必要になります。さらには，相談者を通じて，相手方に対し，「いつを目安にご確認をお願いします」と伝えてもらうべき場合もあると思います。自分自身のみならず，相談者や相手方におけるアクションのスケジュール感も踏まえた対応を意識しましょう。

(3)　初期判断のポイント

　「第2章　初動のポイント」「3　初期判断のポイント」で述べたことは，いずれも契約案件の相談対応において妥当することが多い事項です。

　まず，「(2)　情報を収集・保全・管理・記録化する」や「(3)　対応に必要な社内体制を判断する」との関係でいえば，契約案件の相談においても，他部門からの情報収集が必要となる場合もあるはずです。たとえば，支払に関する条項の定め方については，財務部門への確認が必要になるかもしれませんし，部品の購入に関する契約書における目的物の検査に関する条項の定め方については，製造部門への確認が必要になるかもしれません。できるだけ相談の初期段階でこれらの関連部門を把握しておくことは，「(6)　スケジュール感を見積る」うえでも重要です。

　また，「(4)　情報拡散を管理する」との関係でいえば，たとえば，業務提携の検討のための秘密保持契約書の締結の場面であれば，情報の秘匿性が高く，また，秘密保持契約において，情報を開示できる者が必要最小限度の者に限定されている場合も多いです。そのような場面であれば，情報が不用意に拡散されないよう，情報の管理をすることが必要になってきます。

　さらには，契約内容から，「(5)　リスクを見積る」ことも必要です。一般論

としては，取引額が大きくなればなるほどリスクも高くなる（事業に与えるインパクトが大きくなる）ということができます。このような契約におけるリスク判断によって，「(3)　対応に必要な社内体制を判断する」との関係で，決裁権者が変わる可能性がありますし，また，「(7)　外部専門家の起用の必要性とタイミングを見極める」との関係で，外部弁護士へ依頼する必要性にも影響します。

　加えて，「(7)　外部専門家の起用の必要性とタイミングを見極める」との関係でいえば，当該契約に係るスキームの税務上のリスクを考慮し，別のスキームで実施すべきであるというようなケースもあります。このような可能性がうかがわれる場合には，（後になってスキームを組み直すのは大変であることから，）早い段階で税理士などに相談をしておくべきでしょう。

(4)　外部弁護士起用のポイント

　「第2章　初動のポイント」「4　外部弁護士起用のポイント」で述べたポイントは，多くの点で契約相談対応においても妥当します。

　まず，契約案件において，外部弁護士を起用すべきか否かについては，やはり，**最大リスクの程度**（リスクが顕在化した場合の最大リスクはどの程度なのか，それが事業に与えるインパクトがどの程度なのか）**とリスクが顕在化する可能性の程度を考慮すべき**です。非常に大雑把にいえば，取引額が大きければ，最大リスクが大きいということができるでしょう。また，自社における**契約書ひな形を作成する場合**には，今後当該ひな形を用いる多数の契約に影響を与える点で事業に与えるインパクトが大きく，他社事例も踏まえた知見を持った外部弁護士を起用する必要性が高くなるケースといえます。さらには，**企業内に蓄積されているナレッジが少ない類型の契約書を作成・レビューする場合**，たとえば，企業において過去に取り扱ったことのない契約類型，企業においてひな形の存在しない契約類型，（ひな形が存在する類型であっても）相手方から提示された契約書を，作成・レビューする場合などにおいては，（企業の法務スキルに応じて，）外部弁護士を起用することを検討すべき場面でしょう。

　また，外部弁護士起用時のポイントとしては，「第2章　初動のポイント」「4　外部弁護士起用のポイント」「(4)　外部弁護士起用時のポイント」で述べ

たことが契約案件においても妥当します。特に，契約書は，本章「6　個別の契約条項で確認・検証すべき事項」で後述するとおり，実効性のあるもの，すなわち，実際の運用においてワークする内容となっている必要があるところ，**企業内における運用については，外部の弁護士が知るのは難しい事情も多く，**企業の法務担当者としては，この観点から契約書の内容を確認し，必要に応じて，外部弁護士に情報の提供を行うべきであると考えます。

(5)　リサーチのポイント

「第3章　案件処理のポイント」「2　リサーチのポイント」で述べたことは，主として，「法解釈」のリサーチについてのポイントになります。

契約相談対応においても，たとえば，契約の相手方との間で，トラブルになったケースにおける**判例・裁判例が行った法解釈，あるいは，契約文言の解釈が参考になることは大いにある**でしょう。したがって，これらの判例・裁判例のリサーチを行うことは契約相談対応においても有用です。

しかしながら，契約相談対応において，個別に相手方との間で議論となった条項であれば別論，あらゆる条項について幅広く，関連する判例・裁判例などのリサーチを行うことは現実的ではないでしょう[3]。また，どのような契約条項にするかは，（上記のとおり，判例・裁判例を踏まえるべきであるとしても，）少なくとも第一次的には，法解釈の問題というよりは，実務の問題です。

したがって，契約相談対応におけるリサーチは，法解釈のリサーチよりもむしろ，実務上の運用のリサーチに重点が置かれることが多いと思います。特に，今まさに作成・レビューしようとしている契約類型について書かれた解説を読むことは非常に役立ちます。そこで，以下では，実務上の運用のリサーチに有用な情報を紹介します。

---

[3]　以下で紹介する書籍を含め，契約書に関する実務書には，個別の契約類型，契約条項ごとに関連する判例・裁判例が言及されていることが多く，これらをとっかかりに判例・裁判例を知ることが現実的でしょう。また，阿部・井窪・片山法律事務所編著『企業における裁判に負けないための契約条項の実務』（青林書院，2023年）のように裁判例に力点を置いた解説がされた書籍も存在します。

・実務書

「第3章 案件処理のポイント」「2 リサーチのポイント」「(9) リサーチの対象」で述べたとおり，実務の運用を知るうえでは，弁護士などの実務家が書いた書籍が有用です。

実務において参照されることが多い具体的な契約書（および利用規約・プライバシーポリシー）についての書籍を以下に一部紹介します。

・入門書

幅野直人『企業法務1年目の教科書 契約書作成・レビューの実務』（中央経済社，2024年）：自著ですが，契約書業務の入門書として多くの方にご愛読いただいています。類書にはあまり記載のない相手方コメントの仕方や具体的な修正例などにも言及しています。

・契約書全般

阿部・井窪・片山法律事務所編『契約書作成の実務と書式—企業実務家視点の雛形とその解説〈第2版〉』（有斐閣，2019年）：ビジネスで使用することの多い複数の契約類型につき，ひな形とその解説が記載された契約書業務の定番書です。

・業務委託契約

近藤圭介編著『業務委託契約書作成のポイント〈第2版〉』（中央経済社，2022年）：実務で取り扱うことが非常に多い業務委託契約について解説された書籍です。

・秘密保持契約

出澤総合法律事務所『実践!! 秘密保持契約書審査の実務』（学陽書房，2019年），森本大介＝石川智也＝濱野敏彦編著『秘密保持契約の実務〈第2版〉—作成・交渉から営業秘密／限定提供データの最新論点まで』（中央経済社，2019年）：実務で取り扱うことが非常に多い秘密保持契約について解説された書籍です。

・利用規約，プライバシーポリシー

雨宮美季＝片岡玄一＝橋詰卓司『良いウェブサービスを支える「利用規約」の作り方【改訂第3版】』（技術評論社，2024年）

松尾博憲＝殿村桂司＝逵本麻佑子＝水越政輝編著 長井健＝秋山恵里＝関口朋宏著『利用規約・プライバシーポリシーの作成・解釈——国内取引・国際取引を踏まえて』（商事法務，2023年）

白石和泰＝村上諭志＝小林央典＝野呂悠登＝溝端俊介編著『プライバシーポリシー作成のポイント』（中央経済社，2022年）

● 官公庁が公開している契約書

インターネットから入手が可能な官公庁が公開している契約書ひな形やモデル契約書も数多く存在し，これらも有用であると思います。

たとえば，経済産業省のウェブサイト「秘密情報の保護ハンドブック～企業価値向上にむけて～」（最終改訂：令和6年2月）[4]の「参考資料2」には，「各種契約書等の例」が掲載されており，「第4　業務提携・業務委託等の事前検討・交渉段階における秘密保持契約書の例」が公開されています。

なお，「●●契約書　go.jp」（●●には，「秘密保持」などの契約書名を入れる）などの検索ワードで検索すると，見つけやすい場合が多いでしょう。

⑹　回答・文書作成のポイント

本章「1　はじめに」で述べたとおり，契約書作成に関する相談であればあなたが作成した契約書ドラフトが，契約書レビューに関する相談であればあなたがレビュー・修正した契約書ドラフトが，相談に対する回答に相当するといえると思います。相談者に対する説明も，契約書ドラフト内に相談者向けコメントとしてされることが多いでしょう（もっとも，相談者が特に懸念していた事項，相談者において特に留意すべき事項などは，相談者においてわかりやすいよう，メールやチャットなどでも重ねて言及をしておく，必要に応じて，電話をしたり会議を設定したりして説明を行うべきでしょう）。この点で，「第3章　案件処理のポイント」「3　回答・文書作成のポイント」で述べた解説が妥当しない部分も多いと思います。

そこで，以下では，契約書を作成・レビューするうえでのポイントとなる部分を解説します。

4　https://www.meti.go.jp/policy/economy/chizai/chiteki/pdf/handbook/full.pdf

4　レビューの形式

(1)　はじめに

　まず，アウトプットの形をイメージしましょう。

　契約書案件，特に契約書レビューにおいては，実務上一般的に定着しているやり方（プラクティス）が存在し，基本的には，このやり方に従っておくのが無難であると思います。以下に，その具体的なやり方を解説します。

　なお，「新たにＡ社と〜という取引をしたいと思っており適切な契約書を作成して欲しい」というような契約書作成に関する相談の場合にも，個別の契約条項に関する相談者への確認・説明事項については，以下で述べる「(4)　内部向けコメントを付す」方法でなされることが多いと思います。また，あなたが作成した契約書について，契約の相手方から修正の要望がされた場合には，以降，ここで述べる形式で，契約書レビュー（修正，相手方向けコメント，内部向けコメント）をすることになります。

(2)　修正の仕方

　本章「1　はじめに」「(3)　契約書レビューに関する相談対応の流れ」で述べたとおり，契約書レビューにおいては，契約書の修正を行います。

　契約書の修正を行う場合，どの部分を修正したのかが相手方にもわかるように，Word の「校閲」タブにある「変更履歴の記録」を使って，変更履歴を残して修正するのが一般的です。

　また，本章3(1)で述べた「契約相談対応の一般的な流れ」の（⑦当方契約書レビュー，相手方契約書レビュー）のとおり，契約書が相手方との間で何度も往復する場合があります。そのような場合には，新たに修正した箇所がわかりやすいように，「蛍光ペン」や「塗りつぶし」機能を使って，**修正部分にこれまで使用していたのとは異なる色のハイライトをつけたうえ，「今回修正した部分には，●色をつけております」**などとコメントしておくとよいでしょう。

202　第5章　契約相談対応におけるポイント

(3)　相手方向けコメントを付す

　また，契約書レビューにおいては，条項の修正を行った意図などを相手方に説明するために，**契約書ドラフト内に，相手方に向けたコメントを付す**のが一般的です。また，相手方への確認事項がある場合に，コメントによって質問を行う場合もあります。

　コメントの付け方としては，①Wordの「校閲」タブにある「コメント」機能を用いてコメントを付す方法と②契約書の本文中に【】をつけて，【】内にコメントを付す方法のいずれかの方法で行うのが一般的です。

　いずれかのやり方が絶対的な正解というわけではありませんので，基本的には，相手方や上司のやり方に合わせることでよいと思います[5]。

　契約書が相手方との間で何度も往復する場合には，契約書の修正箇所同様，コメント部分にこれまで使用していたのとは異なる色のハイライトを付けたうえで，その旨をコメントしておくとよいでしょう。

(4)　内部向けコメントを付す

　さらに，相談者に確認すべき事項や説明すべき事項などの相談者向けコメントを付します。この場合のコメントの付け方も，相手方向けコメントと同様ですが，**相手方向けコメントと相談者向けコメントの区別がしやすいように，Wordの「蛍光ペン」や「塗りつぶし」機能を使って，それぞれ異なる色のハイライトをつけておく**といった工夫をしておくとよいでしょう。

　加えて，1つの契約書に対して複数のレビュワーがいる場合には，他のレビュワー（典型的には，上司）に向けたコメントを別途付す場合もあります。

(5)　実例

　「(2)　修正の仕方」で解説したWordの「校閲」タブにある「変更履歴の記録」を使って修正を行い，「(3)　相手方向けコメントを付す」で解説したコメントの付け方のうち，「②契約書の本文中に【】をつけて，【】内にコメントを

　5　「コラム⑪：契約書レビューにおけるコメントの形式」もご参照ください。

付す方法」で相手方向けコメントを付し，さらに，「(4)　内部向けコメントを付す」で解説した相談者向けコメントを付した場合の実例は，以下のとおりです。

　なお，「甲」や「乙」の部分には，通常，会社名や事務所名（の略称）が，「●●」様の部分には，相談者の名前（企業名または担当者名）が入ります。

【契約書レビューの実例】

第20条（損害賠償）
　甲及び乙は，本契約に違反して相手方に損害を与えた場合には，相手方に対し，相当因果関係の範囲内で，損害の賠償をしなければならない。ただし，本契約に関して乙当事者が甲相手方に対して負う損害賠償の額は，第8条に定める代金額

〔相手方向けコメント〕

を上限とする。【甲→乙様：貴社が負いうる損害賠償に上限を設けることには同意いたしますが，当社が負いうる損害賠償についても同様に上限を設けさせていただければと存じます。】【幅野→●●様：損害賠償額に上限が設定されております。契約内容からして代金額を超えるような大きな損害が発生することは想定しづらく，上限設定自体は受入れ可能と考えますが，念のため，貴社においても受入れ可能かご確認ください。また，公平の観点から，貴社が相手方に対して負いうる損害賠償額にも上限を設ける修正をしております。】〔相談者向けコメント〕

204 第5章 契約相談対応におけるポイント

5 契約書全体で確認・検証すべき事項

(1) はじめに

　契約書レビューの形式がわかったところで，続いて，契約書作成・レビューにおいて確認・検証すべき事項を解説します。個別の契約条項について確認・検証すべき事項については，本章「6　個別の契約条項で確認・検証すべき事項」で解説することとし，ここではまず，個別の契約条項に限らない「契約書全体」について確認・検証すべき事項を解説します。

　なお，ここでの解説および「6　個別の契約条項で確認・検証すべき事項」の解説は，契約書"レビュー"を行ううえで確認・検証すべき事項であると同時に，「新たにA社と～という取引をしたいと思っており適切な契約書を作成して欲しい」というような契約書"作成"に関する相談においても，過去の類似事例や書籍に掲載されている契約書ひな形などからベースとする契約書を選ぶうえで，また，ベースとした契約書に修正を加えるうえでの判断において，確認・検証すべき事項となります。

(2) 意図している取引内容に沿う契約書になっているか

　契約書の内容が**全体として相談者（および相手方）の意図している取引内容に沿うもの**になっているかを確認します。

　相手方から提示された契約書を確認してみると，意図している取引内容と全くマッチしていない契約内容になっていることが稀にあります。このようなことは，相手方の法律の理解不足によって生じるものと考えられますが，このままの内容で契約を締結することは，相談者にとってもリスクとなります。相手方から提示された契約書を大幅に修正することで対応できるのであればそのように対応することでよいですが，場合によっては，**相手方に対してたたき台とすべき契約書を差し替える旨の提案をする**ことが必要になることもあります。

　意図している取引内容に沿う内容になっているかは，契約書"作成"に関する相談において，あなたが，ベースとする契約書を選ぶうえでも確認すべき事

項です。たとえば，同じ「業務委託契約書」というタイトルの契約書でも，ソフトウェア開発を委託する際の契約書とコンサルティング業務を委託する際の契約書では，内容がかなり異なってきます。そのため，業務委託契約書を作成するうえでは，相談者が意図している委託業務の内容に沿った業務委託契約書を契約書作成時のベースとすべきです。

　契約書の内容が相談者の意図している取引内容に沿っているかどうかは，主として，本章「3　第3章までのポイント」「(2)　ヒアリングのポイント」で述べた，相談者の意向（どのような取引内容を想定しているか，特に懸念している事項や盛り込みたい事項はないかなど）としてヒアリングした内容をもとに判断していくことになります。

(3)　相談者にとって不利な契約書ではないか

　契約書の内容が相談者にとって不利なものになっていないかを確認します。本章「6　個別の契約条項で確認・検証すべき事項」で述べるとおり，個別の条項が不利なものになっていないかも確認・検証の対象ですが，まずは，全体として相談者に不利な条項が多い契約書か否かを確認するとよいと思います。特に，相手方から契約書の提示を受けた場合には，相手方有利（相談者にとって不利）な内容になっていることが多いです。全体として不利な条項の多い契約書であれば，**より一層注意深く契約書を確認・検証していく必要があります**。

　全体として相談者に不利な条項が多い契約書になっているかは，契約書"作成"に関する相談において，あなたが，ベースとする契約書を選ぶうえでも確認すべき事項です。たとえば，売買契約書でも，「買主有利」につくられている場合と「売主有利」につくられている場合，「中立的」につくられている場合などのパターンが存在します。相談者の立場が売主であれば，「売主有利」につくられた契約書，または，（交渉力が弱い場合などでも）少なくとも，「中立的」につくられた契約書をベースとする契約書として選択すべきです。

(4)　適法・有効な契約になっているか

　まず，①取引そのものが違法・無効なものでないかを確認します。たとえば，貸金業者としての登録がないにもかかわらず，業として金銭の貸付を行うこと

206 第5章 契約相談対応におけるポイント

を内容とする契約であれば，取引そのものが貸金業法に違反するものとなってしまいます。このような場合には，取引を中止する，または，適法な別スキームで代替することができないかを検討する必要があります。

加えて，②法定記載事項が定められている類型の契約の場合には，法定記載事項に漏れがないかも確認します。たとえば，合併契約などの組織再編に関する契約の場合には，会社法（例として，存続会社が株式会社である場合の吸収合併契約における会社法749条）に法定記載事項が定められていますので，契約書を法律の条文と照らし合わせて，法定記載事項に漏れがないかを確認しておくことが必要です。また，特に企業の法務担当者の場合，産業廃棄物処理（収集運搬・処分）委託契約書をレビューする場合もあると思いますが，産業廃棄物処理委託契約書においても，契約書に記載することが必要な事項が定められています（廃棄物処理法[6]施行令6条の2第4号，同法施行規則8条の4の2参照）。

最後に，③形式・手続を遵守しているかを確認します。たとえば，事業用定期借地権の設定を目的とする契約について，借地借家法23条3項は，「公正証書によってしなければならない」と定めており，同条1項または2項に該当する契約を締結する場合には，「公正証書」という形式を遵守している必要があります。また，上記の産業廃棄物処理委託契約書の例でいえば，排出事業者は，収集運搬と処分を同じ業者に委託する場合を除き，収集運搬業者と処分業者それぞれと二者間で契約を結ぶ必要があり（廃棄物処理法12条5項，12条の2第5項参照），さらに，委託契約書には，産業廃棄物の許可証等の書面を添付しなければならず（同法施行令6条の2第4号，同法施行規則8条の4），加えて，委託契約書および添付書類を契約終了の日から5年間保存しなければならない（同法施行令6条の2第5号，同法施行規則8条の4の3）といった形式・手続を遵守している必要があります。

(5) 定めるべき条項に抜け漏れがないか

契約書に定めるべき条項に抜け漏れがないかを確認します。

---

6 廃棄物の処理及び清掃に関する法律。本書では，「廃棄物処理法」といいます。

契約には，契約（書）上定めたルールが適用される他，契約（書）上定めなかった法律上のルール（デフォルトルール）が適用される場合があります。たとえば，売買契約に当たる契約（書）であれば，民法555条以下の規定が，また，商人間の売買であればこれに加えて商法（商法526条など）の規定がデフォルトルールとして適用されます。これらは，任意規定（当事者の合意，すなわち，契約によって変更できる規定）である限り，契約（書）によってデフォルトルールを変更することができます（民法91条）が，契約（書）において特別にルールを定めない場合には，これらの法律の規定によるデフォルトルールが適用されることになります。したがって，本来，契約書に定めるべき条項を正確に把握するためには，現在レビューしている契約に適用される法律の規定によるデフォルトルール（判例・裁判例を含みます）を正確に把握，理解していなければなりません。しかしながら，これらをすべて正確に把握，理解することは，簡単なことではありません[7]。

そこで，契約書に定めるべき条項に抜け漏れがないかを確認するための次善の策として，**同種・同類型の契約書と見比べる**ことが考えられます。相談者において，契約書ひな形を有している類型の契約書であればそれと見比べることが考えられますし，書籍などから同種・類型の契約書を見つけてそれと見比べる方法も考えられます。きちんとした契約書であれば，契約書に定めるべき条項に抜け漏れがないように作成されているはずであり，これらと見比べることで，定めるべき条項に抜け漏れが生じることを可及的に防ぐことができます。

契約書"作成"に関する相談において，あなたが，ベースとする契約書を選ぶうえでも，定評ある書籍に掲載されている契約書ひな形を使用するなどして，できるだけきちんとした契約書をベースとするようにしましょう。

(6) 法改正や新しい判例，社会情勢の変化を反映しているか

契約書が，法改正を反映したものになっているかを確認しましょう。たとえば，改正前民法下では「瑕疵担保責任」という用語が使用されていました（改

7　むろん，正確に理解すべきであり，「正確に理解する必要はない」という趣旨ではありません。

正前民法570条参照）が，現行法下では，かつての瑕疵担保責任に相当するものは，「契約不適合責任」と呼ばれるようになりました（民法562条1項参照）。したがって，「瑕疵担保責任」という用語が使用されている契約書である場合，法改正を反映していないことになりますので，契約書の修正が必要になります。「瑕疵担保責任」と「契約不適合責任」は，単にその呼び名が変わっただけでなく，その内容にも違いがありますので，契約書の修正を行う際には，その点も合わせて手当てしておく必要があります。

　また，**新しい判例や社会情勢の変化をカバーできているかも確認**する必要があります。たとえば，新型コロナウイルス感染症の流行時には，新型コロナウイルスの蔓延やそれに伴う緊急事態宣言が，不可抗力免責を定める契約条項の「不可抗力」に該当するか否かがが話題となりました。このような社会事象が生じた後に契約書を作成・レビューする場合であれば，新型コロナウイルスのような感染症の流行やそれに伴う事態が「不可抗力」に当たるか否かが明確な規定となるよう，契約文言を調整しておくべきです。

(7)　全体の整合性が取れているか

　契約書の各条項が相互に矛盾していないか，引用すべき条項にずれが生じていないか（「第●条に定める～」との規定において，「第●条」が違う条文になっていないか）といった事項を確認します。

　特に修正を多く行った箇所については矛盾やずれが生じやすいため，重点的に確認するとよいでしょう。

(8)　形式面の不備はないか

　誤字脱字やインデントのずれ，表記ゆれがないかといった形式面の不備がないかを確認します。

(9)　Wordのプロパティ情報に余計な情報が入っていないか

　Wordのプロパティ情報に余計な情報が含まれていないかを確認しましょう。特に，「作成者」に他社や他事務所の名前などが入っていないか注意が必要です。

6　個別の契約条項で確認・検証すべき事項

(1)　はじめに

　続いて，個別の契約条項で確認・検証すべき事項を解説します。

　個別の契約条項を確認・検証する際の**基本的な思考手順**は，以下のとおりです。

【個別の契約条項を確認・検証する際の基本的な思考手順】

> ①　デフォルトルールを把握する
> ②　相談者の立場からデフォルトルールをどのように変更または具体化すべきかを検討する
> ③　②で検討した結果が反映された契約文言になるように契約条項をドラフト・修正する

(2)　デフォルトルールを把握する

　「5　契約書全体で確認・検証すべき事項」「(5)　定めるべき条項に抜け漏れがないか」で述べたとおり，契約（書）において特別にルールを定めない場合には，その契約に適用される法律の規定による帰結がデフォルトルールとして適用されることになります。そこで，まずは，「法律の定めに従った場合にどうなるか」という**デフォルトルールをきちんと把握する**ようにしましょう[8]。

　損害賠償条項を例にすれば，法律上は，民法415条（債務不履行による損害賠償）および同416条（損害賠償の範囲）の規定が存在し，これらがデフォルトルールとなります。したがって，まずは，民法415条および同416条の規定がどのような規定なのか（どのようなルールを定めたものなのか）をきちんと把

8　便宜上「法律」と書きましたが，判例などを含みます。要するに，「契約において特別なルールを定めなかった場合に想定される帰結を把握せよ」ということです。

握しましょう。なお，その事項に適用される法律の規定がそもそもわからないという場合には，書籍などで調べるのがよいと思います[9]。

また，契約書では，法律上のルールが存在しない事項について，契約上のルールを定める場合もあります。このような場合には，一般的な商慣習，言い換えれば，「当該取引類型における一般的な契約条項」をデフォルトルールに置き換えて考えるとよいでしょう。「当該取引類型における一般的な契約条項」を知るうえでも，やはり書籍などが参考になると思います。

(3) 相談者の立場からデフォルトルールをどのように変更または具体化すべきかを検討する

デフォルトルールを把握したら，次に，**相談者の立場**（例：売主，買主）**から，そのデフォルトルールをどのように変更または具体化すべきかを検討**します。

これらを検討するうえでは，以下の5つの視点を持っているとよいでしょう。

【相談者の立場から検討する際の5つの視点】

- 相談者の意向を反映する
- 相談者にとって不利にならないようにする
- 適法性を確保する
- 紛争を予防する
- 実効性を確保する

・相談者の意向を反映する

契約条項が，相談者の意向が反映されたものになっているかを確認・検証します。

相談者の意図している取引内容に沿っているかどうかは，主として，本章「3　第3章までのポイント」「(2)　ヒアリングのポイント」で述べた，相談者

9　たとえば，阿部・井窪・片山法律事務所編『契約書作成の実務と書式─企業実務家視点の雛形とその解説〈第2版〉』（有斐閣，2019年）には，契約条項ごとのデフォルトルール（法律上の帰結）が比較的詳しく解説されています。

の意向（どのような取引内容を想定しているか，特に懸念している事項や盛り込みたい事項はないかなど）としてヒアリングした内容をもとに判断していくことになります。

損害賠償条項の例でいえば，たとえば，相談者が，特に盛り込みたい事項として，「自社が負う賠償責任に上限を設定したい」という意向を持っている場合には，その意向を契約条項にどう反映していくかを検討することになります。

• 相談者にとって不利にならないようにする

上記のように相談者に特別な意向がある場合にはもちろんのこと，仮にそういった意向がない場合にも，**契約条項が相談者にとって不利な条項となっていないかの確認・検証は必要です。**

相談者にとって不利な条項となっていないかを検討するうえでは，デフォルトルールとの比較の視点はもちろんのこと，「相談者の立場がどのようなものなのか」を踏まえた検討をするべきです。損害賠償条項の例でいえば，相談者の立場が損害賠償義務を負いやすい側であるのか（もしそうであるとすれば，損害賠償責任を負う場面を限定できないか），損害が発生した場合に相手方が負う損害，すなわち，相談者が負うべき損害賠償額が高額になることが予想されるのか（もしそうであるとすれば，賠償範囲や賠償額を限定できないか）といった点を踏まえて，相談者にとって不利な条項となっていないかを検討します。

なお，必ずしも，相談者に一方的に有利に定めればよいとは限りません。契約における立場（バーゲニングパワー）や商慣習を無視した内容を相手方に提示することは，かえって契約交渉を難しくしてしまう場合もあるでしょう。

• 適法性を確保する

契約条項の内容が法律の規定に違反するものでないかを確認・検証します。

契約条項の内容が強行規定に反する場合には，当該条項の規定が無効になってしまい（民法91条），結果として，意図した法的効果を得られなくなってしまうおそれがあります。損害賠償条項の例でいえば，たとえば，相談者が事業者として，消費者契約（消費者契約法2条3項）に該当する契約書を作成・レ

ビューしている場合であれば，相談者の債務不履行により消費者に生じた損害を賠償する責任の全部を免除する条項を定めたとしても，その条項は，無効になってしまいます（消費者契約法8条1項1号）。

一般論として，民法の契約に関する規定は任意規定のものが多い[10]ですが，上記の例で挙げた消費者契約法のような特別法の規定には強行規定，すなわち，当事者の合意（契約）によっても，変更できないものが多く存在します。そのため，**特別法の適用がある取引に係る契約書をレビューする場合にはより一層の注意が必要**といえます。

・紛争を予防する

契約書の内容は，後の紛争を予防できる内容としておくべきです。実際に問題が発生した段階で話し合いによって問題を解決することは難しい場合が多く，問題が顕在化する前の契約交渉段階であらかじめ問題の処理方法を協議し，契約書にその処理方法を定めておくことは，後の紛争（ないし紛争の激化）を予防することにつながります。

そのため，契約条項を検討するうえでは，**あらかじめ問題となる可能性のある事項とその処理方法を定めることができないかを検討**しておくべきです。

損害賠償条項の例でいえば，たとえば，「甲及び乙が，本契約に関して相手方に損害を与えた場合の損害賠償責任については，当事者双方が誠実に協議してこれを定めるものとする」というような，処理方法をきちんと定めないような内容とすることはできるだけ避けるべきでしょう[11]。

・実効性を確保する

契約書の内容が実際の運用においてワークする内容となっているかを確認・検証します。

損害賠償条項の例でいえば，相手方の損害賠償義務についてきちんと定めていたとしても，相手方の資力に不安があるという場合には，（損害賠償条項に

10　我妻・有泉コンメンタール195頁
11　一方で，不利な条項をのまされてしまうよりは，あえてこのような曖昧な条項でいったん逃げる（お茶を濁す）やり方も考えられるところです。

6　個別の契約条項で確認・検証すべき事項　213

基づいて，法的権利としての損害賠償請求権自体は取得するとしても，）実際
に相談者が損害賠償請求をした場合に，相手方から損害金を回収できる可能性
は低いかもしれません。そこで，損害賠償条項に実効性をもたせるべく，たと
えば，あらかじめ相手方から保証金を預託してもらい，万一相談者に損害が生
じた場合にはその保証金から損害金を差し引く形で損害賠償請求額を回収でき
るような内容とすることができないかを検討することなどが考えられます。

(4)　検討結果が反映された契約文言になるように契約条項をドラフト・修正する

最後に，「(3)　相談者の立場からデフォルトルールをどのように変更または
具体化すべきかを検討する」で述べた**検討結果が反映された契約文言になるよ
うに契約条項をドラフト・修正**します。

以下では，契約条項をドラフト・修正するうえでのポイントを解説します。

・権利義務の主体，要件，効果の特定

契約条項は，一部の規定（例：定義規定）を除き，契約当事者の権利または
義務を定めるものです。

したがって，「①権利・義務の主体」，「②その権利・義務が発生するための
条件（要件）」，その要件を満たす場合に，「③どのような権利・義務が発生す
るのか」，すなわち，「その契約条項の効果」をきちんと特定して記載するよう
にしましょう。

たとえば，以下の契約条項を見てください。

【損害賠償条項の例】

> 第●条（損害賠償）
> 甲及び乙は，本契約に関して相手方に損害を与えた場合，相手方に生じた損害を
> 賠償しなければならない。

この条項では，①義務の主体を，甲乙の双方とし，②要件を，「本契約の条
項に違反して相手方に損害を与える」こととし，③効果を，「相手方に生じた

214　第5章　契約相談対応におけるポイント

損害を賠償しなければならない」として，損害賠償義務を負うことを定めているということがわかります。

　ここで，たとえば，「(3)　相談者の立場からデフォルトルールをどのように変更または具体化すべきかを検討する」「・相談者にとって不利にならないようにする」で述べた，相談者が，「損害賠償責任を負う場面を限定できないか」という検討結果を反映したいと思った場合，②要件を厳格に設定することで上記検討結果を反映することができます。この場合の例としては，たとえば，以下のように修正することで，②要件として，「故意又は重過失」という要件を追加する（軽過失の場合を免責する）方法が考えられます。

【要件を厳格にする場合の例】

> 第●条（損害賠償）
> 甲及び乙は，本契約に関して相手方に損害を与えた場合，<u>故意又は重過失のある場合に限り，</u>相手方に生じた損害を賠償しなければならない。

　また，「賠償範囲や賠償額を限定できないか」という検討結果を反映したいと思った場合には，③効果を限定することで検討結果を反映することができます。効果を限定する方法はいくつか考えられるところですが，たとえば，以下のように修正することで，①相談者（乙）が義務の主体となる損害賠償額に，③金額の上限を設定することが考えられます。

【効果（賠償額）を限定する場合の例】

> 第●条（損害賠償）
> 甲及び乙は，本契約に関して相手方に損害を与えた場合，相手方に生じた損害を賠償しなければならない。<u>ただし，本契約に関して乙が甲に対して負う損害賠償の額は，第●条に定める代金額を上限とする。</u>

・<u>他の意味に解釈されるおそれのない条項にする</u>

　また，契約条項が，曖昧なもの，言い換えれば，**意図している意味と違う意味で解釈されてしまう可能性のある文言になっていないかも確認する必要があ**

ります。複数の意味に解釈できるような曖昧な契約条項は，実際にその契約条項を適用する場面において，契約当事者間で解釈が分かれてしまう可能性があり，紛争の火種となります。

特に慣れないうちは，契約条項を繰り返し読んで，「意図している意味と違う意味で解釈できないか」を頭の中で何度も検証してみるようにするとよいでしょう。

216 第5章 契約相談対応におけるポイント

> **コラム⑪**
>
> ### 契約書レビューにおけるコメントの形式
>
> **1 はじめに**
>
> 　上記のとおり，契約書レビューにおいては，修正意図の説明など，契約の相手方に向けたコメントを付すのが一般的です。もっとも，コメントの付け方についてはいくつかの方法があり，SNS などでもたびたび話題になります。
>
> 　そこで，本コラムでは，相手方向けコメントの付け方について，その方法を紹介したうえで，それぞれのメリット，デメリットをまとめます[12]。
>
> **2 コメントの仕方の種類**
>
> 　相手方向けコメントの仕方は，大きく分けて以下の3種類です。
>
> **① Word のコメント機能を使う**
>
> 　Word の「校閲」タブにある「コメント」機能を使ってコメントをするやり方です。
>
> **② 契約書本文中に【】を挿入する**
>
> 　契約書本文中に【】を挿入し，【】内にコメントをするやり方です。なお，【】ではなく，[] を使用する場合もあるようです（【】よりも入力しやすいこと，特に US キーボードでの変換が面倒であること，【】を用いると海外の Word で文字化けするリスクがあることなどが理由のようです）。
>
> 　通常は，誰がいつ行ったコメントかがわかるように，「蛍光ペン」機能や「塗りつぶし」機能を使ってハイライトを入れます。コメントの往復が増えてくると，必然的に使用する文字色も多くなります。プリントアウトしたときに文字が読めないこととならないよう，配色を調整しましょう（「塗りつぶし」機能では，自分で色を調整することが可能です）。

---

12 本コラム執筆にあたっては，X（旧 Twitter）での投稿を参考にさせていただきました。

③ 脚注を使う

　Wordの「校閲」タブにある「脚注」機能を使ってコメントするやり方です。

　日本語の契約書ではあまり見かけないため，本コラムでは簡単な紹介にとどめます。

3　メリット・デメリット

　それぞれの主なメリット・デメリットを挙げます。

① コメント機能のメリット・デメリット

メリット

- コメントの一括削除ができる（「校閲」→「コメント」欄の「削除」→「ドキュメント内のコメントをすべて削除」）
- コメントの消し忘れが生じにくい
- 契約書に慣れていない人にも見やすいと思われる
- コメント機能を使い慣れている人が多く馴染みがある

デメリット

- コメントに「変更履歴」が残らない（新しくコメントされたものを探すのが面倒，「比較」機能を使ってもコメントは比較されずコメントの見落としリスクがある）
- コメントが増える，または長くなると，コメントが潰れてしまい（プリントアウトすると末尾にまとめられてしまい），コメントを一覧することができなくなる
- コメントが増えてくるとファイルが重くなる（ファイル破損リスクもある）
- 契約書本文につけたハイライトがコメントで見えなくなってしまう

② 【】のメリット・デメリット

メリット

- 「変更履歴」が残る（「比較」機能を使って新しいコメントの見落としを

防止できる）

- コメントが増えたり長くなったりしても，コメントの一覧性を確保できる
- コメントが増えてもファイルが重くならない
- 契約書本文につけたハイライトを隠してしまうことがない

デメリット

- コメントを消し忘れるリスクがある[13]
- 契約書に慣れていない人にはかえって見づらいと思われる

③　脚注のメリット・デメリット

メリット

- 「②　【】のメリット」と概ね共通します。

デメリット

- 本文とコメントの記載箇所が離れることから，コメントを確認するために画面を上下する必要がある（場合によっては脚注が次ページにいってしまうこともある）
- （特にコメントが多い場合に，）どの部分に対するコメントなのか一見してわかりづらい
- （脚注のフォントサイズが小さく設定されている場合が多く，）単純に見づらい

4　実務上の取扱い

(1)　契約類型による違い

　筆者の理解では，ファイナンスやM&Aなどのディール系案件においては，通常ほとんどの場合で，【】が用いられている理解です。これらの契約書は，関係者が多く（それがゆえにコメント数も増えやすい），また，契約書が何度も往復することが想定されることから，コメント機能のデメ

13　「【」や「】」を「検索」することによって消し忘れリスクは回避できると考えます。

リットで挙げた事項が顕在化しやすく，そのため，【】を用いているものと考えられます。加えて，関係者のリテラシーも高い場合が多いため，「・契約書に慣れていない人にはかえって見づらいと思われる」というデメリットも妥当しません。

これに対し，日常取引に関する契約書の場合には，コメント機能を用いている場合，【】を用いている場合のどちらも見かけることがあります。

(2)　レビュワーによる違い

普段取り扱うことの多い契約類型の違いから来るものと思いますが，法律事務所がレビューする場合には【】が，企業がレビューする場合にはコメント機能が用いられている場合が比較的多い印象です。

5　筆者による考察

コメントの仕方については，いずれかのやり方が絶対的な正解というものでもないと思います。むしろ，それぞれにメリット・デメリットがある以上，これらを場面に応じて使い分けるのがベストな選択ではないかと考えます。

まず，ファイナンス，M&Aにおける契約書レビューにおいては，特段事情がない場合には，【】を用いるのが無難でしょう。

また，これら以外の類型の契約書であっても，関係者が多い場合，内容が複雑で相手方との間で何度も往復することが想定される場合には【】を使ったほうがベターであると思います。関係者のリテラシーが高い場合には特にそう言えるでしょう。

上記以外の場合には，相談者の好み，上司の好み，相手方の好みに合わせることでよいでしょう。たとえば，相談者が，コメント機能を使うことが多い場合であれば，特段の理由のない限り，コメント機能を使うほうがベターであると思います。

第 **6** 章

ケーススタディ

1 はじめに

　本章では，ここまで解説してきたことを踏まえて，ある紛争案件を題材に
ケーススタディを行います。

　読者の方は，ストーリーの流れに合わせて，「自分だったらどうするか」を
考えながら読んでみてください。

2 企業の法務部門にて……

(1) 登場人物と概要

【ハーバーノ株式会社の概要】

> 　本ストーリーの舞台となる健康器具メーカー。数十万円～数百万円する高級マッサージチェアを主力商品としている。これまでは，主として，ホテルや旅館，老人ホームなどの法人向けにマッサージチェアの販売・レンタルを行ってきたが，今年から，個人向けにもマッサージチェアの販売・レンタルを開始した。
>
> 　会社組織として，いわゆる「法務部」はなく，総務部総務課がその他の総務業務とともに法務を兼任している。総務部総務課において法務の担当をしているのは，田中課長，吉田さん，佐藤を含めて4名。社内の法務相談は，いったん田中課長のところにきて，田中課長が各メンバーに割り振る形になっている。

【登場人物】

> 佐藤・・・・・本ストーリーの主人公。新卒でハーバーノ株式会社に就職し，総務部総務課に配属された。社会人1年目。まだまだ法務の勉強中。
>
> 田中課長・・・ハーバーノ株式会社総務部総務課の課長。
>
> 吉田さん・・・ハーバーノ株式会社総務部総務課所属。佐藤の指導担当。企業法務歴10年。優しくて仕事がデキる。
>
> 加藤課長・・・ハーバーノ株式会社営業部第3営業課の課長。個人向け商品販売・レンタル事業の責任者。明るい性格。
>
> 鈴木太郎氏・・ハーバーノ株式会社から高級マッサージチェアをレンタル利用している個人の顧客。

(2) プロローグ

<u>20XX年10月15日（月）</u>

　佐藤は，いつもどおり満員電車に揺られて通勤，出社時刻の午前9時ギリギリにハーバーノ株式会社に到着した。早速社内チャットを確認する。

　田中課長から，吉田さん，佐藤宛てに，朝一番でメッセージが来ている。

224　第6章　ケーススタディ

> 田中
> @吉田　@佐藤
> 以下の案件，吉田さんと佐藤さんでご対応お願いできますでしょうか？

　田中課長のメッセージには，ハーバーノ株式会社において，個人向けのマッサージチェア販売・レンタルを担当している営業部第3営業課の加藤課長から田中課長に宛てた以下のメッセージが添付されている。

> 加藤
> @田中
> お疲れ様です。
> 個人のお客様からのレンタル費用の回収に滞納が生じた件でご連絡させていただきました。
> 対象のお客様情報は，リンクのとおりです。
> 第3営業課から電話とメールにて支払の督促を行っていましたが，いずれも反応がない状態です。つきましては，総務課にてご対応をお願いできればと思い，連絡させていただきました。
> ご確認よろしくお願いします。

　メッセージ内にある「リンク」は，顧客情報が記録された社内システムへのリンクとなっており，佐藤は，リンクをクリックしてページを開く。
　対象の顧客は，鈴木様という顧客で，今年8月1日から「新・快適チェア」というマッサージチェア（販売価格55万円，レンタル月額2万2,000円。いずれも税込）のレンタルを開始しているようだ。レンタル料は，毎月月末までに当月分がクレジットカード決済されるようにクレジットカード情報が登録されており，初回である8月分はきちんと決済されているものの，9月分は決済失敗になっている。
　社内システムから，顧客とのやりとりが記録されているページへ飛ぶと，以下の情報が記載されていた。

2　企業の法務部門にて……　225

【顧客とのやりとりが記載されているページ】

- 20XX.7.25　　ウェブサイトよりお申込み。
- 20XX.8.1　　　商品レンタル開始。
- 20XX.8.31　　 8月分レンタル料（2万2,000円）決済完了。
- 20XX.9.30　　決済失敗。
- 20XX.10.1　　第3営業課よりメールにて支払を督促。
- 20XX.10.4　　第3営業課より電話するも出ず。折り返しをいただくよう留守電を残す。
- 20XX.10.5　　第3営業課より電話するも出ず。折り返しをいただくよう留守電を残す。
- 20XX.10.8　　第3営業課より2回目のメール。
- 20XX.10.10　第3営業課より電話するも出ず。折り返しをいただくよう留守電を残す。
- 20XX.10.12　第3営業課より電話するも出ず。折り返しをいただくよう留守電を残す。
- 20XX.10.12　第3営業課より総務課へ対応を依頼。

Q　本件の関係者を整理する関係図を書いてみましょう。

　佐藤は，これらの情報を見て，「なかなか厳しい案件だなぁ」と思いつつ，チャットで田中課長に「承知しました」と返信した。直後に吉田さんからも田中課長宛てに「承知しました。ひとまず総務課で引き取ったほうがよさそうですね。加藤課長には私から連絡しておきます」というメッセージが届く。すぐに田中課長からも返信がある。「吉田さん，佐藤さん，ありがとうございます。よろしくお願いします」。

　佐藤は田中課長のメッセージを確認し，今後採るべき対応を頭の中で考える。「これだけ電話もメールもしているのに一切反応がないってことはなかなか連絡取れないだろうなぁ。レンタル料も1か月分しか払ってないし……」。

　佐藤がそんなことを考えていると，吉田さんが佐藤に声をかけてくる。「おはようございます。今朝の田中課長からのチャット見ました？」。吉田さんは，どこか楽しそうである。

　吉田さんが続ける。「なかなか厳しそうですよね。個人向けレンタルでこう

いった案件は初めてのはずなので，ひとまず加藤課長と話をしてみますか。今日この後空いてますか？」。

佐藤は，吉田さんの問いかけに対し，「はい！　今日は終日空いてます」と元気よく答えた。

直後に，吉田さんから加藤課長に宛てたメッセージが届く。早速，吉田さんが，加藤課長，吉田さん，佐藤を含めたグループチャットをつくったようだ。吉田さんから加藤課長に宛てたメッセージには以下のように記されていた。

吉田
@加藤
12日に田中課長宛てにご連絡いただいた鈴木様の件でご連絡させていただきました。
本件，私と佐藤さんで対応させていただきますのでよろしくお願いいたします。
少しお話しさせていただきたいので，本日この後どこかでお時間いただけますでしょうか？ 　資料を要求・確認する
また，第3営業課から鈴木様に督促メールを送っているようですので，こちらもご共有いただければと思います。

吉田さんは仕事が早い。すかさず佐藤も加藤課長宛てに「本件を担当させていただきます佐藤です。よろしくお願いします」とメッセージを送る。

間もなくして，加藤課長から返事が来る。

加藤
@吉田　@佐藤
今から大丈夫です！

Q　吉田さんまたは佐藤の立場で，加藤課長からどんなことを聞くべきか考えてみましょう。

(3) ヒアリング

〜会議室にて〜

　会議室には，机を挟んで加藤課長と対面する形で，吉田さんと佐藤が並んで座っている。加藤課長は今日も明るい。「いやー，困ったね。個人向けレンタル事業の立ち上げ早々だもんね。いやー，困った困った」。

　加藤課長は，言葉とは裏腹に困っている様子はない。資料を要求・確認する

　吉田さんが，「困りましたね。とりあえず，第3営業課から鈴木様に送った督促メールだけ確認させていただいてもよろしいですか？」と返す。

　加藤課長は，メールをプリントアウトして紙で持ってきていた。チャットで送ってくれればいいのに，紙がもったいない。吉田さんと佐藤で，加藤課長が持ってきたメールを確認する。

【メール（本文のみ抜粋）】

　鈴木　太郎　様

　当社の商品レンタルをご利用いただきありがとうございます。
　さて，このたび20XX年9月分のレンタル料2万2,000円（税込）につきまして，鈴木様にご登録いただいておりますクレジットカードからの引き落としができず，本日時点でお支払いの確認ができておりません。
　つきましては，当社ウェブサイトの「ユーザー専用ページ」よりログインいただき，当社所定の方法にて至急お支払いをお願いいたします。
　上記に関してご不明な点などございましたらカスタマーサポート窓口（XX-XXXX-XXXX）までご連絡ください。受付時間は，平日9：00〜17：00になります。

　ハーバーノ株式会社
　カスタマーサポート窓口

　見たところ，普通のメールで特に違和感はない。2通目のメールも確認したが，概ね同じ内容である。

228　第6章　ケーススタディ

　吉田さんが，加藤課長に「これ，実際に送ったのはどなたですか？」と尋ねる。

　加藤課長が答える。「ああ，俺だよ，俺。個人向けレンタル事業はまだ立ち上げたばっかりだから，カスタマーサポート窓口もうちの課でやってるのね。もっと大きくなったらカスタマーサポート部門も別につくりたいと思ってるけど，今のところは全部うちの課でやってるのよ」。

　吉田さんが続ける。「なるほど。それで，メールの返信もなく，電話の折り返しもないということですね？」。

　「そういうこと！」と加藤課長が頷く。　〔頭出しを活用する〕

　さらに，吉田さんが続ける。「まず，ご意向の確認をさせてください。営業部的には，ちゃんと払ってくれるなら鈴木様へのレンタルを続けたいか，早く解約してしまって商品を回収したいかどちらでしょうか？」。

〔背景事情を確認する，相談者の意向を確認する〕

　加藤課長が答える。「うーん……。基本的には，商品の回収かなぁ。最近，問い合わせが増えている状況で，回収したら他の人に貸せるようになるし。まあ，でも，今後はちゃんと払ってくれるっていうんならそれでもいいんだけどね」。

　加藤課長の話を受けて，佐藤が頭の中で「もし商品の回収となると，レンタル契約を解約しないといけないな。レンタル料の滞納がある状況だから解約はできるのかな……」と考えていると，吉田さんが，すかさず，「利用規約上，レンタル料滞納があって督促もしているので，今の状況でも解約して商品の回収を目指すことも可能かと思います。ただ，解約ありきではないということであれば，メール以外の方法でもう一度督促をしてみてもいいように思います。それでも支払がないようであれば，早々に解約して商品を返してくれるように

〔アウトプットを意識する〕

求めていきましょう。問題は，解約したとして，鈴木様がきちんと商品を返してくれるかどうかですが……」と反応する。

　佐藤は，「しまった！　事前に利用規約を確認しておくべきだった……」と内心焦った。

　加藤課長が吉田さんの言葉に反応する。「その場合はさ，うちの会社で鈴木

様の自宅に行って商品を持ってきちゃダメなの？　うちに権利があるんだから，もし鈴木様に抵抗されたとしても持ってきちゃえばいいじゃん。吉田さん，回収してきてよ」。

　佐藤が頭の中で，「たしかそういうのはあまりよくなかったような……」と考えていると，吉田さんが加藤課長の質問に答える。「まあ，最終的には，ご自宅に訪問して鈴木様を説得するという方法はありうると思います。ただ，無理やり持ってくることは難しいですね。「自力救済」というんですが，裁判所の判例[1]でも原則として自力救済はできないとされておりまして，民事上の責任だけでなく，最悪，刑事責任を問われるリスクも考えられます」。

　加藤課長は，「そうなの？　じゃあ，ひとまず自宅訪問はやめとこうか」と，渋々ながらも納得したようだ。

〔頭出しを活用する〕

　吉田さんが続ける。「もし鈴木様と連絡がついて商品を返してもらう話に

〔今後の流れを意識する〕

なった場合について確認させてください。利用規約によると，うちの会社で配送業者を手配することになっているので今回もそうする理解ですが，これって日程調整が必要ですよね？　窓口が複数になるのもよくないのでうちの課で鈴木様との日程調整までしてしまおうと思うのですが，回収希望日の何日前までに加藤課長にお知らせすれば，業者の手配は可能でしょうか？」。

　加藤課長が吉田さんの質問に答える。「前日の16時までに俺に連絡をくれれば業者の手配はやっとくよ！　9時～12時，12時～15時，15時～18時，18時～21時の枠があるから，希望日と合わせて希望時間枠も聞いておいてくれる？年末年始以外なら土日祝日でも業者は対応してくれるから」。

　佐藤は，加藤課長が言った時間枠のメモを取り，吉田さんにアイコンタクトを送る。

　吉田さんが頷きながら加藤課長への話を続ける。「ありがとうございます。では，今後についてですが，ひとまず，鈴木様への対応は総務で引き取ります。

〔スケジュール感を確認する〕

今週中を目途に通知書面を出して，支払がないようであれば早期に製品を回収

1　最判昭和40年1月27日民集19巻9号2101頁など。

230 第6章 ケーススタディ

できるように動きます。ただ，これまでの状況からすると，引き続き鈴木様と連絡がつかない可能性は結構高いかもしれません。そうなると，まあ，先ほど話題に出た自宅訪問という方法もありえますが，最終的には裁判の可能性も含めて検討していくことになると思います。実際に回収できるまでには数か月から場合によっては年単位の時間がかかる可能性もありますので，その点はご了承ください。何かご質問はございますか？」。

> 適宜質問を受け付ける

「ううん，大丈夫！　あとは，よろしく頼むね！」と加藤課長が答える。

> 各自のネクストアクションを設定・確認する

吉田さんが，「もし鈴木様からメールや電話があったらすぐに私と佐藤さんに共有していただくようにお願いします」と加藤課長に伝え，加藤課長が「わかった！」と答えて会議が終わる。

佐藤が「ああ，今日もまた何も発言できなかった……」と反省していると，吉田さんが佐藤のほうを向く。「田中課長には，督促のうえ支払がなければ商品回収を目指す方針で進める旨報告しておきますね。佐藤さんは鈴木様宛ての通知書のドラフトをお願いします」。

さらに，吉田さんが続ける。「通知書をドラフトするうえで，参考になりそうな書面を探して送っておきますね」。

優しい先輩である。

Q　佐藤の立場で，上記の会議要旨をまとめたメモ（議事録）をつくってみましょう。なお，メモ（議事録）の目的は，田中課長への共有目的とします。

(4) 通知書

会議が終わった10分後，吉田さんから佐藤宛てにチャットが来る。

吉田
@佐藤
添付は法人向けレンタル案件の通知書ですがもしかすると参考になるかもしれません。

2　企業の法務部門にて……　231

佐藤が添付ファイルを確認すると，以下の内容の通知書であった。佐藤は，早速，これを参考に鈴木氏宛ての解約通知をドラフトすることにした。

先人の知恵を借りる

【吉田さんのチャットに添付されていた通知書】

20XX年3月10日

〒○○○-○○○○
東京都港区○○
株式会社○○
代表取締役　○○　○○　殿

〒●●●-●●●●
東京都港区●●
ハーバーノ株式会社
代表取締役　●●　●●

通知書

　当社は，貴社との間で，20XX年XX月XX日付け「マッサージチェアレンタル契約書」（以下「本契約」といいます。）を締結し，同日，別紙商品一覧記載の商品（以下「本商品」といいます。）を貴社に引き渡し，本商品を賃貸しております。

　そして，本契約第●条では，レンタル料につき当月分当月末日払いとされています。

　しかしながら，本日現在，20XX年1月分レンタル料20万円（税込）及び同年2月分レンタル料20万円（税込）につきまして，貴社によるお支払いが確認できません。

　つきましては，本書到達後5日以内に，上記レンタル料の未払額合計40万円を当社から貴社宛てに発行済みの請求書記載の口座に振り込む方法によりお支払いください。

　万一，上記支払期限までに上記未払レンタル料全額をお支払いいただけない場合，本契約第●条に基づき，改めて通知をすることなく同支払期限の経過をもって本契約は当然に解約されます。この場合には，当社にて回収業者を手配致しますので，当社まで回収希望日時をご連絡ください。

　なお，本件に関するお問い合わせは，XX-XXXX-XXXX（法務担当）までご連絡いただきますようお願い申し上げます。

232　第6章　ケーススタディ

```
                                                              以上

  （別紙省略）
```

　佐藤は吉田さんから送られてきた通知書を見て，「あ，利用規約を確認しないと！」と思った。ハーバーノ株式会社では，法人向けレンタルの場合にはレンタル先と契約書を締結しているが，個人向けレンタルの場合にはユーザーから利用規約への同意を得る形にしている。そのため，鈴木氏とのレンタル契約には，この利用規約が適用されるのだ。

　佐藤が鈴木氏に適用される利用規約である「レンタル利用規約」を確認したところ，以下の規定を発見した。　〔資料を要求・確認する〕

【利用規約10条】

```
  第10条（解約）
  1．当社は，ユーザーにレンタル料の不払いその他の本規約の不履行または違反
    があった場合において，当社からユーザーに対してその履行または違反の是正
    の催告をしたにもかかわらず5日以内にその履行または違反の是正がないとき
    は，本レンタル契約を解約することができるものとします。
  （以下省略）
```

Q　佐藤の立場で，鈴木氏宛ての通知書をドラフトしてみましょう。

　佐藤は，顧客情報が記録された社内システムと加藤課長からもらったメールを改めて確認する。加藤課長からもらったメールには「至急お支払いをお願いいたします」と書いてあるので，一応催告といえそうだ。メールは20XX年10月1日に鈴木氏に送られているが，今日はもう20XX年10月15日だ。佐藤は，「吉田さんが言っていたとおり，利用規約上は解約可能といってよさそうだ」と考える。

　そして，「ただ，今回は，一応もう一度督促をしてみるという話だったよ

な」と打ち合わせの内容を振り返りつつ，吉田さんから共有してもらった通知書を参考に，以下の書面を作成した。

【佐藤による通知書のドラフト】

20XX年10月16日

〒○○○-○○○○
東京都港区○○
　鈴木　太郎　様

（タイトルを工夫する）
<u>レンタル料のお支払いについて</u>

拝啓　平素は格別のご高配を賜り厚く御礼申し上げます。
　さて，鈴木様もご承知のとおり，当社は，本年7月25日に鈴木様にお申込みをいただき，同年8月1日より，鈴木様に「新・快適チェア」のレンタルサービス（以下「本レンタルサービス」といいます。）を提供させていただいております。
　そして，本レンタルサービスに適用されます「レンタル利用規約」第8条第1項では，レンタル料につき，毎月月末までに当月分のレンタル料をお支払いいただくこととなっております。（根拠を記載する）
　しかしながら，20XX年9月分のレンタル料2万2,000円（税込）につきまして，鈴木様にご登録いただいておりますクレジットカードからの引き落としができず，本日現在，いまだ鈴木様からのお支払いが確認できていない状況です。
　つきましては，当社カスタマーサポート窓口からご案内しております当社ウェブサイトの「ユーザー専用ページ」よりログインいただき，9月分のレンタル料2万2,000円（税込）を至急お支払いいただきますようお願い申し上げます。なお，本書と行き違いでご対応いただいている場合には，何卒ご容赦いただきますようお願い申し上げます。（目標を設定する，相談者の主張や相手方への要求を記載する）
（期限を設定する）（要求に従わない場合のアクションやペナルティを記載する）
　仮に万一，本書到達後5日以内に鈴木様からのお支払いが確認できない場合には，誠に残念ではございますが，「レンタル利用規約」第10条に基づき，本レンタルサービスを解約させていただきます。この場合には，回収日時を調整させていただきますので，お手数ですが，以下の法務担当窓口まで回収希望日時をご連絡ください。
　なお，本件に関するお問い合わせは，以下に記載しております当社法務担当窓口までいただきますようお願い申し上げます。

敬具

〒●●●-●●●●
東京都港区●●
ハーバーノ株式会社
法務担当窓口（総務課）
TEL：XX-XXXX-XXXX（平日 9 ：00～17：00受付）

　佐藤は，吉田さんにチャットを送る。

佐藤
@吉田
吉田さんからいただいた通知書を参考に，鈴木様への通知書を添付のとおり作成しましたのでご確認いただけますでしょうか？　実質的な内容は，ほぼ吉田さんからいただいた通知書に依拠していますが，今回は個人向けの書面ということで，言葉遣いを丁寧なニュアンスに変更しております。

　吉田さんから早速返事がある。

吉田
@佐藤
早速ありがとうございます。明日までに確認しておきます。

　吉田さんはいつも即レスだ。かっこいい。

20XX年10月16日（火）

　佐藤が出勤すると，昨夜のうちに吉田さんからチャットが入っている。「通知書のドラフトありがとうございました。大変よくできていました。少しだけ修正を加えました」

　佐藤が，「ほんとに少しなのか。いつもそう言って真っ赤になってるけど……」と思いながら，添付ファイルを開く。パッと見ると修正箇所はそこまで

多くなく，佐藤は少しほっとする。添付ファイルでは，以下の部分が修正され
ていた。

【吉田さんによる修正箇所】

　　つきましては，当社カスタマーサポート窓口からご案内しております当社ウェ
ブサイトの「ユーザー専用ページ」よりログインいただき，９月分のレンタル料
〔期限を設定する〕
２万2,000円（税込）を本書到達後５日以内に至急お支払いいただきますようお
願い申し上げます。なお，本書と行き違いでご対応いただいている場合には，何
卒ご容赦いただきますようお願い申し上げます。
　　仮に万一，上記期限まで本書到達後５日以内に鈴木様からのお支払いが確認で
きない場合には，誠に残念ではございますが，「レンタル利用規約」第10条に基
づき，本書をもって，本レンタルサービスを解約させていただきます。なお，解
約につきましては，当社から鈴木様へ改めて通知をすることなく，上記期限の経
過をもって，本レンタルサービスを当然に終了させていただくものですので，そ
の旨ご了承ください。この場合には，回収日時を調整させていただきますので，
お手数ですが，以下の法務担当窓口まで回収希望日時をご連絡ください。【吉田
→佐藤さん：「お支払いが確認できない場合には（中略）本レンタルサービスを
解約させていただきます」だけだと，本書が単なる催告なのか，催告と解約通知
を兼ねるものなのかはっきりしないように思いました。再度解約通知を出すこと
は想定していないと思いますので，「本書をもって」解約する旨が明確になるよ
うに追記させていただきました。】

　　佐藤は，これを見て，「なるほど。たしかに，元の文だと解約することをた
だ宣言しているだけのようなニュアンスに読めなくもないな。疑義のない文章
を作成するのって難しいなぁ」と思った。
　　そうしていると，吉田さんが出勤してきた。「おはようございます」。
　　佐藤は，吉田さんに挨拶を返す。「おはようございます。きのうの通知書ご
確認ありがとうございました」。
　　吉田さんは，微笑みながら，「こちらこそ，すぐにつくってくれてありがと
うございました。とてもよくできていましたよ。私が修正した部分についてどう
思われました？」と佐藤に問いかける。

236　第6章　ケーススタディ

　佐藤は吉田さんに褒められて思わず笑みがこぼれる。「はい，修正いただいた点については，ご指摘のとおりと思います。いただいた内容で異存ありません」。

　吉田さんがさらに佐藤に問いかける。「では，早速あの内容で送りますか。どうやって送るのがいいと思います？」。

　[通知方法を使い分ける]

　「メールはすでに第3営業課が送って無視されてしまっている状況なので，やはり郵便でしょうか」と佐藤が答える。[郵送方法を使い分ける]

　吉田さんは頷き，「そうですね。解約通知を兼ねるものですし，内容証明郵便で送るのがよいと思います。督促としてのインパクトも与えられますしね」。

　吉田さんがさらに続ける。「いったん鈴木様からの連絡を待ってみて，連絡

　[外部専門家の起用の必要性とタイミングを見極める]

がない場合には早めに顧問弁護士に相談しましょう。おそらく長引けば長引くほど連絡が取りづらくなってしまうので，こういうのは早め早めの対応がよいと思います。田中課長と加藤課長には，私からその旨報告しておきますね。もし鈴木様から電話連絡があった場合には，私のほうで対応しておきます。もし鈴木様から電話があった時に佐藤さんが近くにいる場合には，お声がけするようにします」。

Q　吉田さんの立場で，鈴木氏から電話連絡があった場合にどのように対応すべきか考えてみましょう。

(5)　外部弁護士の起用

20XX年10月23日（火）

　通知書を配達証明付の内容証明郵便で発送してから1週間が経った。配達証明によれば，10月17日（水）には，鈴木氏の自宅住所に配達されているようだが，本日に至るまで鈴木氏からの連絡も支払もない。この間，吉田さんから，鈴木氏に3回電話をかけたが，鈴木氏はいずれの電話にも出ない。支払期限は「本書到達後5日以内」だ。したがって，10月22日（月），つまり，昨日の経過時点をもって期限を経過したことになる。

2　企業の法務部門にて……　237

　佐藤が吉田さんに話しかける。「結局，鈴木様から連絡ありませんでしたね」。
　吉田さんが佐藤のほうを向く。「想定の範囲内ではありますが，仕方ないで
すね。では，予定どおり顧問弁護士の山田先生に相談しましょう。田中課長と
加藤課長にはすでに話を通してあります。とりあえず，山田先生とのウェブ会
議を設定したいと思いますので，山田先生宛てのメール文案をつくっていただ
けますか？　山田先生が本件の経緯を理解しやすいように，経過をまとめた簡
単なメモも合わせてつくっていただければと思います」。

　　　外部弁護士に伝える情報を整理する

Q　佐藤の立場で，山田弁護士宛てのメール文案と経過をまとめたメモをつ
くってみましょう。

　佐藤は，吉田さんの指示に従い，山田弁護士に宛てたメール文案をドラフト
し，吉田さんに送った。その後，吉田さんが，佐藤のドラフトをもとに以下の
内容で山田弁護士にメールを送信した。

【吉田さんが山田弁護士に送ったメール】

To：山田先生
CC：佐藤●●
　　　　件名はわかりやすく
件名：新規ご相談の件
　添付ファイルがある場合の注意点　（わかりやすいファイル名を付しておく）
添付ファイル：「①経緯まとめ（10.23）」「②営業部メール（10.1）」「③営業部
メール（10.8）」「④通知書（10.16）」「⑤配達証明（10.17）」

本文：　文頭の挨拶を入れる
　いつもお世話になっております。
　新規で相談させていただきたい件がございまして，連絡させていただきました。
　　冒頭で用件の概略や連絡した趣旨を伝える
　本件の経緯は，添付「①経緯まとめ（10.23）」にまとめさせていただきました
が，要旨は以下のとおりです。
　今年8月1日よりマッサージチェアのレンタルを開始したお客様につきまして，
先月9月分のレンタル料（本来であれば9月末日決済）の決済ができておりませ
ん。

当社営業部からメールでの督促（添付「②営業部メール（10.1）」，「③営業部メール（10.8）」）及び電話をし，また，その後総務課より，通知書（添付「④通知書（10.16）」）の発送及び電話をしておりますが，いずれも全く反応がない状況です（電話には出ず，留守電となります。）。

つきましては，先生に，レンタル料の回収及びマッサージチェアの回収をお願いさせていただきたく，まずは一度ウェブ会議にてご面談を設定させていただきたいのですが，先生のご都合はいかがでしょうか？　以下に候補日時を挙げさせていただきます（ご面談時間としては，おそらく30分もいただければ十分ではないかと思います。）が，以下の日程でご調整が難しいようであれば再度別の候補日時をお伝えさせていただくようにいたします。なお，当社側は，私と佐藤の2名が参加予定です。

用件を記載するうえでの工夫（箇条書きで記載する）

面談候補日時
- 10月24日（水）10時〜12時
- 10月25日（木）15時〜17時
- 10月26日（金）10時〜12時または13時〜16時

文末の挨拶を入れる

以上お忙しいところ恐縮ではございますが，ご確認どうぞよろしくお願い申し上げます。

吉田，佐藤 署名欄に自身の情報を記載しておく
（署名欄省略）

【添付ファイル（「①経緯まとめ（10.23）」）】

本件の経緯は，以下のとおりです（10月23日現在）。

●対象顧客：鈴木太郎　様
住所：東京都港区○○
電話番号：XXX-XXX-XXXX
メールアドレス：XXX@dmail.com

●契約内容：今年8月1日から，マッサージチェア「新・快適チェア」のレンタル（月額2万2,000円。税込。）を開始。レンタル料は，毎月月末まで当月分のレンタル料をクレジットカード決済。本件に適用される利用規約である「レンタル利用規約」のリンクはこちら。

●顧客とのこれまでのやりとり：
- 20XX.7.25　　ウェブサイトよりお申込み（レンタル契約成立）。
- 20XX.8.1　　　商品レンタル開始。
- 20XX.8.31　　8月分レンタル料（2万2,000円）決済完了。
- 20XX.9.30　　決済失敗。
- 20XX.10.1　　営業部より，メールにて支払を督促（添付「②営業部メール（10.1）」）。
- 20XX.10.4　　営業部より電話するも出ず。折り返しをいただくよう留守電を残す。
- 20XX.10.5　　営業部より電話するも出ず。折り返しをいただくよう留守電を残す。
- 20XX.10.8　　営業部より2回目のメール（添付「③営業部メール（10.8）」）。
- 20XX.10.10　営業部より電話するも出ず。折り返しをいただくよう留守電を残す。
- 20XX.10.12　営業部より電話するも出ず。折り返しをいただくよう留守電を残す。
- 20XX.10.15　総務課で本件の引取り。
- 20XX.10.16　総務課より通知書面発送（添付「④通知書（10.16）」）。
- 20XX.10.16　総務課より電話するも出ず。折り返しをいただくよう留守電を残す。
- 20XX.10.17　通知書面（添付「④通知書（10.16）」）が鈴木氏の自宅住所に配達（添付「⑤配達証明（10.17）」）。
- 20XX.10.18　総務課より電話するも出ず。折り返しをいただくよう留守電を残す。
- 20XX.10.22　総務課より電話するも出ず。折り返しをいただくよう留守電を残す。
- 20XX.10.23現在　鈴木様からの連絡，支払は一切なし。

240　第6章　ケーススタディ

3　法律事務所にて……

(1)　登場人物と概要

【はばの法律事務所の概要】

> 　本ストーリーの舞台となる企業法務系法律事務所。8年前に山田弁護士によって設立された。中小企業を主なクライアントとする。弁護士9名，事務職員4名が在籍している。

【3からの登場人物】

> 小川・・・・・・本ストーリーの主人公。はばの法律事務所の新人アソシエイト。
> 山田弁護士・・・はばの法律事務所のボス弁。8年前に大手法律事務所から独立・開業した。弁護士歴20年。普段は優しいが怒ると怖いという噂。
> 後藤さん・・・・はばの法律事務所設立から在籍する事務員さん。事務員歴25年のベテラン。

(2)　プロローグ

20XX年10月23日（火）

　山田弁護士が，小川に声をかける。「今メールした件，一緒に入ってもらいたいんですが，明日の10時から打ち合わせ入れます？」

　小川は，山田弁護士からメールが来ていることを確認しつつ，「はい，入れます！」と答えた。

　小川は，早速メールの中身を確認する。山田弁護士からのメールは，顧問先であるハーバーノ株式会社の吉田さんから山田弁護士宛てに送られてきたメールを転送してきたもののようだ。吉田さんからのメールには，いくつかの資料が添付されている。小川は，明日の朝10時からの打ち合わせに備えて，今のうちにひととおり資料に目を通しておくことにした。

Q 小川の立場で，打ち合わせ前に確認しておくべき事項を考えてみましょう。

(3) リサーチ

小川は，まず，吉田さんから山田弁護士宛てに送られてきたメールの本文を読む。要するに，顧客にレンタル料の不払いがあったので，レンタル料の回収と商品の回収を依頼したいという相談のようだ。事案は比較的シンプルだ。

次に，添付資料である「①経緯まとめ（10.23）」に目を通す。非常に簡潔にまとまっていて，ありがたい。利用規約へのリンクが貼ってあるので，開いて

〔資料を要求・確認する〕

みる。関係しそうな条項がどこにあるか全体をざっと見てみる。おそらく，レンタル料の支払や解約について定めた条項があるはずだ。小川は，第8条と第10条を見つける。第8条がレンタル料について，第10条が解約について定める条項ということで間違いなさそうだ。

【利用規約8条】

第8条（レンタル料の支払）
1. ユーザーは，レンタル期間中，毎月末日までに当月分のレンタル料を支払うものとします。
2. 前項に定めるレンタル料の支払は，次の各号のいずれかの方法によるものとします。
 (1) クレジットカード決済
（以下省略）

【利用規約10条】

第10条（解約）
1. 当社は，ユーザーにレンタル料の不払いその他の本規約の不履行または違反があった場合において，当社からユーザーに対してその履行または違反の是正の催告をしたにもかかわらず5日以内にその履行または違反の是正がないときは，本レンタル契約を解約することができるものとします。
2. 前項の解約が月の途中で行われた場合，当該解約月のレンタル料については

242　第6章　ケーススタディ

日割計算を行うものとし，ユーザーは解約日までの分のレンタル料を負担する
ものとします。
3．本条第1項に基づき本契約が解約された場合，ユーザーは，当社に対して負
担する一切の債務につき，当社から通知又は催告がなくとも当然に期限の利益
を喪失するものとします。
（以下省略）

資料を要求・確認する

　続いて，小川は，添付資料「②営業部メール（10.1）」，「③営業部メール
（10.8）」，「④通知書（10.16）」，「⑤配達証明（10.17）」に目を通す。
　「④通知書（10.16）」は，利用規約10条1項と照らし合わせて，「有効に解約
がなされているかどうか」という観点から読む必要がありそうだ。小川は，
「④通知書（10.16）」を精読する。「④通知書（10.16）」はもちろん，それ以前
の営業部メールでも履行の催告はされている。また，「⑤配達証明（10.17）」
を見ると，少なくとも，通知書については，10月17日に鈴木氏宅に届いている。
さらに，先ほど見た「①経緯まとめ（10.23）」によれば，10月23日現在までに
鈴木氏からの履行はされていない。そして，「④通知書（10.16）」には，解約
の意思表示も記載されている。これなら有効に解約できていると考えてよさそ
うだ。
　続いて，利用規約10条2項を見る。これによれば，10月分のレンタル料につ
いては日割計算することになっている。したがって，10月分利用料を計算する
と，（2万円×22日）÷31日＝1万4,193円，これに消費税を加算すると税込1
万5,612円の請求ができそうである。　資料を要求・確認する
　さらに，小川は，請求内容に漏れや矛盾がないかどうかを確認すべく，利用
規約全体を確認する。すると，小川は，以下の各規定を見つけた。

【利用規約9条】

第9条（遅延損害金）
　ユーザーが当社に対してレンタル料の支払を遅延したときは，ユーザーは，支
払期日の翌日から支払い済みに至るまで，年6％の割合による遅延損害金を当社

3　法律事務所にて……　243

に支払わなければなりません。

【利用規約12条】

第12条（商品の返却）
1．ユーザーは，本契約終了日までに，本商品を当社に返却しなければなりません。
2．返却費用は，ユーザーの負担となります。なお，返却費用は，以下のとおりとします。
　(1)　東京23区内からの返却の場合：5,000円（税込）
　（中略）
5．ユーザーが本条第1項の規定に違反して本商品の返却を遅延した場合，ユーザーは，本契約終了日の翌日から返却済みまで，1か月当たり本商品の月額レンタル料の倍額を，損害金として当社に支払わなければなりません。なお，損害金の算定において，1か月に満たない期間がある場合には，日割計算を行うものとします。

　これらの規約によれば，少なくとも規約上は，以下の請求をすることができそうである。

- 9月分レンタル料税込2万2,000円（利用規約8条1項）
- 10月分レンタル料税込1万5,612円（利用規約10条2項）
- 各支払日の翌日（9月分レンタル料については10月1日。10月分レンタル料については利用規約10条3項による期限の利益喪失日の翌日である10月23日）から支払済みまで年6％の割合による遅延損害金（利用規約9条）
- 返却費用5,000円（利用規約12条2項）
- 契約終了日（＝解約日）の翌日である10月23日から返却済みまで，1か月当たり本商品の月額レンタル料の倍額（利用規約12条5項）

　次に，小川は，念のためこれらの条項の有効性を確認しておくことにした。

244　第6章　ケーススタディ

Q　小川の立場で，本利用規約の各条項の有効性を検討してみましょう。

　　小川は，「まずはどこが問題となるかのあたりをつけよう」と考えた。そこ

あたりをつける

で，インターネット上で「利用規約　有効性」という検索ワードで検索し，出
てきたウェブサイトにいくつか目を通してみる。ウェブサイトから，利用規約
については定型約款や消費者契約に該当する可能性があることを知った小川は，
それぞれの条文を確認してみる。

条文を出発点とする

　　まず，定型約款である。e-Gov[2]で民法を確認する。目次を見ると，定型約
款については，民法548条の2〜同548条の4が定型約款の規定である。先ほど
確認したウェブサイトでは，個別の条項の有効性については，民法548条の2
第2項が指摘されていた。

【民法548条の2】

> 2　前項の規定にかかわらず，同項の条項のうち，相手方の権利を制限し，又は
> 相手方の義務を加重する条項であって，その定型取引の態様及びその実情並び
> に取引上の社会通念に照らして第一条第二項に規定する基本原則に反して相手
> 方の利益を一方的に害すると認められるものについては，合意をしなかったも
> のとみなす。

　　小川は，「なるほど，信義則に反して相手方の利益を一方的に害するもので
あってはいけないということか。抽象的だが，要するに，あまりにユーザーに
不利な条項はだめだということだろう。利用規約の各条項を見る限り，信義則
違反というほどまで違和感のあるものはなさそうだな」と考える。

広めに論点をさらう意識を持つ

　　また，念のため，民法548条の2〜同548条の4の他の条項にも目を通す。他
の条項については，本件で特に引っかかりそうなところはなさそうだ。

　　次に，e-Gov[3]で消費者契約法を確認する。先ほど確認したウェブサイトでは，

――――――――――――――――

　2　https://elaws.e-gov.go.jp/document?lawid=129AC0000000089

個別の条項の有効性については，消費者契約法8条ないし10条が指摘されていた。e-Govで目次を見ると，たしかに，「第二章　消費者契約　第二節　消費

あたりをつける

広めに論点をさらう意識を持つ

者契約の条項の無効（第八条─第十条）」となっている。早速，消費者契約法8条〜10条に目を通す。見る限り，8条，8条の2，および8条の3は関係なさそうだ。消費者契約法9条1項1号，同2号，および10条が問題になりそうである。

まず，消費者契約法9条1項1号を確認する。

条文を出発点とする

【消費者契約法9条1項1号】

（消費者が支払う損害賠償の額を予定する条項等の無効等）
第九条　次の各号に掲げる消費者契約の条項は，当該各号に定める部分について，無効とする。
一　当該消費者契約の解除に伴う損害賠償の額を予定し，又は違約金を定める条項であって，これらを合算した額が，当該条項において設定された解除の事由，時期等の区分に応じ，当該消費者契約と同種の消費者契約の解除に伴い当該事業者に生ずべき平均的な損害の額を超えるもの　当該超える部分

小川は，まずもってそもそも本利用規約が，ここでいう「消費者契約」に該当するのかが気になった。そこで，定義規定を探し，第2条を見つける。消費者契約法2条は以下のとおりである。

【消費者契約法2条】

（定義）
第二条　この法律において「消費者」とは，個人（事業として又は事業のために契約の当事者となる場合におけるものを除く。）をいう。
2　この法律（第四十三条第二項第二号を除く。）において「事業者」とは，法人その他の団体及び事業として又は事業のために契約の当事者となる場合における個人をいう。

3　https://elaws.e-gov.go.jp/document?lawid=412AC0000000061

246　第6章　ケーススタディ

3　この法律において「消費者契約」とは，消費者と事業者との間で締結される契約をいう。

（以下省略）

小川はこの条文を読みつつ考える。定義からして，本利用規約は，消費者契約法にいう「消費者契約」に該当しそうである。

そこで，小川は，消費者契約法9条に再び戻る。消費者契約法9条1項1号には，「当該消費者契約の解除に伴う損害賠償の額を予定し，又は違約金を定める条項であって，これらを合算した額が，当該条項において設定された解除の事由，時期等の区分に応じ，当該消費者契約と同種の消費者契約の解除に伴い当該事業者に生ずべき平均的な損害の額を超えるもの」とある。わかるようでよくわからない。

そこで，小川は，再びインターネットで，検索ワードを「消費者契約法9条

信頼性のある根拠を持って結論を導き出す

解説」と打ち込み検索をする。すると，消費者庁が公開している「逐条解説　消費者契約法　令和5年9月」[4]が見つかる。ひとまず「第9条（消費者が支払う損害賠償の額を予定する条項等の無効等）」を読んでみると，第1号は，①「契約の解除に伴う」，②「損害賠償の額を予定し，又は違約金を定める条項であって，これらを合算した額が」，③「当該条項において設定された解除の事由，時期等の区分に応じ，当該消費者契約と同種の消費者契約の解除に伴い当該事業者に生ずべき平均的な損害の額」という3つの要素に分けて整理ができるということがわかる。

そこで，小川はまず，①「契約の解除に伴う」の解説を読む。消費者庁の解説によれば，「「契約の解除に伴う」とは，約定解除権を行使するケース又は法定解除権を行使するケースを指す」と記載されている[5]。

そこで小川は考える。本利用規約12条5項は，「ユーザーが本条第1項の規定に違反して本商品の返却を遅延した場合」としており，また，12条1項は

4　https://www.caa.go.jp/policies/policy/consumer_system/consumer_contract_act/annotations
5　消費者庁「逐条解説　消費者契約法　令和5年9月」（2023年）155頁

「ユーザーは，本契約終了日までに，本商品を当社に返却しなければなりません」としている。つまり，本利用規約12条5項が適用される場面は，契約の終了原因が契約解除の場合に限定されているわけではない。

そして，本利用規約12条5項は，「ユーザーが本条第1項の規定に違反して本商品の返却を遅延した場合」としている。つまり，解除そのものによる損害賠償や違約金を定めたものではなく，解除後に「返却を遅延した」ことについての損害金を定めるものであると考えることができる。

（仮説を立てる）

「そうすると，本利用規約12条5項の規定は，「①契約の解除に伴う」に該当しないような気がするけど……本当にその理解でよいのだろうか？」と，小川は悩む。そこで，小川は，この点をもう少し詳しく調べてみることにした。

（あたりをつける）

小川がさらに調べてみると，ポータルサイト[6]上で弁護士が解説をしているページにたどり着く。ここでは，「本契約終了日までに賃借人が本物件を明け渡さない場合」の遅延損害金を定める条項について，契約解除の場合にのみ適用される規定ではなく，「①契約の解除に伴う」の要件を満たさないと考えられ，消費者契約法9条1項1号の適用はないと判断される可能性が高いとの弁護士の見解が記されている。「やはり本利用規約12条5項の規定は，「①契約の解除に伴う」に該当しなさそうだな」と小川は思う。

（原典に当たる）

さらに，小川は，判例検索サービスから，同ポータルサイト上で指摘されている裁判例を調べることにした。山田弁護士からは，いつも「原典に当たれ」と指導されている。小川が調べた東京高判平成25年3月28日判タ1392号315頁には，以下のように記載されていた（下線は筆者）。

【東京高判平成25年3月28日の判旨部分（抜粋）】

本件倍額賠償予定条項は，契約終了の原因がいかなるものであるかにかかわらず，契約が終了した後において，賃借人が明渡し義務を履行せずに賃借物件の明

6　https://www.businesslawyers.jp/practices/263

渡しを遅延した場合における使用料相当の損害金一般について定めた規定であり，その対象となる損害は，契約の解除後に賃借人が賃借物件の返還義務を履行せずに使用を継続することによって初めて発生するものであって，契約の解除時においては，損害発生の有無自体が不明なものである。

　したがって，このような損害について賠償の予定額を定めた本件損害賠償予定条項を，消費者契約法九条一号[7]に規定する消費者契約の解除に伴う損害賠償の額を予定し又は違約金を定める条項であると解することは相当でないというべきである。

　本利用規約12条5項も，この裁判例の理屈が妥当する場面であるように思える。

　　　　　　　リサーチの対象（判例・裁判例），リサーチの手段（判例検索サービス）

　もっとも，下級審判決であり，1つの判決だけに依拠するのはリスクがあるだろう。そこで，小川は，判例検索サービスを使って他の裁判例[8]も調べてみることにした。裁判例の結論はいずれも消費者契約法9条1項1号によって無効とはならないというものであった。

　これらの情報からすれば，本利用規約12条5項は，消費者契約法9条1項1号によって無効となるリスクは低いといってよさそうだ[9]。

　小川は，消費者契約法9条1項1号について，相談前のリサーチとしてはひとまずこの程度でよいだろうと考えた[10]。

7　現在の消費者契約法9条1項1号。
8　大阪高判平成25年10月17日消費者法ニュース98号283頁，東京地判平成20年12月24日2008WLJPCA12248022，東京地判平成29年6月23日2017WLJPCA06238014，東京地判平成31年1月17日2019WLJPCA01178017など。なお，上記結論に不利に働く可能性のある裁判例として，大阪地判平成21年3月31日消費者法ニュース85号173頁参照。
9　この他，上記ポータルサイトの記事上でも言及されている消費者委員会 消費者契約法専門調査会「消費者契約法専門調査会報告書」（2015年12月）（https://www.cao.go.jp/consumer/iinkaikouhyou/2015/doc/20151225_shoukei_houkoku1.pdf）の第3の「6.「解除に伴う」要件の在り方（法第9条第1号）」（13〜14頁目）も参考になります。
10　リサーチの程度については，「第3章　案件処理のポイント」「2　リサーチのポイント」「⑾　リサーチの程度」で述べたように，進捗段階に応じたリサーチを行います。本件のように，実際に請求するか未確定の段階では，詳細なリサーチまでは不要と考えます。

3　法律事務所にて……　249

Q　小川の立場で以下の事項についても検討してみましょう。
・本利用規約の各条項が消費者契約法9条1項2号によって無効となるリスクはないか
・本利用規約の各条項が消費者契約法10条によって無効となるリスクはないか

　小川は，消費者契約法9条1項2号および同10条についてもリサーチをし，「ひとまず，本利用規約の各条項が無効となるリスクは高くないだろう」と考えた。
　次に，小川は，ここまで調べたことを山田弁護士に共有しておこうと考え，山田弁護士宛てのメールを作成することにした。

Q　小川の立場で山田弁護士宛てのメールをドラフトしてみましょう。

　小川は，以下のメールを作成し，山田弁護士に送った後，帰宅の途に着いた。

【小川から山田弁護士に宛てたメール本文】

山田先生

お疲れ様です。
下記の件，簡単な検討・リサーチをしましたのでその結果を共有させていただきます。
結論として，鈴木氏に対しては，レンタル商品の引渡請求に加え，以下の「2」に記載した(1)～(5)の請求が可能であると考えます。

1　解約の有効性について
　「④通知書（10.16）」「⑤配達証明（10.17）」を確認しましたが，レンタル契約は，「④通知書（10.16）」によって10月22日の経過をもって有効に解約されており，レンタル商品の引渡請求が可能と考えます（利用規約第10条第1項）。

2　鈴木氏に請求できる内容について
　利用規約を確認したところ，上記「1」で述べたレンタル商品の引渡請求に加え，以下の(1)～(5)の請求が可能であると考えます。
　(1)　9月分レンタル料税込2万2,000円（利用規約第8条第1項）

(2)　10月分のレンタル料税込１万5,612円（<u>利用規約第10条第２項</u>）

(3)　各支払日の翌日（９月分レンタル料については10月１日。10月分レンタル料については利用規約第10条第３項による期限の利益喪失日の翌日である10月23日）から支払い済みまで年６％の割合による遅延損害金（<u>利用規約第９条及び第10条第３項</u>）

(4)　返却費用5,000円（<u>利用規約第12条第２項</u>）

(5)　契約終了日（＝解約日）の翌日である10月23日から返却済みまで，１か月当たり本商品の月額レンタル料の倍額（<u>利用規約第12条第５項</u>）

3　利用規約の有効性について

　上記「２」で述べた(5)に関連して，利用規約第12条第５項が，消費者契約法第９条第１項第１号及び消費者契約法第10条によって無効となるリスクを検討しましたが，添付裁判例[11]に照らすと，無効となるリスクは低いと考えました。

　なお，本リサーチにあたって，以下のウェブサイトを参照しましたので，念のため共有させていただきます。

- https://www.businesslawyers.jp/practices/263
- （以下省略）

小川

(4)　ヒアリング

<u>20XX年10月24日（水）</u>

　朝９時，小川が事務所に到着する。山田弁護士はまだ来ていない。小川は，今朝までに来ているメールをチェックする。山田弁護士から，昨日送った鈴木氏の件について，「詳細にありがとうございます。明日，打ち合わせ前に少しだけ話しましょう」というメールが来ていた。

　小川が引き続きメールチェックをしていると，山田弁護士が事務所にやって来た。「おはようございます」。

　「おはようございます」。小川も山田弁護士に挨拶を返す。

11　前掲の裁判例の他，特に消費者契約法10条との関係で，東京地判令和２年２月５日2020WLJPCA02058010，東京地判令和３年２月17日2021WLJPCA02178025などがありますが，無効となる可能性がそもそも低い事案では，そのすべてを共有する必要までではなく，主要なものをピックアップして共有すれば十分ではないかと思います。

「あっ，小川先生，昨日のメールありがとうございました。よくまとまっていてわかりやすかったです」。山田弁護士が小川に微笑みかける。

山田弁護士に褒められて小川の口元が少し緩む。「ありがとうございます！」。

山田弁護士が続ける。「法的な請求権としては小川先生の検討してくれた内容でいいと思います。問題は，なかなか連絡がつかない鈴木氏に対してどういう書面を送るかというところですね。小川先生，どう思われますか？」。

小川が答える。「すでに会社名義で内容証明まで送っているので，ここへ来て弱気な書面を出しても仕方ないと思うんですよね。鈴木氏に，「きちんと対応しないとまずい」と思ってもらえるような強気な内容の書面にするのがよいのではないかと思っています」。

山田弁護士は，「たしかにそうですね」と頷きつつ，「ただ，私は，鈴木氏はお金がなくてレンタル料を払えなくなった可能性が高いと思っているんですよね。そうすると，あんまりプレッシャーをかけ過ぎるのもよくないかもしれない。「どうせ払えないなら逃げちゃえ」と思われてしまうかもしれないですからね。このあたりは，鈴木氏の状況について会社で何か把握していることがないか聞いてみて改めて検討するという感じでしょうか」と続ける。

小川は「なるほど」と頷く。

さらに，山田弁護士が続ける。「あと，これは会社の意向を聞いてみないといけないところですが，おそらく，会社としては，お金を請求することよりも，ひとまず商品を確保したいという思いが強いのではないかと思います。この観点からも，鈴木氏にそこまでプレッシャーをかけずに，「お金はさておき，とりあえず商品は返してください」というくらいのニュアンスのほうがよいのかもしれないですよね。まあ，会社の意向はこの後の打ち合わせで聞いてみましょう。ところで，これ，もしこのまま連絡が取れなかったら，どうしますか？」。

小川は山田弁護士からの突然の問いかけに少し戸惑いながらも，「裁判……でしょうか？」と答える。

山田弁護士は，「そうですね。それがセオリーではあると思うんですが，小川先生，この商品について調べましたか？　この商品，新品の販売価格でも税込55万円なんですよね。実際に裁判をして商品を回収するコストを考えると，

252　第6章　ケーススタディ

会社として裁判をすることまでは希望しないかもしれません。そう考えると，我々は，なんとしても鈴木氏と連絡がつく状態に持っていきたいというところです。したがって，鈴木氏にどのような書面を送るかを検討するうえでは，この点を踏まえて考えていく必要がありますよね。さあ，そろそろ時間なので，会議室に移りましょうか」と言い，小川とともに会議室に向かう。

Q　山田弁護士（または小川）の立場で，ハーバーノ株式会社の担当者からどのようなことを聞き，また，ハーバーノ株式会社の担当者にどのようなことを伝えるべきか考えてみましょう。

～会議室にて～

　10時になり，山田弁護士が，ウェブ会議システムを起動し，ウェブ会議に入室する。

　ハーバーノ株式会社の吉田さん，佐藤さんもすぐに入室してくる。「おはようございます」。

　「おはようございます」。山田弁護士，小川も挨拶を返す。

　吉田さんが会議の口火を切る。「本日は，朝からありがとうございます。昨日メールを差し上げたとおりですが，弊社のマッサージチェアをレンタルした個人のお客様にレンタル料の未払いが発生してしまいまして。弊社から，電話，メール，内容証明郵便といろいろ連絡を取ってみたんですが，全く反応がない状況で，先生にご対応をお願いできないかと思って連絡させていただいた次第です」。

　山田弁護士は，にっこりと笑いながら，「はい。ご連絡いただきありがとうございました。本日，小川弁護士も同席していますので，よろしくお願いいたします」と答え，小川を紹介する。

　「よろしくお願いいたします」。小川が，吉田さんと佐藤さんに挨拶をし，吉田さんと佐藤さんもそれに応える。

　挨拶が終わったところで，山田弁護士が話を続ける。「資料は拝見しております。大変わかりやすくまとめていただきましてありがとうございました。おっしゃるとおり，こうなってしまっては，もう弁護士名義で通知を出さない

3　法律事務所にて‥‥　253

となかなか難しいかなと思っております」。

　吉田さんが苦笑する。「そうなんです。ぜひ先生方のお力をお借りできればと思います」。

　「もちろんです」と山田弁護士。 頭出しを活用する

　山田弁護士が続けて，「早速ですが，いくつか確認させていただければと思います。まず，この鈴木さんという方は，御社の中でどなたかお話しされたことのある方はいらっしゃるんでしょうか？」と質問する。

　吉田さんがこれに応じる。「それがないんですよね。ウェブサイトからお申込みをいただいた方で，その後は共有させていただいた資料のとおり，全く連絡が取れないので，どういう方っていうのは私たちもよくわかっていないんです」。

　山田弁護士がさらに質問する。「なるほど，ありがとうございます。ちなみに，おいくつくらいの方かおわかりになりますか？」。

　「はい，サービス申込み時にご登録いただいた情報だと今65歳ですね」と吉田さんが答える。

背景事情を確認する，今後の流れを意識する

　山田弁護士が少し考え込む。「なるほど。そうすると，もうお仕事は退職されているんですかね。1か月しかレンタル料を払っていないということなので，元々レンタル料を支払うつもりがなかったのか，それとも何かの事情で払えなくなったのか，そのあたりの関係でどういう方か気になったんですが」。

　吉田さんが，相槌を打ちながら，「この情報だけだと何もわからないですよね」と返す。

頭出しを活用する

　山田弁護士が話題を変える。「ご事情はわかりました。続いて，今後の方針を協議させていただきたいのですが，その前提として，まずは情報を整理させていただければと思います」。

　吉田さんが頷くのを確認し，山田弁護士が話を続ける。「吉田さんから昨日メールでいただいたとおり，御社が鈴木さんに求めていきたい内容としては，大きく分けて，商品の回収とレンタル料などのお金の請求の2つですよね。まず，商品の回収については，御社の通知書面を確認しましたが，こちらの通知書で解約自体は有効にできていると思いますので，法的には鈴木さんに対して回収を求めていくことは可能です。次に，お金の請求については，うちの小川

に検討してもらったんですが，利用規約を見ると，未払いとなっている９月分レンタル料税込２万2,000円の他にも鈴木さんに請求できるものがあると考えています」。

吉田さんが，山田弁護士の言葉に割って入る。「解約日までの10月分のレンタル料と，あとは商品の回収費用5,000円ですよね？」。

山田弁護士が答える。「おっしゃるとおりです。また，その他に，解約日の翌日から返却してもらうまでの損害金についての規定が利用規約12条５項にあります。これによると，レンタル料の倍額相当額を請求できることになっています。レンタル料の倍額なので，商品の回収時期によってはそれなりにまとまった金額になる可能性がありますね」。

吉田さんが頷くのを確認し，山田弁護士が続ける。「あと，こちらはあまり大きな金額にはならないと思いますが，未払いのレンタル料の遅延損害金について，利用規約９条で年６％と設定されています。レンタル料が支払われるまではこの遅延損害金が加算されていくことになりますね」。

吉田さんが，「なるほど，たしかにそうですね」と答える。

相談者の意向を確認する

山田弁護士がさらに続ける。「以上を前提に，商品の回収を求めていくのは当然として，お金の回収をどこまで求めていくかという部分について，御社のお考えを確認させていただきたいと思っております。というのも，仮に鈴木さんがあまりお金のない方だとすると，今申し上げたお金の支払を全部求められたところで，そもそも支払うお金がないという可能性もあると思います。私が懸念しているのは，こちらが無理なことを求めた結果，鈴木さんが自暴自棄になってしまってかえって対応してくれなくなってしまう可能性があるのではないか，という点です」。

吉田さんがこれに応じる。「先生のご懸念の点はよくわかります。実は，昨日私のほうで弊社営業担当ともお金の回収をどこまで求めていくべきかについて話をしたんですよ。結論として，お金の回収は二の次で，商品の確保を優先したいというのが現状の弊社の意向です。お金については，"できれば回収する"というくらいのスタンスで構わないのでその前提で動いていただければと思います」。

山田弁護士が頷く。「すでにそこまでご検討いただいていたんですね。ありがとうございます。では，商品の確保を最優先にすることを前提に，今後の対応をさせていただくようにいたします」[今後の流れを意識する]

吉田さんが「はい，お願いします」と返す。[頭出しを活用する]

山田弁護士が再び話題を変える。「では，今後についてお話しさせていただきます。まずは，私どものほうから弁護士名義で通知書を鈴木さん宛てに送ろうと思います。1〜2日いただければドラフトをお送りできると思いますので，それを踏まえて吉田さん，佐藤さんにご確認いただければと思います」。

吉田さんが頷く。[スケジュール感を確認する，各自のネクストアクションを確認する]

「問題は，鈴木さんと連絡がつくか，というところなんですが……」と山田弁護士が切り出したところで，吉田さんが「そこですよね」と相槌を打つ。

山田弁護士が話を続ける。「はい。もちろん，通知書は，できるだけ鈴木さんからの連絡を促すような内容で書面をつくりたいと思っています。実際，弁護士から書面が来たらすぐに連絡をくれる方もいますし，今回もそうなるとよいのですが。あとは，折を見て，こちらから鈴木さんに電話とメールもしてみようと思います」。[相談者に予測可能性を持たせる] [今後の流れを意識する]

吉田さんが頷くのを確認し，山田弁護士はさらに続ける。「それで，鈴木さんと連絡がついた場合なんですが，とにかく早いうちに商品回収の話を進めてしまったほうがよいと思うので，商品回収の手順を教えていただけますか？御社のほうで，回収業者を手配することになるんでしょうか？」。

吉田さんが質問に答える。「はい。前日の16時までに私に連絡をいただければ，業者の手配は可能です。9時〜12時，12時〜15時，15時〜18時，18時〜21時の枠があるので，鈴木様から希望日と合わせて希望時間枠も聞いておいていただけると助かります。年末年始以外なら土日祝日でも対応可能と聞いています」。

小川は，吉田さんからもらった情報をメモして，山田弁護士にアイコンタクトを送る。

小川のアイコンタクトを受けて，山田弁護士が話を続ける。「ありがとうございます。とにかく，一度でもお話しできた時がチャンスだと思うので，お話しできるタイミングがあればそのチャンスを逃さないように進めていきたいと

思います」。

「お願いします」と吉田さんが答える。

続けて，山田弁護士が「それでやってみて，もし鈴木さんとどうしても連絡が取れないという場合なんですが」と切り出したところで，吉田さんが割って入る。「そこなんですが，正直，うちとしては，コスト面を考えると，裁判までする可能性は低いかなと思っています」。

山田弁護士が応じる。「そうですか。たしかに，裁判にかけるコストや労力を踏まえると，そのご判断は十分ありうるところかと思います。わかりました。では，その際にまた改めて対応をご相談させていただくとしても，ひとまずは，私どものほうで通知書を出しつつ，電話やメールを送るなどしてなんとか連絡を取れるようにやってみます」。

吉田さんが「はい，お願いします。社内では，鈴木様のご自宅に訪問してみるという案も出ていたのですが，そういった方針を採るかどうかについても含めてまたご相談させてください」と返す。

山田弁護士が頷く。「自宅訪問も一案ですが，やり方には十分注意して進める必要がありますね。まあ，そのあたりは，鈴木さんと連絡がつかなかった場合にまた改めてお話ししましょう」。

吉田さんが頷く。

続けて，山田弁護士が「ここまでのところで何かご質問はございますか？」と問いかける。

「いえ，大丈夫です。クリアに理解できました」と吉田さんが答える。

さらに，山田弁護士が「最後に，費用についてですが，いつもどおり顧問契約に従って請求させていただくことでよろしいでしょうか？」と言ったところで，吉田さんが申し訳なさそうな顔をする。「実は，課長の田中から顧問料の範囲内でご対応いただくようにと念を押されておりまして……」。

山田弁護士が微笑みながら答える。「大丈夫ですよ。今申し上げた通知書と電話，メールくらいまでであれば，顧問料の範囲内に収まると思います。万一，その範囲を超えそうな場合には，また改めて相談させていただきますね」。

「ありがとうございます。よろしくお願いいたします」と吉田さん。

続けて，山田弁護士が「では，ひとまず通知書をドラフトして吉田さんと佐

藤さんにお送りします」と言い，小川のほうを向いて「小川先生，何か他にありますか？」と尋ねる。

小川は「大丈夫です」と答える。

山田弁護士は，再び，吉田さんと佐藤さんのほうに向き直り，「私からお話ししたかったことは以上ですが，吉田さん，佐藤さんのほうで何かございますか？」と問いかける。

適宜質問を受け付ける

吉田さんは，佐藤とアイコンタクトを取った後，「大丈夫です。よろしくお願いします」と答える。

山田弁護士は，「はい。しっかり対応させていただきます」と応じる。

皆が口々に，「本日はありがとうございました」「失礼いたします」と言い，会議は終了した。

(5)　通知書

会議終了後，山田弁護士は小川に，「では，通知書のドラフトをお願いします。明日の午前中までにもらえると助かります」と指示を出した。

Q　小川の立場で，鈴木氏宛ての通知書をドラフトしてみましょう。

先人の知恵を借りる

小川は，通知書をドラフトしようと思い，まずは，事務所内の共有フォルダを探すことにした。はばの法律事務所では，過去案件のファイルをクラウド上の共有フォルダで保管している。

過去案件の通知書をいくつか参照しながら，小川は，以下の内容の書面を作成した。

258　第6章　ケーススタディ

【小川による通知書面ドラフト】

20XX年10月25日

〒○○○-○○○○
東京都港区○○
鈴木　太郎　様

　　　　　　　〒105-0001　東京都港区●●●●●ビル33階
　　　　　　　　　　　　　　はばの法律事務所
　　　　　　　　　　　　　　ハーバーノ株式会社
　　　　　　　　　　　　　　代理人弁護士　山　田　●　●
　　　　　　　　　　　　　　同　　　　　　小　川　●　●
　　　　　　　　　　　　　　電　話　03-XXXX-XXXX
　　　　　　　　　　　　　　ＦＡＸ　03-XXXX-XXXX

〔タイトルを工夫する〕
受任通知　兼　督促書

前略
1　受任の通知
　　当職らは，ハーバーノ株式会社（以下「当社」といいます。）より，貴殿が
当社に対して20XX年7月25日付けでお申込みをされた「新・快適チェア」（以
下「本商品」といいます。）のレンタル契約（以下「本契約」といいます。）に
関する貴殿との交渉にかかる一切の件（以下「本件」といいます。）につき，
委任を受けました。
　　つきましては，本書をもってその旨を通知するとともに，当社の代理人とし
て，貴殿に対し，本契約に関して不履行となっている貴殿の各債務の履行につ
き，以下のとおり督促いたします。

2　本商品の返却について
　　当社は，貴殿からのお申込みに基づき，20XX年7月25日付けで貴殿との間
で本契約を締結し，本契約に基づき，20XX年8月1日，貴殿に対して本商品
を引き渡し，これをレンタルしてきました。〔根拠を記載する〕
　　しかしながら，当社は，貴殿より，20XX年9月分のレンタル料2万2,000円
（税込）をお支払いいただけなかったことから，複数回にわたる電話，メール
等による督促の後，20XX年10月16日付け「レンタル料のお支払いについて」
と題する書面により，本契約を解約いたしました。それにもかかわらず，本日
現在，当社には，貴殿からの本商品のご返却がされておりません。
〔相談者の主張や相手方への要求を記載する〕
　　つきましては，当職らは，貴殿に対し，直ちに，本商品を当社まで返却して

いただくよう本書をもって督促いたします。本商品の回収日時を調整させてい
（期限を設定する）
ただきますので，必ず本書到達後５日以内に，当職らまでご連絡ください。
【小川→山田先生：クライアント意向も踏まえて，回収費用5,000円につきま
しては，鈴木氏において連絡をする意欲を削ぐ可能性があると考え，あえて記
載しておりません。】
（根拠を記載する）
　なお，万一貴殿より本商品のご返却がされない場合には，本契約に適用され
ます「レンタル利用規約」第12条第５項に基づき，本商品のご返却済みまで，
（要求に従わない場合のアクションやペナルティを記載する）
貴殿に，本商品のレンタル料の倍額の損害金債務が加算されていくことをあら
かじめ申し添えます。【小川→山田先生：ここは記載するか悩んだのですが，
鈴木氏が早く返却をするインセンティブになる部分もあると思い，あえて記載
しました。なお，本書によって請求時点までに確定している損害金を記載して
請求に加算することも考えましたが，鈴木氏に対して過度なプレッシャーとな
る可能性もあることから，あえて記載しませんでした。】

３　レンタル料等のお支払いについて　【小川→山田先生：クライアント意向も踏
まえて，今回通知書ではそもそも請求しないことも考えましたが，最低限レンタ
ル料の請求はしておくべきではないかと考え記載しております。】
　また，当社は，上記のとおり，20XX年９月分のレンタル料２万2,000円（税
込）につき，貴殿よりお支払いを受けておりません。（根拠を記載する）
　加えて，20XX年10月分レンタル料につきましても，解約日である20XX年
10月22日までの日割レンタル料として１万5,612円（税込）が発生しておりま
す。（相談者の主張や相手方への要求を記載する）
　つきましては，20XX年９月分及び10月分レンタル料の合計額である金３万
7,612円を以下の銀行口座に振り込む方法により速やかにお支払いください。
【小川→山田先生：支払期限をどう設定するか悩みました。「２」と合わせて，
「本書到達後５日以内」とすることも考えましたが，鈴木氏の経済状況によっ
ては支払が難しい可能性もあり，過度なプレッシャーになりうると考え，あえ
て具体的な期限を設定しておりません。】

　　（銀行口座）
　　●●銀行　●●支店
　　普通預金口座　口座番号：●●●●●●●
　　口座名義：弁護士　山田●●　預り金口（ベンゴシ　ヤマダ●●　アズカリ
　　キングチ）

260　第6章　ケーススタディ

根拠を記載する

　　なお，万一貴殿よりレンタル料のお支払いがされない場合には，本契約に適用されます「レンタル利用規約」第9条に基づき，お支払い済みに至るまで，

要求に従わない場合のアクションやペナルティを記載する

貴殿に，年6％の割合による遅延損害金債務が加算されていくことをあらかじめ申し添えます。【小川→山田先生：請求時点までに確定している遅延損害金につき，レンタル利用規約第12条第5項の損害金と同様の理由から，（また，こちらの請求は特に少額であることもあって）あえて請求に加算していません。】

　4　今後について　　期限を設定する
　　万一，本書到達後5日以内に何らのご対応もいただけない場合，当社としましては，貴殿に対し，然るべき法的措置を採ることを検討せざるを得ません。

要求に従わない場合のアクションやペナルティを記載する

　　なお，本件につきましては当職らが当社より一切の委任を受けておりますので，本件に関する今後のご連絡は，全て当職ら（担当：山田）宛てにいただきますようお願いいたします。

　ドラフトを終え，小川は，メールに「本日打ち合わせのあった鈴木氏の件，添付のとおり通知書をドラフトしましたのでご確認をお願いします。判断に迷う部分やドラフトの意図については，添付本文中に黄色マーカーをつけて記載しております」と書いたうえで上記ドラフトを添付し，山田弁護士に送信した。
　山田弁護士は，別件で外出中であったが，外出先から「早速ありがとうございます。確認します」との返信があった。

20XX年10月25日（木）
　朝9時に小川が事務所に到着する。いつもどおりメールチェックをしていると，山田弁護士が事務所にやってきた。小川は山田弁護士と挨拶を交わす。
　山田弁護士がパソコンを立ち上げながら，小川に話しかける。「昨日のハーバーノ株式会社と鈴木さんの件，ドラフトありがとうございました」。
　「はい，ちょっと記載に悩むところもあったのですが……」と小川が応じる。
　山田弁護士が「まだざっと見ただけですが，よくできていると思いますよ。結構厳しめの書面だなとは思いましたけど」と微笑む。

小川が不安そうに「厳しすぎましたか？」と山田弁護士に問いかける。

山田弁護士が答える。「いや，それもいいんじゃないですかね。情報が少ないので，厳しく出るのがいい方向と悪い方向のどっちに転ぶかの判断が難しい事案ですよね。小川先生も昨日言っていたと思いますが，すでに会社から通知書面を出して無視されているわけですから，ある程度ガツンと言ったほうがいい部分はあると思います。少し直しを入れて，午前中のうちに先生に送りますね」。

11時過ぎ。小川に山田弁護士からメールが届く。「下記の件，添付のとおり，修正しましたのでご確認ください。ほぼ小川先生にご作成いただいたとおりですが，6％の遅延損害金については少額ということもあり，商品回収優先というクライアント意向を踏まえて削除しました。こちらの内容でよろしければ，変更履歴を反映のうえ，私から小川先生をCCに入れて吉田さんと佐藤さんにメールしておきます」。

小川は，山田弁護士からのメールに添付されたファイルを開いて，中身を確認する。

【山田弁護士が修正した通知書面】

20XX年10月25日

〒○○○-○○○○
東京都港区○○
鈴木　太郎　様

〒105-0001　東京都港区●●●●●ビル33階
はばの法律事務所
ハーバーノ株式会社
代理人弁護士　山　田　●　●
同　　　　　　小　川　●　●
電　話　03-XXXX-XXXX
ＦＡＸ　03-XXXX-XXXX

受任通知　兼　督促書

前略

1 受任の通知

　当職らは，ハーバーノ株式会社（以下「当社」といいます。）より，貴殿が当社に対して20XX年7月25日付けでお申込みをされた「新・快適チェア」（以下「本商品」といいます。）のレンタル契約（以下「本契約」といいます。）に関する貴殿との交渉にかかる一切の件（以下「本件」といいます。）につき，委任を受けました。

　つきましては，本書をもってその旨を通知するとともに，当社の代理人として，貴殿に対し，本契約に関して不履行となっている貴殿の各債務の履行につき，以下のとおり督促いたします。

2 本商品の返却について

　当社は，貴殿からのお申込みに基づき，20XX年7月25日付けで貴殿との間で本契約を締結し，本契約に基づき，20XX年8月1日，貴殿に対して本商品を引き渡し，これをレンタルしてきました。

　しかしながら，当社は，貴殿より，20XX年9月分のレンタル料2万2,000円（税込）をお支払いいただけなかったことから，複数回にわたる電話，メール等による督促の後，20XX年10月16日付け「レンタル料のお支払いについて」と題する書面により，本契約を解約いたしました。それにもかかわらず，本日現在，当社には，貴殿からの本商品のご返却がされておりません。

　つきましては，当職らは，貴殿に対し，直ちに，本商品を当社まで返却していただくよう本書をもって督促いたします。本商品の回収日時を調整させていただきますので，必ず本書到達後5日以内に，当職らまでご連絡ください。ご連絡は，お電話（03-XXXX-XXXX）でもメール（XXX@nakaiiii.com）でも構いません。【小川→山田先生：クライアント意向も踏まえて，回収費用5,000円につきましては，鈴木氏において連絡をする意欲を削ぐ可能性があると考え，あえて記載しておりません。】【HL[12]→ハーバーノ様：お打ち合わせを踏まえ，まずは商品回収を優先すべく，鈴木氏が当事務所へ連絡する意欲を削がないよう，返却費用5,000円（利用規約第12条第2項）については，あえて本書に記載しておりません。】

　なお，万一貴殿より本商品のご返却がされない場合には，本契約に適用されます「レンタル利用規約」第12条第5項に基づき，本商品のご返却済みまで，貴殿に，本商品のレンタル料の倍額の損害金債務が加算されていくことをあらかじめ申し添えます。【小川→山田先生：ここは記載するか悩んだのですが，鈴木氏が早く返却をするインセンティブになる部分もあると思い，あえて記載

12　はばの法律事務所（Habano Law Office）の略称。

しました。なお，本書によって請求時点までに確定している損害金を記載して請求に加算することも考えましたが，鈴木氏に対して過度なプレッシャーとなる可能性もあることから，あえて記載しませんでした。】【HL→ハーバーノ様：こちらも返却費用と同様の理由から本書に記載しないという選択肢もあると思いますが，鈴木氏に「早く商品を返却しなければ」と思わせる効果が期待できる一文ですので，（実際にどこまで請求していくかという点はさておき，）本書に記載しております。】

3　レンタル料等のお支払いについて【小川→山田先生：クライアント意向も踏まえて，今回通知書ではそもそも請求しないことも考えましたが，最低限レンタル料の請求はしておくべきではないかと考え記載しております。】【HL→ハーバーノ様：まずは商品回収優先ということでしたので，レンタル料の請求について本書に記載しない選択肢もあると思いますが，以下に記載しておりますとおり，「期限までにお支払いが難しい場合には，必ず本書到達後5日以内に，当職らまでご連絡ください」とすることで，むしろ鈴木氏に対する連絡の誘因になるのではないかと考え，記載しました。貴社において「3」は削除したほうがよいというご意向がございましたら，削除いたしますのでお申し付けください。】

　また，当社は，上記のとおり，20XX年9月分のレンタル料2万2,000円（税込）につき，貴殿よりお支払いを受けておりません。

　加えて，20XX年10月分レンタル料につきましても，解約日である20XX年10月22日までの日割レンタル料として1万5,612円（税込）が発生しております。

〔期限を設定する〕

　つきましては，本書到達後5日以内に，20XX年9月分及び10月分レンタル料の合計額である金3万7,612円を以下の銀行口座に振り込む方法により速やかにお支払いください。【小川→山田先生：支払期限をどう設定するか悩みました。「2」と合わせて，「本書到達後5日以内」とすることも考えましたが，鈴木氏の経済状況によっては支払が難しい可能性もあり，過度なプレッシャーになりうると考え，あえて具体的な期限を設定しておりません。】

（銀行口座）
●●銀行　　●●支店
普通預金口座　口座番号：●●●●●●●
口座名義：弁護士　山田●●　預り金口（ベンゴシ　ヤマダ●●　アズカリキングチ）

　なお，貴殿において上記期限までにお支払いが難しい場合には，必ず本書到達後5日以内に，当職らまでご連絡ください。なお，万一貴殿よりレンタル料

のお支払いがされない場合には，本契約に適用されます「レンタル利用規約」
第9条に基づき，お支払い済みに至るまで，貴殿に，年6％の割合による遅延
損害金債務が加算されていくことをあらかじめ申し添えます。【小川→山田先
生：請求時点までに確定している遅延損害金につき，レンタル利用規約第12条
第5項の損害金と同様の理由から，（また，こちらの請求は特に少額であるこ
ともあって）あえて請求に加算していません。】【HL→ハーバーノ様：レンタ
ル料については，利用規約第9条に基づき，各支払日の翌日（9月分レンタル
料については10月1日，10月分レンタル料については解約日の翌日である10月
23日）から支払い済みまで年6％の割合による遅延損害金の請求が可能ですが，
少額であり，また，まずは商品回収優先とのことでしたので鈴木氏に余計なプ
レッシャーを与えない意味でも，あえて本書には記載していません。】

4　今後について
　万一，本書到達後5日以内に何らのご対応もいただけない場合，当社としま
しては，貴殿に対し，然るべき法的措置を採ることを検討せざるを得ません。
　なお，本件につきましては当職らが当社より一切の委任を受けておりますの
で，本件に関する今後のご連絡は，全て当職ら（担当：山田）宛てにいただき
ますようお願いいたします。

　小川は，山田弁護士の修正内容を見て，「たしかに，クライアント意向から
しても，レンタル料の遅延損害金は書かなくてもよかったかな」，「レンタル料
の請求を連絡の誘因に使っているあたりはうまいな」と思った。

　そして，山田弁護士に宛てて，「ありがとうございます。修正いただいた内
容を確認しましたが，異存ございません」とメールを返信した。

　その後，山田弁護士がハーバーノ株式会社の吉田さんと佐藤さんにメールを
し，午後のうちに上記通知書の内容でハーバーノ株式会社の了承が取れたため，
通知書を，配達証明付の内容証明郵便で鈴木氏宛てに送付した。

(6)　交渉

20XX年10月29日（月）

　午前11時。山田弁護士，小川がいつもどおり事務所で執務していると，はば
の法律事務所に電話が来る。事務員の後藤さんが電話に出て対応する。その後，
後藤さんが，「山田先生，すずきたろうさんという方からお電話です」と山田

弁護士に声をかける。

　山田弁護士が「わかりました」といって電話に出る。

　「お電話代わりました。弁護士の山田です」。

Q　山田弁護士の立場で，鈴木氏にどのような話をするか考えてみましょう。

　受話器越しに鈴木氏の不安そうな声が聞こえる。「あ，鈴木という者ですが，そちらの事務所からお手紙をいただいたので電話しました」。

　山田弁護士が応じる。「鈴木太郎様ですね。お電話ありがとうございます。お手紙お読みいただいたんですね」。

　鈴木氏が引き続き不安そうな声で話す。「はい，あの，マッサージチェア返してなくてすみません。どうしても使ってみたくて申し込んだんですが，やっぱりお金を払うのが難しくて……。ずっと連絡しようと思っていたんですが，ごめんなさい」。

　山田弁護士は優しい口調で返す。「いえ，まずはご連絡をいただきありがとうございます。お支払いが難しいということですね」。

　「はい」。鈴木氏が弱々しく答える。

　山田弁護士が続ける。「お支払いの点は，私のほうでも会社と相談してみます。まずはマッサージチェアのほうをご返却いただければと考えておりますが，いかがでしょうか？」。

　「もちろんお返しします」。鈴木氏が答える。

　山田弁護士が続ける。「ありがとうございます。では，早速なんですが，回収にうかがう日程を調整させていただければと思います。回収の業者を手配させていただきたいと思いますが，明日以降で鈴木様のご都合のよろしい日時を教えていただけますか？」。

　「いつでも大丈夫です。明日でもいいです」と鈴木氏。

　「明日ですね。お時間帯はいかがでしょうか？　午前のほうがいいとか午後のほうがいいとか」。山田弁護士が鈴木氏に問いかける。

　「じゃあ，午前でお願いします」と鈴木氏。

　山田弁護士がさらに問いかける。「午前ですね。9時〜12時の枠になるので，

このいずれかの時間帯にうかがうことになると思いますが，ご都合は大丈夫でしょうか？」。

鈴木氏が「はい，大丈夫です」と答える。

山田弁護士が続ける。「では，明日の午前9時〜12時の枠で，業者を手配するように会社に伝えておきます」。

すると，鈴木氏が再び不安そうな声で，「あの，お支払いの件ってどうなりそうでしょうか？」と山田弁護士に質問する。

山田弁護士が，鈴木氏に「期限までに全額お支払いいただくのは難しいということですよね？」と確認する。

「はい，すみません」と鈴木氏が申し訳なさそうに答える。

山田弁護士が「全額ではないとしても，一部でもお支払いいただくことは可能でしょうか？」と問いかける。

「少しずつであればお支払いできると思います。ただ，今はちょっとお金がないので少しお時間をいただけないですか」と鈴木氏。

山田弁護士は「なるほど，分割払いをご希望ということですね。会社と相談させていただきますので，まず第1回目は，いつ頃どのくらいの金額であればお支払いができるかうかがってもよろしいでしょうか？」と問いかける。

鈴木氏がか細い声で答える。「来月の20日以降であれば。あの，少なくて申し訳ないのですが，1万円くらいなら……。そこから毎月1万円くらいであれば，支払っていけると思います」。

山田弁護士はやはり優しい口調で，「ご意向はわかりました。今のお話を踏まえて，会社と相談してみます。商品を回収させていただいた後，また私のほうからお電話させていただく形でよろしいでしょうか？」と鈴木氏に問いかける。

「はい，それで大丈夫です」。鈴木氏が少し安心したような声で答える。

山田弁護士が，続けて，「私からご連絡させていただく場合なんですが，今いただいているお電話番号におかけするのでよろしいでしょうか？」と問いかける。

「はい，この番号で大丈夫です」と鈴木氏。

山田弁護士が，さらに，「連絡が取りやすいお時間帯はございますか？」と

問いかける。

鈴木氏が，「日によるんですが，午前中であれば比較的出れる場合が多いです」と答える。

山田弁護士が続ける。「承知しました。なるべく午前中にお電話するようにいたします。お電話にお出にならない場合には，留守電を残しておくので，よろしければ折り返しいただければと思います。私のほうからも何度かかけてみるようにいたしますが」。

「はい，わかりました」。鈴木氏が答える。

最後に，山田弁護士が「では，改めてお電話させていただきます。ご連絡いただきありがとうございました」と言うと，鈴木氏も「はい，こちらこそありがとうございます。失礼します」と返し，電話が切れる。

山田弁護士は電話を切り，近くで聞いていた小川に目をやる。小川はそれを見て，山田弁護士に「商品回収できそうですね！」と嬉しそうに話しかける。

山田弁護士もにっこり笑いつつ，「こういう事案なので回収できるまでまだ安心はできませんよ。でも，ひとまず連絡がついてよかったです」と答える。続けて，小川に，「ハーバーノ株式会社に回収業者の手配をお願いしておかないといけませんね。明日の午前中なのですぐに手配してもらえるよう吉田さんに今から電話しようと思います。もしかするとレンタル料についての話になるかもしれないので，小川先生もこの後電話に一緒に入ってもらえますか？」と問いかける。

その後，山田弁護士と小川とで，吉田さんに電話をし，鈴木氏との電話内容の報告と回収業者の手配の依頼をする。レンタル料その他の金銭請求については，吉田さん曰く，「社内で検討して改めて連絡をします」とのことであった。

20XX年10月30日（火）
午後1時。吉田さんから，山田弁護士と小川宛てに以下のメールが届く。

268　第6章　ケーススタディ

【吉田さんからのメール本文】

山田先生　小川先生

　お世話になっております。
　鈴木氏の件，昨日はお電話のご対応誠にありがとうございました。
　本日無事鈴木氏からの商品の回収ができたと先ほど業者より連絡がありました。
山田先生，小川先生のご尽力のおかげです。改めて御礼申し上げます。

　さて，レンタル料等の請求の件ですが，社内で検討したところ，損害金等の請求はしなくてよいので，未払いとなっている9月分及び10月分レンタル料の合計額である金3万7,612円だけ回収できるのであれば回収したいと考えております。
　つきましては，レンタル料の部分のお支払いにつき，鈴木氏と交渉してみていただけますでしょうか？　昨日のお話ですと，鈴木氏には十分な資力がない可能性もあるとのことでしたので，月1万円程度の分割払いとなっても構いません。

吉田
（署名欄省略）

　山田弁護士は，吉田さんにメールを返した後，小川に，「こういうのは早めの対応が重要です」と言い，早速鈴木氏に電話をかける。
　鈴木氏との電話の結果，11月20日から毎月20日までに月1万円，最後の月（翌年2月）に端数の7,612円を支払ってもらう内容で合意することとなった。

(7)　合意書

　早速，山田弁護士は，小川に合意書のドラフトをするよう指示を出す。

<u>Q　小川弁護士の立場で，合意書をドラフトしてみましょう。</u>

　小川は，はばの法律事務所の共有フォルダから，合意書をいくつかピックアップし，それらを参考にしつつ，以下の内容の合意書案を作成した。

3 法律事務所にて……　269

【合意書ドラフト】

合意書

　ハーバーノ株式会社（以下「甲」という。）及び鈴木太郎（以下「乙」という。）は，甲乙間において20XX年7月25日付けで締結された「新・快適チェア」（以下「本商品」といいます。）のレンタル契約（以下「本契約」という。）に関し，以下のとおり合意する（以下「本合意」という。）。 [紛争原因を記載する]

[解決方法を記載する]
第1条（債務の承認）
　乙は，本契約に関し，甲に対して以下の各債務を負っていることを認める。
(1)　20XX年9月分レンタル料2万2,000円（税込）
(2)　20XX年10月分レンタル料1万5,612円（税込）
(3)　(1)に対する20XX年10月1日から支払い済みまで年6％の割合による遅延損害金
(4)　(2)に対する20XX年10月23日から支払い済みまで年6％の割合による遅延損害金
(5)　本商品の返却費用5,000円
(6)　本商品の返却が遅滞したことによる甲の損害金1万0,322円[13]

第2条（債務の弁済）
　乙は，甲に対し，前条に定める債務のうち(1)及び(2)の債務を，20XX年11月から翌年2月まで，毎月20日限り，金1万円ずつ（ただし，最終回のみ7,612円）を，下記の口座に振り込む方法によって支払う。振込手数料は乙の負担とする。

記

●●銀行　●●支店　普通預金口座　●●●●●●
口座名義　弁護士　山田●●　預り金口（ベンゴシ　ヤマダ●●　アズカリキングチ）

[違反があった場合の手当てをしておく]
第3条（停止条件付債務免除）
　乙が前条に定める期日を一度も徒過することなく前条の債務の支払を完了した

13　解約日の翌日である10月23日から返却日である10月30日までの8日分を，利用規約12条5項に基づき日割計算して以下の計算式により算出。
　　（本商品の月額レンタル料の倍額4万円）×8日）÷31日＝1万0,322円（小数点以下切り捨て）

場合，甲は，乙に対し，第1条に定めるその余の債務を免除する。

[口外禁止（秘密保持義務）を定める]
第4条（口外禁止）
　甲及び乙は，本合意（本合意に至る経緯を含む。）について，正当な理由なく，甲乙以外の第三者に口外しないことを約する。

[清算条項を定める]
第5条（清算条項）
　甲及び乙は，甲乙間には，本合意に定めるもののほかに何らの債権債務関係のないことを相互に確認する。

　本合意の成立を証するため，本合意書2通を作成し，甲乙それぞれ署名（記名）押印の上，各1通をそれぞれ保有する。

20XX年XX月XX日

　　　　　　　　　　　　　　　甲代理人
　　　　　　　　　　　　　　　　東京都港区●●●
　　　　　　　　　　　　　　　　●●ビル33階
　　　　　　　　　　　　　　　　はばの法律事務所
　　　　　　　　　　　　　　　　弁護士　山田　●●　　㊞

　　　　　　　　　　　　　　　乙
　　　　　　　　　　　　　　　　住所：

　　　　　　　　　　　　　　　　氏名：　　　　　　　　　㊞

　小川弁護士により作成された上記の合意書は，山田弁護士による確認，ハーバーノ株式会社による承認を経て，無事鈴木氏との間で締結されるに至った。
　その後は，鈴木氏からの支払に滞納が生じることもなく20XX年2月20日に支払が完了し，本件は無事解決した。

あとがき

　「はじめに」で述べたとおり，本書は，多種多様な法律相談に共通するポイントを，そして，個別の法律相談に対応する際の「軸」となるポイントを解説することを意図したものです。また，同じく「はじめに」で述べたとおり，本書は，「企業法務1年目」として身につけるべきスキルを解説することに主眼を置いたものであり，本書の内容を実践することが「法律家としてのゴール」ではありません。

　読者の皆さまには，本書を出発点としつつも，個別の案件（案件種別）ごとのポイントや，さらに発展的・応用的な場面でポイントとなる部分を継続して学び続けていただき，法律家としての研鑽を積んでいっていただければと考えております。

　最後に，本書執筆に至るまでに私に関わってくださった方々への感謝を記させていただければと思います。

　本書執筆時には，（個人的な事情のため詳細は伏せますが，）大変な状況の中，家族，友人，同僚の皆さまに支えていただきました。

　また，本書執筆にあたっては，多くの弁護士の方，企業内法務の方にアドバイスやレビューをいただきました。とりわけ，東京大学ロースクール時代の同級生でもある西村あさひ法律事務所の中井成紀先生には，本書企画段階から，彼の出向経験も踏まえた大変貴重なご意見をいただきました。なお，当然ですが，本書の誤りはすべて私の責任です。

　最後に，出版社である中央経済社様，とりわけ，実務書編集部石井直人様には，前著に引き続き，本書企画にご賛同いただき，また，本書執筆に関する貴重なアドバイスをいただきました。

　この場を借りて御礼申し上げます。

2025年2月

弁護士　**幅野　直人**

索　引

英数

ADR ··· 138, 162, 164
AI ·· 84, 96
BATNA ·· 172, 173
CC（カーボンコピー）················ 34, 57, 67
e-Gov ··· 82, 92
M&A ·································· 2, 61, 184, 218
OJT ·· 68
Q&A ···································· 89, 92, 148
Reservation Value ···················· 172, 173
SNS ································ 11, 12, 91, 92, 93

あ

相手方向けコメント ········· 188, 201, 202, 216
アウトプット ········ 46, 48, 100, 142, 195, 201
頭出し ·· 25
意見書 ················ 61, 86, 96, 100, 101, 124
インターネット（検索）····· 11, 70, 83, 85, 92,
　97, 147, 162, 170, 200
インライン ·· 31
ウェブサイト ······ 9, 11, 12, 32, 62, 66, 85, 92,
　93, 147
営業秘密 ··· 57
大筋の方向性 ······································ 77
オーソリティ（権威）··· 85, 86, 87, 88, 89, 108

か

解除 ······················ 45, 134, 152, 164, 178
ガイドライン ······ 11, 12, 89, 92, 96, 108, 112,
　148
外部専門家 ····································· 58, 60
解約（通知）····························· 166, 167
過去事例 ··· 46
貸金業法 ··· 44

か（続き）

瑕疵担保責任 ··································· 207
仮説 ··· 80, 81
（簡易）書留 ······················ 169, 170, 171
関係者一覧表 ························ 42, 141
関係図 ·· 26
間接事実 ······························ 104, 143
監督官庁 ···················· 59, 108, 112
キーパーソン ································· 56
議事録 ···························· 50, 56, 89, 144
期待値コントロール ····················· 15
規範 ··················· 47, 105, 107, 108
基本書 ······················· 84, 90, 93, 96
吸収合併契約 ··································· 206
強行規定 ····················· 159, 211, 212
業務委託契約 ··············· 167, 191, 199, 205
クリーン版 ····································· 189
グレーゾーン解消制度 ····················· 95
クレーム ··············· 2, 24, 122, 138, 141
蛍光ペン ·············· 30, 120, 149, 201, 202, 216
警告 ························· 164, 165, 170
景表法 ························· 24, 123
契約上の地位の移転 ··················· 192
契約書作成 ····· 3, 100, 184, 187, 188, 190, 201,
　204
契約書レビュー（契約書審査，リーガル
　チェック）········ 79, 184, 185, 187, 188, 189,
　200, 201, 203, 216
契約不適合（責任）··· 119, 141, 151, 153, 154,
　176, 208
決裁 ························· 9, 47, 66, 195
原典 ······················· 86, 94
検討結果 ···················· 101, 104, 111, 213
検討事項 ········· 65, 76, 101, 103, 104, 107, 111
検討内容 ········· 45, 47, 101, 105, 108, 111
合意書 ························· 5, 176

索　引　273

校閲 ············ 78, 149, 201, 216
口外禁止 ············ 142, 179
交渉 ············ 5, 162, 172
公正証書 ············ 180, 206
抗弁 ············ 140, 141, 143, 148
公用文 ············ 119, 121
告示 ············ 89, 92, 148
互譲 ············ 176
個人情報保護法 ············ 83, 96, 114
骨子 ············ 73, 77
コミュニケーション ······ 9, 18, 19, 22, 25, 29,
144
コメント機能 ············ 125, 149, 216
コメントバック ············ 188, 196
顧問契約 ············ 62, 63
コンメンタール（逐条解説書）···· 90, 93, 96,
148

さ

最高裁判例 ············ 11, 85, 87, 96, 108
催告 ············ 152, 155, 166, 170
最大リスク ············ 58, 61, 146, 197
裁判（手続）··· 11, 39, 138, 146, 162, 164, 172,
181
債務不履行（責任）········· 151, 180, 209, 212
サブスク（サービス）············ 83, 94
産業廃棄物処理（収集運搬・処分）委託契約
············ 206
三者契約 ············ 191, 193
ジェネコ ············ 2, 3, 11
時系列表 ············ 26, 43, 141
（事実と）評価 ············ 109
実務書 ············ 84, 90, 93, 199
質問リスト ············ 49
自動返信 ············ 35
司法書士 ············ 60, 179
借地借家法 ············ 206
社内体制 ············ 56
社内用語 ············ 65
出典 ············ 13, 16, 86, 88, 112, 127

受任通知 ············ 39, 145, 164, 166
守秘義務 ············ 14, 34
商慣習 ············ 210, 211
証拠 ···· 43, 45, 48, 104, 141, 168, 170, 174, 181
消費者契約（法）············ 123, 211
商標（法）············ 85, 158
条文 ···· 47, 80, 81, 93, 104, 105, 107, 135, 143,
148, 206, 208, 244
商法526条 ············ 156, 207
情報拡散 ············ 32, 57
情報公開法 ············ 95
（消滅）時効 ············ 141, 152, 157, 159
商流 ············ 8, 41
書籍 ···· 11, 24, 62, 76, 82, 83, 90, 116, 148, 172,
185, 199, 204
除斥期間 ············ 141, 154
署名欄 ············ 31
自力救済 ············ 229
スケジュール感 ··· 13, 37, 48, 59, 73, 124, 190,
196
スケジュール管理 ············ 74, 76
図式化 ············ 41, 141, 191
清算条項 ············ 177, 180
政省令（政令，内閣府令，省令）··· 81, 87, 89
製造物責任 ············ 151, 157, 158
税理士 ············ 60, 69, 74, 96, 197
接続表現 ············ 117, 118
セミナー ············ 12, 23, 24, 62
前提事項 ············ 47, 103, 110
訴訟 ······ 25, 43, 45, 48, 63, 141, 162, 164, 172,
180
ソフトランディング ············ 164, 169, 170
損害賠償条項 ············ 209, 211, 212, 213
損害賠償請求 ············ 59, 139, 152, 154, 213

た

代金減額請求 ············ 154, 157
第三者委員会 ············ 61
第三者提供 ············ 83, 92
タイムチャージ ············ 51, 63, 65

他社事例‥‥‥‥‥‥‥‥‥‥‥46, 68, 197
遅延損害金‥‥‥‥‥‥‥‥‥‥‥‥177, 179
調印‥‥‥‥‥‥‥‥‥‥‥‥‥‥‥‥47, 195
調査官解説‥‥‥‥‥‥‥‥‥‥‥88, 93, 96
著作権法‥‥‥‥‥‥‥‥‥‥‥‥‥‥‥85
通達‥‥‥‥‥‥‥‥89, 92, 108, 112, 148
通知書‥‥‥‥‥5, 40, 46, 142, 164, 181
定型約款‥‥‥‥‥‥‥‥‥‥‥‥‥‥244
デフォルトルール‥‥‥‥‥‥‥‥207, 209
添付ファイル‥‥‥‥‥‥‥‥35, 36, 57
（電話による）照会‥‥‥‥‥‥‥‥89, 95
同種案件‥‥‥‥‥‥‥‥‥‥‥‥‥‥75
督促‥‥‥‥‥‥‥‥‥‥‥‥‥‥164, 165
特定記録‥‥‥‥‥‥‥‥‥‥‥‥169, 171
取消し‥‥‥‥‥‥‥‥‥‥‥‥‥119, 166

な

内部向けコメント‥‥‥‥188, 189, 190, 201, 202
ナンバリング‥‥‥‥‥‥‥‥‥‥‥‥121
ニューズレター‥‥‥‥‥‥‥11, 90, 92, 93
任意規定‥‥‥‥‥‥‥‥‥‥‥‥207, 212
塗りつぶし‥‥‥‥‥‥‥‥‥201, 202, 216
ネームコーリング効果‥‥‥‥‥‥‥‥27
ネクストアクション‥‥‥‥‥‥39, 48, 195

は

バーゲニングパワー‥‥‥‥‥‥‥‥211
背景事情‥‥‥‥‥‥‥‥37, 44, 190, 194
（配達証明付）内容証明郵便‥‥145, 169, 170, 171
ハイライト‥‥‥‥‥‥149, 201, 202, 216
パスワード‥‥‥‥‥‥‥‥‥‥35, 57
ハブ‥‥‥‥‥‥‥‥‥‥‥‥‥‥‥14
パブリックコメント（パブコメ）‥‥89, 92
判例検索サービス‥‥‥‥‥‥‥‥‥93
判例雑誌‥‥‥‥‥‥‥‥‥‥11, 88, 94
判例評釈‥‥‥‥‥‥‥‥‥‥87, 88, 93
判例変更‥‥‥‥‥‥‥‥‥‥‥‥82, 87
判例六法‥‥‥‥‥‥‥‥‥‥81, 93, 148
ビジネス‥‥‥8, 14, 22, 39, 44, 66, 74, 142, 165,

184, 190, 194
ひな形‥‥‥‥184, 185, 186, 197, 200, 204, 207
秘密保持契約‥‥‥‥‥‥‥‥57, 196, 199
品質クレーム‥‥‥‥‥‥56, 57, 58, 160, 175
ファーストドラフト‥‥‥‥‥‥‥‥48, 195
ファイナンス‥‥‥‥‥‥‥‥2, 101, 184, 218
不可抗力‥‥‥‥‥‥‥‥‥‥‥‥‥208
不祥事（案件）‥‥‥‥‥‥‥‥‥56, 61
不正競争防止法‥‥‥‥‥‥‥‥‥11, 57
不法行為（責任）‥‥‥‥‥‥151, 153, 157
プライバシーポリシー‥‥‥‥‥‥‥199
プレスリリース‥‥‥‥‥‥‥‥9, 56, 160
プロパティ‥‥‥‥‥‥‥‥‥‥‥75, 208
変更履歴‥‥‥‥‥‥‥78, 189, 201, 217
弁護士職務基本規程‥‥‥‥‥‥‥15, 166
弁護士費用‥‥‥‥‥‥‥‥‥‥‥40, 172
弁護士報酬‥‥‥‥‥‥‥‥‥‥‥63, 64
法解釈‥‥‥‥61, 80, 81, 82, 85, 87, 90, 96, 107, 140, 147, 148, 198
法改正‥‥‥‥‥‥‥‥‥‥‥12, 82, 207
法定記載事項‥‥‥‥‥‥‥‥‥‥206
法的三段論法‥‥‥‥‥‥‥‥‥‥107
法務受託‥‥‥‥‥‥‥‥‥‥‥62, 64
法律雑誌‥‥‥‥‥‥‥‥‥‥11, 90, 94
法令適用事前確認手続（ノーアクションレター）‥‥‥‥‥‥‥‥‥‥‥‥‥95
ポータルサイト‥‥‥‥11, 85, 91, 92, 93, 247
補助事実‥‥‥‥‥‥‥‥‥‥104, 143

ま

見出し‥‥‥‥‥‥‥‥‥‥‥‥121, 130
（民事）保全（手続）‥‥‥‥55, 56, 80, 144, 147, 162
民法177条‥‥‥‥‥‥‥‥‥‥‥‥107
民法改正‥‥‥‥‥‥‥‥‥‥‥119, 154
無効‥‥‥‥‥‥‥‥‥‥‥119, 205, 211
メモランダム‥‥‥‥‥‥‥16, 86, 100, 101
メルマガ‥‥‥‥‥‥‥‥‥11, 90, 92, 93

や

要件事実 ················ 140, 143, 147, 148, 165
予測可能性 ····················· 13, 49, 105, 121
予約送信 ······························· 35

ら

リーガルマインド ····················· 81
履行の追完請求 ····················· 154, 157
リコール ··························· 160
リマインド ························· 74, 76
留保事項（ディスクレーマー，免責事項）

··························· 103, 110
利用規約 ······ 66, 123, 124, 141, 144, 159, 166, 199
レス（レスポンス） ····················· 19, 125
レターパック ····················· 169, 171
レピュテーション ········ 14, 59, 139, 142, 179
論点 ······················· 84, 87, 98, 148
論文 ················· 62, 90, 91, 92, 93, 94

わ

和解 ···························· 46, 142, 150, 176

【著者紹介】

幅野直人（はばの・なおと）

弁護士（東京弁護士会）。かなめ総合法律事務所パートナー。契約法務，M&A，企業間紛争などの企業法務案件を幅広く取り扱う。国内大手企業に出向経験があり，法律事務所所属の弁護士としての立場のみならず，企業の法務部員としての立場からも，多数の案件に携わってきた経験を有する。

略歴

2012年	東京大学法科大学院修了
2013年	弁護士登録（66期）
2014年	ベリーベスト法律事務所入所
2018年	隼あすか法律事務所入所
2020年	かなめ総合法律事務所入所
2022年	Fordham University School of Law 修了（LL.M.）
2022年	クロスロー株式会社設立（代表取締役）
2023年〜	中央大学法学部兼任講師

企業法務1年目の教科書
法律相談・ジェネコ対応の手引

2025年3月30日　第1版第1刷発行
2025年4月20日　第1版第5刷発行

著　者　幅　野　直　人
発行者　山　本　　　継
発行所　㈱中　央　経　済　社
発売元　㈱中央経済グループ
　　　　パブリッシング

〒101-0051　東京都千代田区神田神保町1-35
電　話　03(3293)3371(編集代表)
　　　　03(3293)3381(営業代表)
https://www.chuokeizai.co.jp
印刷／東光整版印刷㈱
製本／有井上製本所

©2025
Printed in Japan

＊頁の「欠落」や「順序違い」などがありましたらお取り替えいたしますので発売元までご送付ください。(送料小社負担)

ISBN978-4-502-53081-4 C3032

JCOPY〈出版者著作権管理機構委託出版物〉本書を無断で複写複製（コピー）することは，著作権法上の例外を除き，禁じられています。本書をコピーされる場合は事前に出版者著作権管理機構（JCOPY）の許諾を受けてください。
　JCOPY〈https://www.jcopy.or.jp　eメール：info@jcopy.or.jp〉